说南宋

151 年的偏安之痛

刘鄂公　著　——　刘永宁　整理

中国大百科全书出版社

图书在版编目（CIP）数据

说南宋 / 刘鄂公著；刘永宁整理．—2 版
—北京：中国大百科全书出版社，2019.4
ISBN 978-7-5202-0479-8

Ⅰ.①说… Ⅱ.①刘…②刘… Ⅲ.①中国历史—研究—南宋 Ⅳ.①K245.07

中国版本图书馆 CIP 数据核字（2019）第 057758 号

策划人 曾 辉
责任编辑 曾 辉
责任印制 魏 婷
装帧设计 今亮后声 HOPESOUND pankouyugu@163.com
出版发行 中国大百科全书出版社
地 址 北京阜成门北大街 17 号 邮政编码 100037
电 话 010-88390636
网 址 http://www.ecph.com.cn
印 刷 小森印刷（北京）有限公司
开 本 880 毫米 × 1230 毫米 1/32
印 张 11.75
字 数 230 千字
印 次 2019 年 4 月第 2 版 2019 年 6 月第 3 次印刷
书 号 ISBN 978-7-5202-0479-8
定 价 68.00 元

再版前言

刘永宁

在台湾出版的一本史学丛书，从发行到警总没收、烧毁，牵涉到 20 世纪 60 年代许多政界、文化界大佬，其惊涛骇浪的经过，颇为戏剧化。如果不是近期发觉此书已成为孤本，这段历史将永埋历史云烟中，无人知晓。

这本书名为《说南宋》，出版社是柏杨所主持的平原出版社，发行人是郭衣洞（即柏杨），连载的报纸是《自立晚报》，作者是民社党员，这样的组合，已让执政的国民党很不放心了，何况这本书的书名用“南宋”，这和“偏安”一词常连在一起用，执政当局更是过敏。故在台湾销售很短的时间后，即马上被举发，而检举者令人惊讶，因为此人着实大咖，即当时国民党政府头号人物——蒋介石。

“终日彷徨，不知所止”

蒋介石在1965年6月23日的日记是这么写的：

上午主持中央常会，对中央委员之精神与态度极为消沉，提起选举失败（去年）问题当时各主管不负责任之情形，又想到《说南宋》一书出版，我中央并无人认此事之严重，而待我亲自发觉，一般委员仍以为常，乃不胜愤慨，痛斥中央委员之麻木不仁，殊为痛心，因之终日彷徨，不知所止。

到6月27日又在“星期预定工作课目”中再提：

……与最近出版的《说南宋》的反动书籍，而中央常委无人注意与不负责之态度，引起痛愤而怒责常委，虽自问不为太过，而发怒痛责同志殊失常态时，用（实）愧疚修养仍无进步也，应切戒之。

同时从当时中央政策委员会副秘书长阮毅成先生所记录的《中央工作日记》中，也分别在6月23日、26日，记录此案，并详细记下蒋言时“痛心疾首，眼含泪光，右手击拍讲桌，声色俱厉，此为年来所少见者”。

由于他老人家“非常震怒”，亲自披挂上阵，党政军三方集体动员，许多当时政坛重量级人物如张群、黄伯度、蒋经国、陶希圣、谷凤翔、谢冠生、秦孝仪、张其昀、谢然之、许文渊、陈建中、李白虹、阮毅成、陈大庆、邓定远、孙亚夫、蒋匀田、何成濬、傅良居、李玉阶、吴三连、许金德、翁明昌、叶明勋等等，都在这“《说南宋》事件”中，有的成执行命令者，有的是协调者，直接或间接地都受关联。最惨的应是曾在救国团任职过文艺组副组长的柏杨，他是这本书的出版商，并为发行人，加上他又因《西窗随笔》、《大力水手》等文章及漫画，由警备总部送到景美军人监狱及绿岛，服刑近十年。

《说南宋》的刘鄂公

反观《说南宋》的作者刘鄂公，在整个事件中原本是蒋介石坚持要严办的“共匪同路人”，却在惊涛骇浪中侥幸脱身，有惊无险，其中过程非常诡异，十分曲折。感谢国民党内有一批开明之士，用“太极内功”和蒋介石过招，打了个平分秋色，蒋介石虽非常不心甘情愿，但为“反攻大陆”，在民主政治的大旗之下，把这一文字狱作了很大的修正：“书籍全部没收烧毁，作者严加警告，发行人另议。”

刘鄂公为家父刘家麟的笔名，毕业于武汉高等师范，早年在湖北省是新闻从业人员，于民国十三年创办《汉报》，抗战期间在陈诚主政湖北时曾派嘉鱼县长，但他拒绝就任，反加入中国国家社会党，这种经历和他那自由派文人的性格是十分吻合的。他私下曾说：有风格的文人一定要适度向权威挑战，一方面让当政者享受宽容美誉，另方面也表现言论自由，这是民主政治最重要的一部分，否则将来历史是要背骂名的。

他这一生受民社党主席张君劢先生之影响很大，而张本人一直对蒋介石很有意见，先君必然也是一脉相传，但有一事却是和蒋介石站在一条阵线上的。我在他仙逝后的文札中，发现先君和张君劢一段有趣的对话，时间是 1948 年 12 月，地点是上海。那时徐蚌会战刚结束，国府军事惨败，先君问张君劢当时千万人都想知道的问题："留还是走？"张的回答非常有水平："在日本人治下做顺民和在共产党治下不同，这不是两个党（共产党、国民党）的斗争，而是两个主义（共产主义、资本主义）的斗争，时间会拖得很长……"于是我们全家六口，靠二两黄金，千辛万苦从汉口经湘、贵、黔、粤来到台湾，和蒋介石一同"共赴国难"。（由于逃难中，缝在鞋内的黄金，又被鞋匠吞了一两，没有缝进去，事后才发觉，穷困之际，栉风沐雨，遇匪遭劫，恐怖回忆太多，以致来台以后，非常期望儿女出国。）

由于没有什么人事背景，更为"花瓶党"中一株闲草，故只能操自己的本行，煮字疗饥，卖文为生。我从小的印象，就见他戴深度眼镜，以超乎常人的距离，低首（非常低）伏案写稿，每日如此，如今回忆，自叹不如。

先君有很多文章是在《自由谈》刊登的。非常惭愧，我保留的很少，连《自由谈》为他出版的《旅台心声》也已无从寻获，所幸《开国与首义》、《中国名女人别传》尚存数本，但其沥尽心血的《说南宋》则被警总会同北县新店分局全部没收烧毁，荡然无存，如今还能发现的孤本，实乃不幸中之大幸（详见后文）。

《自立晚报》连载

先君是在1964年11月应《自立晚报》董事长李玉阶之邀，开始在该报副刊连载《说南宋》的。在写此书之前，是否真如蒋介石所言之“别具用心”呢？我想是多少有点，因为如今阅读他的自序，就已觉得是在老虎口中拔牙了：

南宋遭靖康之难，偏安江左，历一百五十一年，得君八九（实为八帝一王），其间名将贤相辈出，慷慨悲歌忠义有为之士，尤不乏其人，当时所凭借者，奚啻十百倍于夏少康、越勾践？但自播迁临安以后，从庙堂以至于山林，凭恃两河天险，一隅自安，粉饰太平，不独未能北定中原，扫穴犁庭，且因人谋不臧，终致君臣流亡，浮尸海上。所谓中兴难，偏安尤难。史实明显，真理昭然，揆诸因果律，丝毫不爽。

另言“了解南宋未能复国，驯致遭到灭亡的原因：是猜忌、自私、苟安、畏战、宴安鸩毒、因循偷安”。

这样的内容，稍有历史了解之士，很自然地会“对号入座”，必有借古讽今的念头。虽全文十二万字，在《自立晚报》连载完结，并出书销售，但终究逃不过蒋介石的眼睛，在“反攻大陆”之“国策”下，只要一提“偏安”，全身神经就绷紧了，这种“偏安症候群”，以他个人最为严重。

先君在世时曾把“《说南宋》事件”，透露部分于我们兄弟两人，尤把古道热肠且公然在蒋介石面前仗义执言的黄伯度、几近抗命的谢然之诸公之风仪，告诉我们应永为感恩缅怀。又1981年柏杨和夫人张香华女士来到美国旧金山，我当面请益，更为重要的是中政会副秘书长阮毅成世伯的《中央工作日记》，透露了当时很多讯息，这才发觉了许多不为人知的内幕。

蒋介石亲自检举

“《说南宋》事件”之爆发，是该文经《自立晚报》连载后，在5月由平原出版社出单行本，为推广销路，先君在《中央日报》头版右下角登一则小广告：“刘鄂公所著《说南宋》已成书出版，邮政划拨账号二六二六号，敬请读者订购。”非常凑巧，被有读报习惯的蒋介石看到，再一细问，已在《自立晚报》登载五个多月，当时就叫读报的秦孝仪去买了一本。当他看到南宋朝廷人谋不臧，用挂皇旗的“粪船”走私，就把书猛丢于地，实在看不下去了，但他控制怒气，隐忍不发，看看有无同志挺身检举。但事隔十余日，一点动静都没有，最后只有自己挺身而出，在三军联合参谋大学毕业典礼中，先训了一段话后，话题一转，随即指出：最近市面上出版一本《说南宋》，这本书我已仔细看过，是叙述南宋偏安杭州的历史，影射我偏安，竟把杭州作汴州，醉生梦死，不想复国，不想反攻大陆。随即蒋介石声色俱厉地说："主管文化宣传的机构，一定要严查。"但这天的毕业典礼都是和军方有关之大员，主管文宣的党政人员只有中央党部秘书长谷凤翔在场，于是赶紧通知中四组主任谢然之，但十天后只接到报告，而无具体行动，他才于6月23日中常会上发了脾气，几近失态。

描写最深入的，是阮毅成先生的《中央工作日记》。蒋先生说："我自己检举的《自立晚报》所载《说南宋》，第四组竟说《说南宋》作者系国大代表属民社党籍之刘家麟，即算了事。该文在该报连载五个多月，单行版出版，刊载广告经一两天即初版售光。我不是重视此书，而系重视此书之背景，以南宋影射今日台湾充满失败主义，若非有共产党在幕后指使，腐蚀我人心，必不至此。第四组主管宣传，每日看报，竟未注意，如此何能做中央委员，何能做宣传主管，如不能尽责，则辞职可也（以手击案）。"

这次中常会后，第四组（今之文委会）主任谢然之等于被视为不负责任的主管，故蒋介石指示第六组（大陆工作会）副主任李白虹襄助处理，这不但是要主管"匪情"的中六组去"调查刘某背景”，同时表明对中四组谢然之的消极态度已不能忍耐了。

狂风暴雨来临

面对此狂风暴雨，先君知道情况严重，但不知蒋介石已把他列入“为匪作伥”的反动派，直到郭衣洞被捕、李玉阶及其子李子弋都被谈话后，才知此事已和蒋介石有关，祸闯大了。于是先找自己的同志，即民社党的成员，如孙亚夫（民社党主席之一）、蒋匀田（民社党中常委）等人去商量如何转危为安。蒋匀田不愧张君劢弟子，马上祭出：民国三十七年的宪法是三党联合签署的，民社党当时是坚决脱离民盟和国民党站在一起，才能顺利召开国民大会的，所以应找国民党中政会反映。

接着下先君又和旅台湖北籍各界人士联络，向张知本、何成濬、陶希圣、邓定远、黄一鸣、杨肃尹（国大代表）一一请益。就在这时，中央政策委员会副秘书长阮毅成辗转给先君传来消息，希望他不要串联，凡事都要低调，有机会必亲告内幕。接着陶希圣也来消息，愿先君静观待变。这样一来，这突来的巨变似乎有了转机。

但到了 7 月底的一个星期一，中四组和中六组两单位各派人员，会同警总徐姓中校和北县新店分局两警员，到新店大坪林住处，展示警总没收所有《说南宋》的文件，并要求开出赠书名单，将存放于家中之五十捆书一千余本全部运走。因为确点册数，捆扎二十本一叠的草绳都被剪开，当我赶回家，满地都是草绳，情状凄凉。记得先君开始告诫我，你私立大学学费将无法支付，可能不能出国了，找工作将有困难，还有每个月要到派出所报到一次，这就是所谓“文字狱”，更麻烦的是中六组也出面，显有“为匪宣传”之嫌，这样一来风浪更大了。

从 1965 年 7 月起，先君已不出门，整理赴保安处的衣物，交代后事，他并无文札记下这段悲哀无望的心情，但从其整日无语、面色凝重的样子，当然知道这是暴风雨前夕的寂静。

鸭子划水

其实在这个节骨眼上，张群、黄伯度、谢然之、阮毅成等人，都以鸭子划水的方式，想为此案解套，对蒋介石的指示，希望以拖待变。

首先感谢阮毅成阮伯伯，以他和中六组陈建中主任的交情，严格要求不能“罗织”罪名。找个人来作伪证在中国历史上太常见了，近年的孙立人案、任显群案不能重演。这个太重要，先君因而可以较容易证明自己的清白。再来阮毅成是负责和青、民两党协调的中政会副秘书长，他当即陈报中央党部秘书长谷凤翔。民社党对“《说南宋》案”反应极大，孙亚夫、蒋匀田也都有书面陈情，直上层峰。

在 26 日的常会中，阮公还记录：

张其昀发言甚长，且极为气愤，要点：思想文艺，均需要斗争，封报馆，捕作者，乃军阀作风，绝不是办法。1961年，本人提议拨一百万元，奖励同志中有关叙述开国史实之文艺作品，当蒙总裁首肯，结果是款虽照拨，却为第四组转作印刷《开国文献》之用，并未对党中文艺作者，有任何支助。（按《开国文献》之编印系由陶希圣主持，而当天常会，蒋介石未参加，也是陶公为主席。）

张其昀的这番发言，蒋事后一定看到。谁是“军阀”？大家都心知肚明，蒋介石当然有些顾忌了。

最难能可贵的是阮先生透过我们的湖北同乡、国大代表黄一鸣，代传整个事件的大小进展，这让先君能安其心，静待其变。果然不到十天，中六组已查报清楚，刘家麟和《自立晚报》发行人李玉阶（和阮毅成有亲戚关系）无任何与“匪”有交往之嫌。

谢然之的四招

在《说南宋》一开始，蒋是交待中央党部秘书长谷凤翔命令中四组，查实以报，准备办人。和先君交情颇深的四组主任谢然之谢伯伯，是以“拖”字诀，希望蒋介石先冷静下来，然后再把事件缩小打击面，并想了很久，作了一个很技巧的报告，经秦孝仪之手直接陈报蒋介石，不希望太多人知道，以免节外生枝（连直接受命者秘书长谷凤翔都没看到报告）。这手法蒋不会不清楚，所以不但在6月23日星期三的常会中再度发难，还拉中六组合办。（谢请病假未出席那次常会，由副主任许文渊代。）

到6月26日星期六的常会，谢然之只有列席（蒋未出席，陶希圣为主席）并专题报告五十分钟，全系有关《说南宋》的事，全文见阮毅成《中央工作日记》（《传记文学》连载）。简以述之，第一是，四组是幕后策动单位，执行是警总、教育部、新闻局，职权分散且重复。

次之，《说南宋》书出版单行本，经由“内政部出版事业管理处”，研究无法依“出版法”取缔，现不得已由警总依戒严法予以没收。

第三，《自立晚报》已由吴三连、许金德、翁明昌出资入股，并由叶明勋任发行人，但自《说南宋》事件后，叶自动辞职，如何对待《自立晚报》，政府应拿出决心，四组只能执行中央决策，不能替中央作决策。

第四，除《自立晚报》外，有齐世英办的《时与潮》，友党的《民主潮》，本党同志刘某所办之《人间世》，以及由香港进口之侨报、侨刊，其有毒素思想者尚多，请中央决定是否一并取缔。

谢然之这四点，处处拿到要点，但却大异蒋介石之本意，更让蒋不表赞同的是他签结的意见：“书籍全部没收烧毁，作者严加警告，发行人另议。”

惊心动魄的谈话

蒋介石突然发觉，这刘家麟是何方人物？为什么有人为他缓颊？为什么使不出劲？虽然他想办人，但却没有人愿下手，于是有一天和总统府秘书长张群及副秘书长黄伯度特别谈起《说南宋》。真是老天有眼，无巧不成书，先君和这两位大老都有旧：岳公是在民国二十四年主政湖北时就有旧谊，而黄伯度公早年追随前驻日大使许静仁（世英）任大使馆一秘，中日因卢沟桥事变而断交，下旗返国，为赈济委员会委员。抗战时之赈济会，实际是抗日地下组织，先君在抗战时期，一直在该会参加许多救亡抗日的工作，两人交往很有一段时间。

那天的谈话，只有蒋、张、黄三人，事后黄伯公和家父谈起经过，真是步步玄机，句句惊心。当然是蒋先提起，刘家麟是何许人也？其实他已从蒋经国那里得知情况，而小蒋是从彭明熙（孟缉，当时已发表为“大使”，即将就任，湖北籍）、邓超平（定远，国大代表召集人，湖北籍）处知道的。蒋现在想问自己身边的两个智囊，刘某后台到底是谁？张群是秘书长，他先回答，很简单，也很小心：“刘某是友党的国大代表，是个偏爱历史的书呆子。”然后整室沉静下来，蒋看地板，张、黄两人也默然。突然蒋介石厉声说：“民社党的国代就可以写此一摧毁民心士气的书吗？”显然蒋的火气未消，但至少不视先君为“匪的同路人”了，黄伯公这才有机会让插上话：“总统，查办友党国代，有违当年三党联合签署宪法的民主精神，对社会的观感要考虑。”讲到这里，蒋突举右手制止，说：“我知道！”

下面这段是黄伯老向先君形容：“老先生在办人前必手搔头顶部，大概在生理学上，下狠心决定，头皮必充血发麻，但那天一直没有抓头皮。”所以黄伯公用上他最深思熟虑的一招：“总统，当下正值我们反攻大陆的前夕，尤其今年是关键的一年，需要民、青两党协助之处正多，和为贵吧！”这话蒋介石大概听进去了，他在室内来回走动，黄伯公仔细观察他还是没抓头皮，于是大胆提议：“先生，就照中四组的方式签结吧！”蒋又想了一会儿，突以手拍椅背，只应一声“好吧”，然后坐回他的元首椅，张、黄便自动离去。先君的这个“《说南宋》案”就这样，一拍进关，二拍过关，侥幸与监狱擦身而过。

当消息由黄伯老告之先君时，他曾问柏杨是否一同签结？黄伯老则非常慎重告诫先君，千万不能过问：“你一个人的事，已惊动二三十人，费九牛二虎之力，才有今天这个结果，如再节外生枝，前面众人之力，必前功尽弃。”果然柏杨没有包括在这协议中，在六个月后被警总逮捕，送进景美军人监狱，后并送绿岛管训，前后近十年。

孤本由阮毅公保存

渡过惊涛骇浪之后，先君最遗憾的是没有留下一本《说南宋》，由母亲偷偷藏下的也不全。一直到2003年，我的知交阮大仁兄，居然在其父阮毅成的遗物中发现一本。此书是先君在出单行本的第一天赠送给他的，上面并题款：“毅成先生教正，鄂公刘家麟赠，五十四年六月。”

原来阮伯伯仙逝后，因为来得突然，留下书很多，其子阮大仁兄决定将有关法律书籍赠政大，其他赠送世新，因为阮伯伯身前任教于这两所大学。后来世新发现有标明“极机密”之卷宗，不愿开启，请大仁兄取回，而《说南宋》这本书则收藏在卷宗内。真感谢大仁兄的情意，因为他早从我这里知道全案的始末，特地把此书从台北带回美国，亲赠于我。先君在天之灵，因而得以慰藉，此孤本能重见天日，阮家父子两代确实大恩于刘氏“天藜堂”。

偏安的本质

现在回顾以往，先君能够有惊无险，侥幸未掉进“白色恐怖”黑洞，并非有何后台，只不过有两个层面的因素，影响到此案的发展。

其一是整个案子，因柏杨入狱已闹得沸沸腾腾，如再加上一个友党的国大代表，不但对整个党政协调有困难，并对国际观瞻有一定程度的损害。张群、谢然之、阮毅成、黄伯度诸公，虽在当时是违背蒋介石的意思从事，但想得比较冷静，如今等于替老蒋补过，使他在后来的历史上，还有转圜之余地，此为诤臣也。

其二是“反攻大陆”这个“国策”，在当时是件“国王的新衣”，很多明智之士虽然已经看出无望，却都不愿意拆穿。但每年用百分之六十五的税入从事国防预算，置“建设台湾”于何处？尤对稍微讲点真话、讲究务实的人士，不但不假颜色，还动不动就扣上“失败主义”、“为匪宣传”的大帽子，这当然令很多人心中不服，此时《说南宋》出现于世，是不是有人借力使力呢？这不得不令人越发怀疑了。

我认为蒋介石对“南宋偏安”其实是一知半解，南宋的偏安和台湾的偏安在本质上完全不同。南宋的偏安，第一是局部性，在开始时并没有外国集团势力介入，更无主义的斗争，这盘棋南宋的赵构自己可以下，并不受制于人；第二是地理上只有江淮两河在宋金之间，两边都可南进或北伐；第三是宋室南渡时之民气可用，岳飞、韩世忠、吴玠、吴璘都是抗金之名将，岳飞之北伐有很大的机会成功，但南宋朝廷却以议和为国策，民间热，朝廷冷，所以历史对南宋偏安，不顺从民心，是给予负面评价的。

反看台湾的偏安，首先已有外国集团势力在主导了。美、苏两国形成两大集团在斗争，并在意识形态上各自为资本与共产两主义，争得你死我活。蒋介石的“国府”虽不是这个大棋盘中的马前卒，但也是棋局中一枚重要的棋子，可是蒋先生不能像赵构一样，自己下这盘棋。

其次地理上有台湾海峡在中间，国共两方很难东进西攻，偏安是很自然形成的。最重要的是两边的民气都没有形成，“国府”这边，因地窄力弱，无论经济实力、国防军备，只能算“小国家”，若无美国支持，反攻大陆当然是空谈，反攻意志当然消沉，这种民间冷、政府热的现象，正好和南宋相反。故我可以大胆地认定：南宋偏安是错的，而台湾偏安应该是对的，时隔多年后，今天台湾的状况，不就已经证明了吗！

如果这本《说南宋》是在现在发行，以当今“千家齐奏，百家争鸣”的台湾社会，先君绝不会有麻烦的，尤其现在已从“反攻大陆”转成“两岸和平”的新局面，南宋偏安，已不再敏感了，“偏安”其实已代替“国策”。

“文化大革命”及“文化小革命”

就在《说南宋》被查封的这一年，中共“文化大革命”已蓄势待发，而导火线也是一本书，即吴晗的《海瑞罢官》（其实是剧本），使大陆的知识分子面临一场浩劫，十一年后才告结束。

非常凑巧，台湾这时也因为这本《说南宋》，而面临文化震荡，再往前走一步，就成“文化小革命”了。本来蒋介石亲自揭发此案的初期，是以雷霆万钧之势准备严办的，而掌管意识形态的中央第四组，是可以迎奉层峰，扩大案情（以前也有成例发生，如雷震案、《文星》杂志案等），到底还是有知识分子的良知，中四组并没有这么做，因为他们不是大陆的“四人帮”。在蒋介石身旁的重臣，如张群、黄伯度两公，刚好尽全力缩小损害，化“严办”为“微惩”。先君躲过了牢狱之灾（柏杨则因数罪齐发成为唯一的牺牲品），台湾的知识分子也因而受惠，如若此案往坏的方向发展，台湾的文化界、知识界，必定会窒息很久，那和中共当时的“文化大革命”的差距就没那么大了。

检阅引爆“文化大革命”的吴晗，他的下场真是可怜。

这样比起来，先君的遭遇，真不算什么，尚属幸运了。

目录

南宋皇帝系统略图

高宗 — 孝宗 — 光宗 — 宁宗 — 理宗 — 度宗 — 恭帝 — 端宗 — 卫王

高宗	孝宗	光宗	宁宗	理宗	度宗	恭帝	端宗	卫王
建炎	隆兴	绍熙	庆元	宝庆	咸淳	德祐	景炎	祥兴
绍兴	淳熙	开禧	嘉泰	绍定	嘉熙			
			嘉定	淳祐				
				端平				
				宝祐				
				开庆				
				景定				

南宋皇帝系统略图

汴京（开封）——南京★（商丘）——扬州——镇江——建业——（金陵）——温州——临安★（杭州）——温州★——泉州★——潮州——惠阳★——崖山★（属新会）

注：地名旁加图标点者，为“行在”。

第 1 章

前　言

靖康二年，金人侵宋，徽钦二帝被虏，史称“靖康之难”。钦宗之弟康王赵构立，庙谥高宗，由汴京（今河南开封）迁南京（今河南商丘）。金兵入侵更积极，高宗惧战避敌，南走临安（今浙江杭州），偏安江左。南宋自建炎开始，到元兵陷广东崖山，陆秀夫负卫王投海溺死时止，历时凡一百五十一年。

南宋在此悠悠岁月中，其间经过八九君，名贤辈出，良将劲旅以及悲歌慷慨图谋复国之豪杰志士，多得不可胜数。到后来蒙古兵先灭金人长驱南下，席卷华夏，改国号为元。南宋卒未能北定中原，驱逐胡虏，以今视昔，诚不能不探讨其人事之得失，而徒诿诸天命也。

本来复国大业，非常艰巨，诚非极少数人士凭一时之激动所能达成中兴理想的。倘能发挥高度智谋，树立善良风气，上下一心，以精诚产生力量，未尝不可挽回劫运，延续国脉。少康中兴，勾践复国，俱可作为借镜。但南宋自绍兴以后，粉饰太平，一隅自安，从廊庙以至山林，文恬武嬉，酒食歌舞，与少康之提一旅而中兴、越王之卧薪尝胆而复国相去曷啻天渊。

笔者去夏游港，在坊间浏览有关南宋之书籍，如《南渡录》、《临安闻见录》、《宋史纪事本末》、《咸淳临安志》、《宋稗类钞》、《三朝北盟会编》、《朝野杂纪》等书以及《南宋正史》，就建炎以来、庙堂轶闻与民间琐事，凡足可资殷鉴者，分别录之。归后商得《自立晚报》，题曰《说南宋》，使今日的孤臣孽子，了解南宋未能复国驯致遭到灭亡的原因是：猜忌、自私、苟安、畏战、宴安鸩毒，因循偷安。古人云："以铜为镜，可正衣冠，以古为镜，可知得失。"我们局促一方，一定要刻苦努力，流血流汗，精诚团结，万众一心，方能产生力量，自助天助，必能达成"反攻复国"的伟大使命。倘不剑及履及，一味因循，不独中兴无望，偏安局面，亦不易确保。

第2章

北宋积弱的由来与金人入侵

宋史“靖康之难”以前称北宋，“靖康之难”以后称南宋。北宋自太祖赵匡胤陈桥兵变，黄袍加身，被禁军各将领拥戴为皇帝起，到徽钦二帝被虏的时候止，大宋国都，一直建立在汴梁（今开封）。中间经过太宗、真宗、神宗、哲宗、仁宗、光宗等在位，前后计有一百六十七年（960 ~ 1127）。

宋太祖开国，继续派兵南征，灭服诸国，奄有华夏。太宗立，又灭了北汉，其版图北至晋北，西至陇东，西南与云南大理为界，南到瞿越边境，声势不为不大。到后来何以国势凌夷，不断遭致外患？根据宋代正史及《资治通鉴》，其积弱的原因，是军政的措施着重在集权中央，结果弄到内重外轻。施政方面，消极性多于积极性，保守性重于进取性，历代皇帝，缺乏恢宏器度与蓬勃的朝气，致使契丹、西夏及辽国诸邻邦，多存轻视之心，觊觎疆土，迭兴兵祸，中间虽未立即亡国，而连年纳岁称臣，人民负担加重，同时豢养庞大，缺乏训练兵员，国力因是孱弱，经济几乎破产。神宗时，王安石变法维新，诸如流通货财，兴井田制，创办民兵，立太学三合法，清丈全国土地，完成均税法，又将民间货物由政府平价买进改由国营。倘能按部就班，循序渐进，一新国人耳目，本可转弱为强。惟因操之过急，形成扰民，加之当时所负时望之名流，如韩琦、欧阳修、范仲淹等又不肯合作，因之朝野人士随声附和，极加诋毁，讥其急功好利。而安石又刚愎自用，过分自信，不愿接受各方批评，结果遭致彻底失败，安石随之去职，这时又发生新旧党之争，派系林立，国是日非。到了末期徽宗时，蔡京专权，又与宦官童贯勾结，朋比为奸，政治因之大坏，朝政益不堪设想。

北宋前期的外患是契丹（因居辽河上流，后来耶律阿机称帝，改国号为辽）与西夏屡次入侵，均系罢兵言和，到了末期，宋、辽、金形成鼎足而三。辽、金见到宋室衰微，心存轻视，侵略野心愈炽。木朽而蛀生，这是千古不易的名言。徽宗时，金皇阿骨打分东西两路大举入寇，西路直扑汴京，徽宗下诏罪己，让位于子钦宗，希望缓和当时紧张局面。而金兵由斡离不率领渡河围汴京，声势汹汹，形势异常垂危，适宋援兵四集，所谓勤王之师亦纷纷赶到，本可借城背一，痛歼大敌。但是苟安心理，弥漫于廊庙间，君臣求和心切，献银纳质，西路敌兵北退，朝廷以为寇去矣，大可高枕无忧，海内升平，遂令援军及勤王之师分别撤去。那知东路金兵突由粘罕率领铁骑而至，朝廷再檄调援兵，已远水难救近火，汴京城破。徽钦二帝被虏，许多文官武将亦被俘，包括秦桧在内，这是靖康二年（1127）事。金人占领汴京，钦宗之弟康王赵构被一部分忠贞之士簇拥至南京（今商丘）即位，是为高宗，计划继续与金人相抗。这时岳飞、韩世忠等均先后大败金兵，金知不易灭宋，遂遣回秦桧，进行和议。

宋金和议，计有三次，前后历四十余年。第一次：金人知道汴京虽破，二帝被虏，而宋室民心士气振奋，乃用离间之计，扬言将立钦宗继续即位，高宗为权位欲所祟，加以释回俘虏秦桧之怂恿，遂决心乞降，对金称臣，纳贡银绢，以淮水为界，名义上宋已成为金的属邦。第二次是二十年后，孝宗即位不久，金破坏和约，大举侵宋，虞允文败之于采石矶，孝宗乘胜北伐，不幸一战而败，和约再成，宋呼金主为叔父。第三次是四十余年以后事，宋师再度北伐，冀雪前愆，不幸又遭败北，此次和议成，岁币激增。

《三朝北盟会编》：徽宗被虏，自燕山密遣曹勋回南间，赐高宗绢半臂，书其领曰："便可即位，来援父母。"又索邢后所带金耳环一只，铸有双飞小蝴蝶，俗呼斗高飞，并云这耳环是前康王（高宗）在藩邸时所制，以此证验。又韦太后（高宗生母）以信令曹勋归见奏之，诏诰叮嘱，且泣且语曰：“无忘吾北行之苦。”又以白纱手帕拭泪付勋曰：见上（指高宗）时，“深致我思归之痛”。此见《北狩见闻录》。按：高宗即位，韦太后有诏曰：汉家之厄十世，惟光武以中兴；献公之子九人，念重耳之独在。盖高宗为徽宗第九子，当汴京城破时，诸王被俘北迁，惟康王独逸出。因符瑞而推天命，当时朝野，莫不引领企望康王能中兴复国。当韦太后入宫时，与乔贵妃叙为姊妹，而贵妃先遇，遂荐太后，得幸生高宗。后北狩，二人皆从，及金人欲遣还太后也，贵妃在行馆为后送行，举杯谓太后曰：“姊姊此归，见儿即为太后矣，宜善自保重，妹妹永无还期，当死于此。”太后闻之恸哭，贵妃亦哭。又曰：“姊姊到快活处，莫忘了此中不快活。”太后曰：“不敢忘今日。”太后恸不已，天眷在旁者，皆掩面泣不成声。《会编》谓：太后车驾莅行都，上入幄朝见，宰臣及文武百官站幄外，起如居仪。上初谒慈安，喜深感极，泪湿龙绾，卫军欢声动天地。太后进宫，满城士庶夹道观，皆以手加额称庆。太后入居慈宁殿，文武百官，上表称贺，亦有献赋雅歌称万圣德者。上令中书舍人程敦厚品评等次，当以建昌军进士章藻为第一，知正州张昌为第二，进士陆焕为第三。昌特转一官，藻、焕皆免文解一次。《行朝纪痛》亦载此事，谓建昌军章进士献韦太后回銮赋，读之美甚。这时徽宗在北被幽禁，终日以书字作诗打发无聊岁月（徽宗书法右军，台北古物展览曾悬挂展出）。他赋清明日诗曰："茸母〔注：茸母，草名。按临安（今杭州）净慈寺后有望祭殿，每岁寒食，朝廷望祭西京诸陵，与道君皇帝羁身北国之景，恰相对照。〕初生认禁烟，无家对景倍凄然，帝城春色谁为主，遥指乡关涕泗涟。"

第3章

君臣流亡狼狈相

《湖州府志》谓，高宗定都临安后，有人题诗吴山伍子胥祠云：“迁杭不已思闽广，牛角山河日已尖。”吴山即杭州城内之城隍山，今有子胥庙。又有署名中兴野人者，题词吴江桥下云：“敌骑长驱三明阙，谁作长城坚壁？”按此可见当时人心之激昂。又《南渡录》：高宗自建康避金人锐，仓皇至浙东，旋过萧山，定都临安时，有列拜于道侧者，揭其前曰：“宗室赵不衰。”高宗大喜曰：“符兆如此，吾无忧矣。”又侍臣陈札子曰：“恭维陛下，岁二月，东巡狩，至于钱塘。”丞相吕颐浩笑之曰：“秀才家太不识时务。”按此见于《老学庵笔记》，读之实令人发无限感叹。当高宗兵败，金陵建业弃守时，居然有秀才阿谀逢迎，岂真如吕颐浩所谓不识时务？抑意图承欢圣上耶？一日清晨，高宗率近僚——伫立钱塘江干，观表里江山之胜，叹曰：“吾舍此何适？”遂决意定都临安，当颁布诏书曰：“昔在光武之兴，虽定都于洛，车驾往返，见于前史者非一，用能奋扬威灵，递行天讨，上继隆汉，朕甚慕之。朕荷祖宗之休，克绍大统，夙夜危惧，不敢厥居。比者巡幸建康，抚绥淮甸，既已申问边圉，奖饰六军。是故复还临安，内修政事，缮治甲兵，以定基业。非厌雨露，图家室之安也。”以临安府为行在所。按定都临安，实为南宋偏安发轫之始。当时枢府如吕颐浩等皆主其议，吕曾上疏云：“金人专以圣躬为的，驻跸钱塘，足避其锋矣。”后人以偏安责秦桧，不知实颐浩促成之。

绍兴二年，诏以恤刑，手诏刻石，颁诸郡县。奉使魏良臣由北归临安日，北人得上亲笔恤刑墨本，曰：“恤刑如此，民心安得不归？”按此见高宗颇能重视民命，把握人心向背之机，不可视为迂论也。因之，南宋偏安百五十一年之局，亦有它的存在的因素。

宋高宗赵构，徽宗第九子也，封康王，靖康之变，被人簇拥出京，遇金兵，质于金。一日，与金太子同射，康王三矢俱中，金人以为是宋室长于武艺者冒名，留之无益，遣还，换真太子来，高宗因之得逸。高宗由汴京逃于商丘，稍苏喘息，文武百僚，亦渐渐来归。商丘距汴京不远，金人铁骑所至，渐渐迫近，副元帅黄潜善、汪伯彦随侍在侧，升相位，乃拥高宗迁扬州避敌，六宫及卫士家属皆从，适天阴雨，沿途狼狈惨状，简直成了一副流民图。不久，金兵又大举由淮泗南侵，群臣均主张再迁建康（今南京），许景衡亦言有天险可据，帝从之。遂由扬州至瓜州，渡江至镇江。百官得讯迟者，皆仓皇鞭马南驰，夺路登舟，死者枕藉于途。军士尤散乱无纪，众口一词，怨詈宰辅，其中有狡黠者，大呼辱诋，并谓倘或相值，必手刃之。言甫已，一红袍显官偕从卒二名驰至江干，下马觅渡。有人传其姓氏为黄，乱军以为是当今宰辅黄潜善，一哄围之，争数其罪。红袍显官方辩其非是，谓我系司农卿黄锷，而非左仆射门下侍郎黄潜善。军士中亦有似曾相识潜善者证之，紧张局面，稍形和缓。突有数健者，排众直前，挥刃向黄，不瞬息而首已落地矣。众且扬称确为黄潜善。有目击者，先过江至金山寺，谣言满天飞，黄左仆射已死于乱军中。这时潜善正在寺中行馆踱出，闻之掩耳，上马驰去，存心想诬陷韩世忠。在镇山府治谒见高宗进谗曰：黄司农锷为后军统制韩世忠逼迫坠江矣。帝召从臣问去留，吕颐浩乞留跸，以俟各军声援。王渊独言，镇江可捍一面，若金人自通洲渡江以据姑苏，将若何？张郡上疏曰：有虎据之险要，有东南之形势，今纵未能遽争中原，宜进都金陵，有江、淮、蜀、汉、闽、广之资，徐图恢复。不报。是夕，帝自镇江到平江，张瀊、吕颐浩、张邦昌等随行，间道抵杭州，以州治为行宫。

下诏罪己，求言，赦死罪，放还士大夫被窜斥者。惟公忠之李纲不赦，更不放还，盖用黄潜善之计，罪纲以表示对金好感也。

建炎三年夏三月戊寅，金人焚扬州而去，中丞张澂等十人论黄潜善、汪伯彦二十条大罪，致陛下蒙尘，天下怨怼。嫉害忠良，逐李纲，殂宗泽，陷忠义于奇祸，中外切齿。黄、汪遂罢。四月丁卯，因扬州规复，帝又由杭州经常州到镇江，直赴江宁府，政府名为建康，宗室神主甫迎入。不数月，金兵又迫大江北岸，惶恐之余，乃遣杜时亮、宋汝使金军，谒金将没喝求缓兵，情同哀恸，今日读者阅之，谅亦为之堕泪。书云："古之有国家而迫于危亡者，不过守与奔而已，今以守则无人，以奔则无地，所以偲偲然惟冀阁下之见哀而已。故前者连奉书，愿削去旧号，是天地之间，皆大金之国，而尊无二上，亦何必劳神远涉而后为快哉。"守镇江韩世忠，守太平池洲刘光世，起居郎胡寅、李功，员外郎娄炤等，均以畏缩远逃，军民怨咨，纷献自全之策，主张罢和议，修战备，务实效，去虚文，存纪纲，以立国体，起天下之兵以自强。高宗莅金陵，接纳忠言，本想号召天下，规复失地，罢免黄（潜善）汪（伯彦），然以金兵乘胜又复南侵，喘息未遑，真是徬徨无主。兵马大元帅张俊，从高宗最早，以弓箭手从讨西夏，转战千里，为诸将中最富经练者，颇为高宗所重视。金人掳二帝，乃以计诳高宗，伪为钦宗蜡诏，命高宗以兵马付副帅，只身还汴京，俊谓此实金人作谋，今圣上居外，乃属天授，岂可徒往，高宗从之。

建炎四年春正月，帝由建康入浙，甲辰，舟居于海（大概是浙海洋面）；三月，自温州入越（绍兴）。绍兴二年正月丙午，由绍兴到临安。当驻跸绍兴时，高宗心情稍振，准备御驾迎敌，诏天下臣民曰："国家近遭金人侵逼，无岁无兵，朕承位以来，深轸念虑。父兄在难，而吾民未抚，不欲使之陷于锋镝，故包羞忍耻，为退避之谋，冀其逞志而归，稍得休息。自南京（商丘）移淮甸（指扬州），自淮甸移建康（金陵）而会稽（绍兴）。播迁之远，极于海隅，卑词厚礼，使介相望，以致愿去尊称，甘心贬屈，请用正朔，比于藩臣，遣使哀祈，无不曲尽。假使金石无情，亦当少动，累年卑屈，卒未见从，生民嗷嗷，何时宁息。今诸侯之兵，聚于江浙之间，朕不惮亲行，据其要害，如金人尚容朕为汝兵民之主，则朕于事大之体，敢有不恭？或必用兵，窥我行在，倾我宗室，涂炭生灵，竭其东南金帛子女，则朕亦何爱一身，不临阵以践前言，以保群生，与其束手待毙，曷若并计合谋，同心戮力，奋励而行，以存国家？"

南宋定都临安后，贺正之仪甚隆重。元旦，禁中景阳钟罢，百官皆冠晚朝服，各州进奏，各执方物之贡，随班入贺。上御正衙，禁卫人员，高声嵩呼，声甚震，名为绕殿雷。百僚俱鞠躬听宣。制曰：履兹新庆，与卿等同。当时有除夕诗流传甚广，诗曰：京国逢除夕，栖迟鬓欲霜，春声生爆竹，岁色动椒香，戒睡惊鸡蚤，占诗探玺忙，烛花并颂喜，儿女笑哄堂。

建炎二年五月，宋诗赋经义试此法，命参酌元祐科条例，定试士法。帝曰：取士当务至公，不能以己意升降，以后勿先进卷。

三年夏，禁内侍（宦官）干预朝政，不得与主兵官交往及馈遗假贷借役，禁军外官非亲戚亦不得往还。违者处以军法。

第 4 章

皇帝下诏罪己

六月，下诏以四失罪己，一曰昧经邦之大略。二曰昧戡难之远图。三曰无绥人之德。四曰失驭臣之柄。命榜朝堂，遍谕天下，始知朕悔过之意。并从司勤员外郎赵鼎疏，罢免王安石配享。

高宗《起用李纲书》曰："构顿首顿首，天末悔祸，乘舆蒙尘，闻之心焉如割，已令勤王会兵返击，冀遂奉返而归。方今生民倒悬，谅非不世之才，何以协济？阁下学穷天人，忠贯金石，是用尽复公旧职。泽被斯民，功垂竹帛，乃公素志，想扱袂而起，以振天人之溺，以副苍生之望。所嘱道中加倍保护。谨启。"按高宗仁慈谨俭，可谓中兴守文之主，后来竟不能用李纲宗泽之言，此亦所以成为南渡偏安不能恢复中原之主要原因也。是年十一月，以金兵退，诏前宰辅议攻战备御措置绥怀之方，李纲上疏曰："陛下勿以敌退为喜，而以仇敌未报为可愤；勿以东南为安，而以中原未复为可耻；勿以诸将屡捷为可贺，而以军政未修士气未振为可虑。臣窃以生理未固，而欲浪战以侥幸，非致胜之术也。汉高祖先保关中，故能东向与项籍争；光武先保河内，故能降赤眉、铜马之属；唐肃宗保灵武，故能破安史而复两京。今朝廷以东南为根本，苟不大修守备，先为自固之计，何以能万全而制敌？（中略）祖宗境内，岂可坐视沦陷，不思恢复？若今岁不征，明年不战，使敌势益张，而吾之所纠合精锐士马，日以耗散，何以图敌？宜于防守既固，军政既修之后，即议攻讨，乃为得计。陛下临御以来，国不辟而日蹙，事不立而日坏，将骄而难御，卒惰而未练，国用匮而无赢余之蓄，民力困而无休息之期，使陛下忧勤虽至，而中兴之效邈乎无闻，则郡臣误陛下之故也。近年以来，陛下所用之臣，慨然敢以天下之重自任者几人？平居无事，小廉曲谨，似可无过，忽有扰攘，则错愕无所措手足，最后奉身以退，天下安危重重，委之陛下而已，有臣于此，何补于国？大概近年，闲暇则以和议为得计，而以治兵为失策。仓卒则以退避为爱君，而以进御为误国。上下偷安，不为长久之计，国势益弱，职此之由。现敌兵虽退，本大惩创，安知其秋高马肥，不再来扰我疆场，使疲于奔命哉？若夫退避之策，可暂而不可常，可一而不可再，退一步则失一步，退一尺则失一尺，往时南迁，退至维扬，则河北、河东、关陕失矣。自维扬退至浙江，则京东西失矣。万一敌骑南牧，将复退避，不知何所适而可乎？臣昧死上陈六事，一曰信任辅弼，二曰公选人材，三曰变革士气，四曰爱惜民力，五曰务尽人事，六曰寅畏天威，（下略）此皆中兴之业所关，而陛下所当先务者。今朝廷人才不乏，将士足用，财用有余，足为中兴之资。陛下春秋鼎盛，犹大有为，何施不可？要在改前日之辙断而行之耳，惟陛下赦其愚病而取其拳拳之忠。”奏疏上，为赐诏褒谕，然不能用。

第5章

泥马渡康王神话

《南渡录》：当康王由金营释回时，日行数十华里，奔窜疲困，时值薄暮，路旁有一庙，视之，额曰崔府君庙。遂入，就东庑假寐焉，梦神人曰：“金人追将及，速去之，已备马于门首矣。”康王惊觉，马已在侧，霜蹄雾鬣，昂然翘立。乃扬鞭跃马南驰，既渡河，而马不复动。康王下马，睇视之，则一泥马也。

《宋稗类钞》谓：康王至磁州，宗泽假神道以止之，曰：此有崔府君庙甚灵，可以卜珓，有马更显应。遂入焚香，其马衔车辇等物，塞其去路，遂止不住。一日，北使来，秦桧北迎，少憩崔府君庙廊庑上，住持者告以故，桧曰：今日之事，都归功于神，恐不便，命即日毁之。《宋史纪事本末》谓：康王使金，王云为副。宗泽迎曰：肃王一去不返，大王复去何益？愿勿行。

王出，谒嘉应神祠，云在后，民遮道谏王勿北去，厉声指云辱曰：真贼也，因鼓噪而杀之。按脱脱所修《宋史》，谓云与宗泽有憾，云素主坚壁清野，因而磁、相两郡，人民怨之。

《湖州府志》谓：南浔南栅有嘉应祠。建炎二年，金人陷扬州，高宗渡江南幸，金人追之。帝至南浔，惧追者将及，抵嘉应神祠中。月下，俄见泥马忽动，跨之而行，遂入杭州。

又杭州涌金门外有显应观，祀崔府君。《咸淳临安志》载，绍兴十八年，诏有司建显应观于城南包家山，以奉磁州崔府君。崔府君名瑶，字子玉，东汉人，封嘉侯，号白昭应庙。靖康间，康王出使至磁州，神马引而南。按泥马渡康王事传说颇多，似以宗忠简公假托神道及《宋史纪事本末》二说较可信，其事应在靖康间。《湖州府志》所载则在建炎中，高宗由建康奔杭，有车驾扈从，并非落荒而走。且考高宗从未临幸湖州，《湖州府志》所载，或恐有误。今河北各县崔府君庙甚多，此则与泥马传说有关，盖中原父老及两河子弟皆怅望旌旗也。《宋稗类钞》乃小说家言，所载秦桧毁庙事，亦无可征。崔府君庙至今犹在，此则诛桧之居心也。是所谓君子恶居下流，天下之恶皆归之。《西湖游览志》谓：六月六日是崔府君生辰，游人甚众。《南渡录》所记，竟为南宋中兴，实有天命，此殊不可尽信。盖建炎去徽宗蒙尘不远，人心未死，各方勤王之师云集东南，高宗皆能推诚接纳，颇收群策群力之效，一时名将，起自田间卒伍，如今世所谓游击队者甚夥，而岳飞、吴玠、吴璘、韩世忠辈之忠勇奋发，尤为建国肇基之本，非一手一足之力所能竟其功。

康王诞生时，徽宗方假寐，忽梦见一伟丈夫，锦袍玉带，大步趋殿上，俄见其后数十丈外，仪从甚盛，谓徽宗曰："我吴越钱王也。"徽宗肃然起敬，恍然若似曾相识者，方欲命宦者取酒为钱王寿，四顾无一人，略沉吟间，钱王突前引上衣云："我好好来朝，便欲留我，终须还我山河。君人者，将以德昭人，虽然君家未尝一怒而拘囚杀害我，然欺孤凌寡，猜疑忌刻，私天下为其家，对我则违信背诺，岂君人之道耶？"徽宗未及答而醒，时日光斜射，犹在殿角，睡思朦胧，梦境恍惚，欲觅钱王与共话，内官忽报显仁（即韦太后）生男。一日，徽宗入功臣阁，见钱王画像，锦袍玉带，如梦中所见，忽有所感动，而忆及前梦，宛于适时，命九大王来，九大王即康王，指钱王画像而语之曰："此儿前生也，可肃拜之。"宫嫔有闻者遂传播其事。按钱王指钱俶，为武肃王之孙，宋太祖收取江南时，俶先下常润（常：常州；润：镇江）。太平兴国三年，纳土归宋，千载下读钱王梦中所谓君人者将以德昭人数语，真有要言不烦之感。

《东京梦华录》：高宗吴皇后父，常梦至一亭曰"迎康"，非一次也。亭旁植芍叶一枝，独放一花，花下白羊一只。后以乙未生。乙未，白羊也。高宗为康王时选入宫，年十四，封新兴郡夫人，旋进才人，又进婉仪，后读书万卷，翰墨绝人，为高宗所宠信，尤为显仁太后所喜爱。显仁由北归，吴后遂正位宫廷。显仁本会稽人，绍圣中苏丞相颂致仕，居丹阳，有老婢韦出家为尼，尝给事苏颂，其妹即显仁。一夕，携登颂榻，通夕遗溺不已，颂云：此为甚贵之相，携以入都，入端王宫，既即位，才一幸而生高宗。《弘简录》谓：显仁韦太后，开封人，崇宁中入宫为婉仪，得幸，梦神投胎，遂生高宗。按，南宋符瑞之说类此者甚多。

第6章

南渡初期西北诸将

宋代自太祖受周禅，削平荆南高氏及后蜀孟氏，复遣潘美灭广州南汉，曹彬克金陵南唐。太宗即位，吴越钱氏纳土归命，于是扰攘五十余年之五季乱局，复归于一。朝廷惩前毖后，以防止帅骄将悍，而偃武修文，于是军备废弛。继而以北防边而西御夏，韩、范、文、富皆以儒臣统兵。篡夺惨剧虽未再演，而武事之整饬亦未克收效，执干戈以卫国家者，仅限于关陕一隅。及宣和（徽宗年号）、靖康（钦宗年号），女真猖獗之时，种师道一军实为西北防边军，而两河山东自昔风俗强悍，但有越货杀人作乱犯上之盗，而无卫国御侮之兵。

《西北兵事纪略》：建炎初，翊戴高宗南渡诸将，如张俊、韩世忠、刘光世辈（岳飞系由卫乡子弟、山泽豪俊组成军旅，初非朝廷制兵），皆为西北军偏裨将领。其时中原、江淮、河漠地区，虽勤王军队不胜枚数，其实皆虚拥名号，或且因风纵火、乘机窃夺而已，仓无积粟，库无储械。是以金兵踰淮涉江如于无人之境，失地丧师，盖有由来。

当时西北关、陕、川、陇，犹称完整，金兵侵犯秦岭，终被阻于泾原，而当时经略使王庶所督曲端之一军，犹属上驷乘，此为南渡残局得幸以形成之关键。使西北不能固守，则建康、临安欲以江淮之险，阻胡马南牧，其形势能不愈艰难耶？然关陕千里，终不让金将娄宿、兀术、撒离曷等横行无忌者，西北诸将之力也。曲端而后，首推吴玠、吴璘昆季。建炎三年，金元帅娄宿遣兵西犯，直趋泾原，端命玠为先锋，自拥大军守邠州为玠声援。娄宿别将撒离曷自纵马狂驰，以为路无宋兵，不意玠出其前，驱金兵如鸟兽。撒离曷被困陕道中，三日不得食，惧而啜泣如孩提，金军中呼撒为“啼哭郎君”。撒离曷者，金世祖养子也。按当时金兵犯西北，由东西两道分进，宋守渭河，自天水至临潼，而以泾河为最前线。金军东路自河东犯蒲城，西路由绥德保安经庆阳攻彭原（今宁县）。时金兵正预备攻临安，闻撒离曷失利于西北，遂仓皇北遁，关系之大，可以想见。

撒离曷被吴玠困于陕道，历时兼旬，玠以兵少不能进逼。金师娄宿在绥德间，撒离曷前军陷于重围，即自将轻骑万人驰往救之。撒离曷亦自重围突出夹攻，玠不能支。曲端在邠州命玠坚守。谓我将自延安北取绥德，以阻金人归路，公能忍旬日，则娄宿撒离曷皆为我生俘。玠以兵力悬殊，遣将驰报端，端怒曰："两军胜负之机，决于坚忍之志，金酋娄宿能轻装自绥德驰救撒离曷，我独不能间道绝其粮军耶？庆阳千里，野无可掠，不出旬日，敌军虽众，皆为饿殍，何足虑哉。"

玠所遣将再四固请，端曰："不意吴晋卿（玠别号）懦怯若斯！"既而玠军溃，端亦未及出兵。玠既败，端遂退守泾原，劾玠违节度，自此端与玠不和，事在建炎四年。时张浚以枢密重臣除川陕宣抚使，参议军事刘子羽诵玠兄弟才勇，浚与玠语，大器重之。端讼玠，浚惜玠才，以秦凤副总管兼知凤翔府。会金帅兀术大举攻江淮，浚谋牵制之，遂合泾原、环庆、凤翔、永兴熙河五路兵，期与金兵大会战。金援兵四集，兀术又自淮西回归入陕，浚军败于富平。初浚与诸将会商，玠言宜各守要害，颇主持重，及入阵，玠独奋勇当先，谓其部众曰："我虽不以轻敌为然，但张大帅（浚）今既到，则唯有死战而已，安敢轻惜其身，坏国家大事以实我言哉？愿诸君勉之。"

金军进逼，巴蜀大震，玠乃收散卒。保凤翔之大散关及和尚原，扼险列栅，死守蜀口，以安人心。金人不敢越玠而进，彼惧玠蹑其后，是以保蜀也。这时金兵十倍于川陕，使非吴玠扼守关口，则兀术可由陕入蜀，由金房入襄樊，上游之势既失，临安又安能恃江淮之险以自固哉？

高宗在临安建立枢府，以图恢复，然其势实朝不能保暮。建炎三、四年间，张浚、韩世忠、刘光世三军，仅能与群盗周旋于江西、湖南，但亦互有胜负。那时岳飞名位兵力，尚在张、韩、刘三帅之下，金师之不敢深入轻取者，实惧西北诸将以其后也。兀术于富平大捷之后，不敢正面窥川蜀者，玠、璘兄弟死守大散关之功也。

大散关在今之宝鸡县南，自昔为川陕军事孔道，守者能具有坚决之战意，则每次可在此挽回劫运，而徐图整军再战。昔人诸葛孔明及姜维，亦往往在此阻遏魏兵。玠在原上翔凤间数百里，父老子弟皆乐所用。玠每聚众议事，公告曰：“现在虽执干戈以抗拒金人，然求其奏功，则非赖父老子弟与我同心协力不可。若以吾辈弓马之力，能阻止金兵者，是白昼作梦也。”

金帅惧玠甚，以渗透方式离间玠军，兵力显有涣散者。玠日夜勉以大义，对老弱残病者尤推心置腹，抚慰备至，军心稍稳。旋有谋劫玠兄弟北去降金者，玠侦知之，搔首终日，不能决其处置。璘欲尽戮谋变者，玠叹曰：“是乌可者，我今势衰，众人求去我，是其不得已也，凡不得已者，必违其本旨，若我动之以诚，无有不喻者。若重惩之，则叛我者仅一二人，势必人人疑，此危道也。”于是置酒宴谋叛者，示以佐证，命取火焚之，曰："我不信有此，此乃金人反间计，欲使我互相残杀也，愿与诸君歃血盟。"众皆感泣，愿为用。按此在《宋史·吴玠传》亦载其事，读之觉玠、璘昆季真不愧中流砥柱，国家栋梁。诚以处危疑震撼之局，惟有能用诚信者，方可济事匡时。

第 7 章

李纲、宗泽是好辅宰

方高宗由南京至扬州时，改元建炎，宗泽留守东京，陈复兴计划，闻黄潜善在帝侧倡和议，乃上疏曰：“自金人再至，朝廷未尝命一将，出一帅，但闻奸邪之臣，朝进一言以告和，暮入一说以乞盟，终至二圣北迁，宗主蒙耻。臣意陛下，赫然震怒，大明黜陟，以再造皇室。今即位四十日矣，未闻有大号明令，但见刑部指挥云，不得誊播赦文于河东西，陕之蒲、解，诚递天下忠义之气，而自绝其民也。臣虽驽骀，当躬冒矢石，为诸将先，得捐躯报国恩，足矣。”帝阅其言而壮之。又李纲亦言：“收复旧都，非泽不可。”帝欲留泽，黄潜善、汪伯彦等阻之。时敌骑留屯河上，金鼓之声，日夕相闻，兵民杂居，盗贼纵横，情势汹汹，泽威望素著，首诛贼数人，并令为盗者赃无轻重，悉从军法，由是盗贼屏息，抚绥军民，屡出师以挫敌。

这时金人在汴京，非常空虚，宗泽迭请帝返京师，而帝用黄潜善计，决意幸东南。秉义郎岳飞因事犯法将刑，宗泽一见奇之曰：此将材也。会金人攻汜水，以五百骑授飞，使立功赎罪，飞大败金人而还，升飞为统制而谓之曰：“尔智勇材艺，古良将不能过，然好野战，非万全也。”因授飞阵图，飞曰：“阵而后战，兵法之常，运用之妙，存乎一心。”泽嘉其言，飞由是名大显。

旋宗泽复上表曰：“今逆虏尚炽，群盗方兴，比闻远道之惊传，已有东南之巡幸，窃恐徒增四海之疑心。”又疏曰：“圣上统驭大军，回銮汴京，是人心之所欲。妄议巡幸，是人心之所恶。”均不报。最后抗疏曰：“祖宗将近二百年基业，陛下奈何弃之，以遗狂虏？今陛下北指，王室再造，中兴之业复成。”时泽每疏奏，均付中书省，潜善、伯彦以为狂，留中不报。泽遇战必捷，正气凛然，因之声威日著，敌闻其名畏之，对南人言必称宗爷爷。渐聚兵储粮，联赵燕豪杰，自信渡河，光复失地，可指日计，前后请帝还京二十余奏，不但为黄汪所抑，且疑泽为变，暗与郭仲荀为副守以监视之。泽忧愤成疾，疽发于背，诸将入问疾，泽叹曰：“出师未捷身先死，长使英雄泪满襟。吾以二圣蒙尘，忧愤至此，汝等能歼敌，则我死无恨。”无一语言家事，众皆流涕，但连呼过河者三而卒，年七十，朝野号恸。

史臣曰：“当二帝北行，宗主失主，宗泽一呼而聚集河北义旅数十万众，使当时无此龃龉及牵制，则反二帝，复旧都，真指顾间事耳。而汪、黄嫉能忌功，高宗惑于奸邪，善善不能用，忧愤而卒，悲哉。”

高宗建炎三年六月，金酋兀术亲率燕云河朔兵南侵，是月陷磁州。九月，谍报金治水师，将由海道窥浙。朝廷遣韩世忠扼守圌山福山。冬十月，兀术分两路南窥，一路自滁、和（均属安徽）入江东，一路自蕲、黄（均属湖北）入江西，陷江州。金人陷江州时，守将刘光世在江州，日置酒高会，金兵渡江凡三日，尚未知之，及迫城下，遂引兵遁南康。金兵趋卢陵，太守杨渊弃城走，兀术渡江攻建康（今南京），守将杜充日事诛杀，无制敌之方，降金，建康陷落。高宗在临安，以平素依为股肱之杜充竟叛降，且闻金兵以水师图浙，帝顾吕颐浩曰：“事迫矣，若何？”吕进航海之策，敌兵多骑，必不能乘舟袭我江浙各地，即来，必不久留，俟其退去，复还二浙，彼出我入，彼入我出，此兵家之奇也，帝然之，避入明州。时韩世忠自镇江退守江阴，知徐州府赵立闻诏诸路兵勤王，乃率兵三万，听韩世忠指挥，立率众与金人转战四十里，至楚州城下。立中箭，贯两颊，口不能言，以手指挥诸军前进。金人谓自燕山之役，南兵未有如此之鏖战者。旋金兵又陷秀州，金游骑至平江，守臣汤东野弃城逃，兀术入城，纵火焚掠，死者五十万人。初，韩世忠以前军驻青龙镇，中军驻江湾，后军驻海口，欲俟金兵还师击之，及兀术由秀州趋平江，计划不售，乃驻节镇江以待之，以八千人屯焦山寺。兀术遣使通问约战期，世忠许之，因谓诸将曰："是间形势，无如金山龙王庙者，敌必登之，以觇我虚实。"乃遣苏德将百人，伏庙中岸侧，闻江中击鼓，则岸兵先入，庙兵继出，以夹击之。及敌至，果有五骑入庙，庙兵先鼓而出，获其骑，其余三骑振策以驰，一人红袍玉带，轻伤坠马，复跳而免，其人徬徨无所依，另一骑下马搀扶之，扬长而去。后诘诸获者，红袍坠马者，金元帅兀术也。既而接战江中，凡数十合，世忠力战，敌终不得济，俘获甚众，擒兀术之婿龙虎大王。兀术惧，请尽归所掠以假道，世忠不许，复赠以名马，又不许。兀术循南岸，世忠循北岸，且战且行。世忠艨艟大舰，出金师前后数里，击柝之声达旦。将至黄天荡，兀术窘甚，兵马尽失，仅率单骑数名落荒走建康。又遇岳飞设伏牛头山，兀术穷蹙，求会晤，祈求甚哀，世忠曰："还我两宫，复我疆土，则可以相全。"又数日，求再会，而言不逊，世忠引弓射之，兀术亟驰去，但见江舟乘风使篷，往来如飞，谓其下曰："南军使船如使马，奈何？"乃募人献破舟之法，有闽人王姓者授以火箭破之，兀术始渡江走六合。是役也，世忠以八千人拒兀术十万之众，凡四十八日，金人自是不敢轻存渡江之想矣。

第8章

梁红玉击鼓退金兵

黄天荡大捷为历史上有名战绩。当金人由秀州至平江偷渡大江时，世忠用各个击破战略，将金兵斩断，并与主将兀术每战必数十合或百余合。是役兀术以数十万大军冒险渡江，被四面八方战鼓，声震霄汉，使金兵战栗，几乎不能成阵。最后许多小队，集结在镇江焦山麓下，喘息未定，因军士三日未食，正欲埋锅造饭。不料焦山上战鼓突闻，杀声冲天，此时兀术率大队扈从乘木筏抵江岸，见到正在造饭之士卒夺路逃命，军心因之慌乱。又闻山上战鼓甚厉，自乱队形，军士泅水而死者不计其数，兀术率少数侍卫仅以身免。这焦山的战鼓，就是史书所载世忠妻“梁红玉击鼓退金兵”的故事，千古传为佳话。按：国剧亦有此出，名伶尚小云在故都演出最出色。

秦桧当国，嫉妒世忠，每在高宗前进谗言，而高宗又极信任之。世忠部队分驻于今苏北之盱眙六合、江都一带。会张浚、岳飞奉诏视察世忠军，犹今之整编与点验也，虽曰朝命，实皆出自桧意。岳飞奉诏，往辞桧而后行，桧举杯扬声谓二人曰：“公等此行，且备反侧。”桧为此言，意欲从者闻悉之，激起世忠为变，因此欲罗织世忠之罪。飞答曰：“相公此言，其意安在？楚州之军，即朝廷之军也。”桧闻言色变，由此不满岳飞。浚体会桧意，欲削弱世忠军，而因以自益，诣飞密商，示桧意。飞不赞同，遂为浚所衔恨。后来桧陷害岳飞时，张浚与有谋焉。

世忠勇力绝人，家贫，年十八，应募为兵卒。初随刘廷庆防御西夏有战功，讨平方腊之役，世忠率数十人直入方腊所据之清溪峒，擒腊而归。他将于中途夺腊而冒其功，世忠一笑置之。后为刘帅所白，始获赏。后来平苗傅、刘正彦之乱，奠安陪都，厥功甚伟，而嫉之者因之更甚。世忠刀痕箭疤，遍体如鳞甲，双手十指，仅全其四。南渡名将，世忠实为第一人。

建炎三年二月，金酋娄宿破覆晋宁军。秋七月，留守杜充弃东京，归行在。时岳飞为杜充部将，谏曰：“中原地尺寸不可弃，今一举足，此地非我有，他日取之，非数十万众不可。”充不听，遂与俱归，朝廷命郭仲荀、程昌寓相继代充，然留守司亦名存实亡也。

第9章

朱仙镇空前大捷

岳飞于此时，率所部离充复戍中原之漯河一带，时金人惧岳飞甚。秋后，所谓胡马正肥，金将兀术统率数十万大军想一鼓破飞军，乃遇于汴京西朱仙镇，血战四昼夜。岳飞大败金军，斩杀无算，俘获士卒器械戈矛，排列田边达数里之长。敌酋娄宿、粘没喝、兀术召开“高阶层会议”，谓江南有韩世宗，西北有吴玠，汴西又遇到岳家军，不能使我统一华夏，天不佑我也。历史上称为岳飞朱仙镇大捷，即指此役。许多稗官小说均载金人有歌谣云：“撼山易，撼岳家军难。”后飞以兵援不继，后方联络中断，乃以金兵渡江南侵临安，遂统所部保护陪都，欲由张渚直趋临安。张渚，在宜兴、宁国、湖州之间，通临安孔道，在北宋当兵要之冲。飞与金兵遭遇于张渚东北六十里，却走金兵。这时高宗正仓皇去国，避兵海上，临安局面，基础尚未稳固也。

岳珂为岳飞之孙，岳霖之子，著有《金陀粹编》二十卷，又续编三十卷，述岳忠武事甚详。珂自序云：“先王勋在王家，名在国史。”《云麓漫钞》：宜兴张渚镇，去城七十里，张氏圃临水，号桃溪，春日桃花最盛，岳侯曾馆其家，题名厅事云：“中原板荡，金人长驱，无人之境，将帅无能，不及长城之壮。余愤发河朔，起自相台，束发从军，大小二百余战，虽不及远涉边疆，亦足决国事于万一，今又提一垒孤军，薄建康之城，一举而复。且收兵养卒，以待后命，如或朝廷见念，赐予器甲，使之完备，颁降功赏，使人蒙恩，即当深入边庭，迎二圣（指徽钦二宗）复还京师，取故土再上版籍，他时过此，勒功金石，岂不快哉？此心一发，天地知之，知我者知之。建炎四年六月河朔岳飞书。”忠武后来被陷害后，张氏洗去其字，每于天气阴雨时，隐隐犹现。按：忠武侯所谱《满江红》复国词及“还我河山”题字，忠义愤发，笔力迈劲，后人多录其词并摹其字真迹，昭示墙壁，偶而伫立仰观，不禁使人崇敬先圣，同仇敌忾。

岳忠武起自河朔，初由卫乡子弟、山泽豪俊组成军旅，原非朝廷制兵，最先隶王彦部为裨将，后属宗泽为秉义郎，末秩也，以越职上书获罪，往投河北张所。读他的题词，满腔忠义愤激，溢于字里行间，可见当时忠武处境，固极困难，在朝廷亦无援引之人。当时大将吴玠、吴璘、韩世忠、王彦、张浚、刘锜诸人，或门第世泽，或资深历富，皆远出忠武以上。忠武与金兵鏖战之处，名百合场，至今犹在。余故师尝云：数数凭吊，而私度其形势，背山据水，控扼长堤，以避威胁，居高临下，若虎负嵎，一切皆有法则，诚不愧为一代名将。土人传说忠武尝单骑遇金将于此，两马相交，苦战百合，皆无援救。忠武奋其神勇，裂眦怒发，卒戮金将，枭其首级，悬于马项，驰入壁中。金人既失其将，遂不得不退。此为金人攻略建康后之南下大军的右翼，原欲以此翼扫荡浙西诸府，摧毁临安重兵。兀术方引本军，出海道追逐高宗车驾，因高宗听信吕颐浩航海逃避之计，出海避敌，金兵挺至四明（今宁波）海上，终以右翼被忠武遏阻，遂不得不同时北撤。此为南宋复兴初兵事重大关键所在，设非忠武苦战，则金人右翼之师，可以得志。后此临安一百四十余年之偏安局面，正复不可保，所谓中兴难，而偏安益难，真可谓针对艰难之局面有感而言，读者不可忽之。

忠武雄姿俊伟，美须髯，与金兵交锋，大小二百余战，从未遭过挫败。盖飞初起时，所统为乡里子弟之避寇于山泽中者，轻装机动，扰乱金兵之旗鼓以困之，颇使金兵陷于求战不得之被动地位，此实为当时忠武最有利之战术，使金人闻忠武之名而震慑，此为忠武先声夺人矣。徽钦二帝陷北国，初未知将帅中有忠武其人者，而忠武之名为二帝所知者，实传闻于金人。南人之陷北国者尤乐道之，且描述忠武之如何英武，如何神算。状忠武为“大小眼将军”，盖忠武两眼不相同，一巨一细，与现在祠庙所供及私家绣存者不同，当时术家谓忠武像在相法言，不能免难，且不能度过四十岁。《七修稿》：韦太后北归至临安，高宗出迎，群臣文武军吏，太后亦有多曾耳熟者，忽忆忠武，因问帝曰，因何不见“大小眼将军”？帝默然。继而太后问左右，有人曰，岳飞死狱矣，并评述其事之颠末曲折。太后怒帝，声言有此良将不能用，决出家为尼，帝跪谢遂止。然太后终身在宫中着道服，盖深恶高宗不能用良将，自毁长城，而使北定中原之大业终成泡影。

第 10 章

八字军扬威西陲

建炎初，两河忠义之士与金军为敌者，所在皆有。往往结岩自固，绵亘百余里。其最为金人所惧怕者，为王彦所统之“八字军”。八字军者，刺面作“赤心报国誓灭金贼”八字，以示无他也。王彦，上党人，性豪纵，喜韬略，初隶京师弓马子弟所。弓马子弟所者，宋时之军事训练机构，录取将校子弟之有志者隶之，犹近之军官子弟学校之谓。彦在弓马子弟所时，为徽宗临轩阅试所拔擢。后从经略种师道征西夏有战功。二帝北狩，高宗即位，李纲柄政，置河北招抚使，彦为招抚使张所识拔，擢都统制。岳忠武见所，所奇之，因命隶彦。忠武苦战于河北，直抵太行山，连战擒斩金将。彦不能尽用忠武，忠武遂复归宗泽，但“八字军”之声威，远近皆知，实由忠武之故。后“八字军”万人，随彦隶张浚于西北，转襄、陕、汉、关间，号称劲旅。按忠武与彦，皆南渡初期，抗拒金人之河北领导人物。彦益以事亲孝，居宦廉，见称于史氏，为南渡名将。但两人者，卒不能和协以共济艰难，此岂一时意气之争，虽贤者亦有时或不免耶？

《中兴杂记》谓张（浚）、韩（世忠）、刘（锜）、岳（飞）及王德、王彦诸人，襟怀气度，以韩侯为最，虽忠武似亦不及韩蕲王（即世忠）云云。盖其所指，即此类事也。绍兴六年二月，诏彦知襄阳府——京西南路招抚使。适值忠武屯兵上游，荆襄豫鄂诸路军马皆归节制，彦以宿嫌坚辞。时张浚与赵鼎同相，浚在西北，知彦忠勇，遂以彦为行营前护军副都统制——督府参谋军事。前护军者，当时之近卫部队，直隶枢密院而为朝廷所亲信之宿卫禁军也。

是年六月，王彦率“八字军”万人，由陕荆赴行在。七年，“八字军”忽与友军交斗于市，改隶刘锜。锜在绍兴初为关陕战将，亦为浚抚西北时所素知。锜幼随父征讨，美丰仪，善骑射，声如洪钟。尝以箭射牙门水斛，拔箭水流，复以一矢窒水流，以是将士皆服其神勇。然在西北转战数载，迄无亲统卒伍，至是得彦“八字军”后，部署为前、后、左、右、中，及游击凡六大队，始行成军。锜以之屯驻京东西，历四载，扩张至四万。兀术所统之女真铁浮图军、拐子马、常胜军等皆为锜军所败，金人所恃为劲旅者，十损八九，皆“八字军”功也。

兀术统兵数十万，被“八字军”击败后，兀术怒责诸将，众曰：“南朝用兵，今非昔比，元帅亲临目见，我们并非谎言。”时盛暑，“八字军”更番休食，金兵着重铠，昼夜不解，劳逸不平衡，以致败绩。九年，兀术大举再犯淮西，锜扼巢县东关，再败金兵于柘皋，此亦为南渡后有名战役。张俊所统王德诸军虽俱会，实锜功多。盖两军既合，兀术犹以拐子马为中坚，张两翼前进，兀术白袍金甲，以牙兵督战，登高遥望，忽见锜军，惊曰：此顺昌旗帜也，刘太尉亦来耶？即令退军。顺昌旗帜者，“八字军”也。《临安旧闻》谓“八字军”官兵皆河北忠义之士，并未在教场受过训练，然每战必胜。王彦任统制时，论者言其军政不肃，深咎之云云。按“八字军”不无骄纵，是缺乏严格训练也，自王彦及刘锜，始终成为劲旅者，它俱有灭金之中心思想。兵者，用众也，战在公不在私，为拙不为巧，尚礼尤重于尚勇。若徒博训练之名，以求外表美观，此仪仗兵也，鲜有能任战者。或以私心巧道行之，则愈训练而愈携贰，胜负之机，往往在此。

绍兴十年五月，金人不守信用，忽然渝盟，复取河南等地。初，刘锜统“八字军”四万人，奉命赴东京助王伦任副刘守，自临安泝淮至涡口，方与将士会合，暴风拨坐。锜通堪舆，谓主贼军来袭，遂兼程前进，抵顺昌，谍报金人入东京。顺昌，宋置府，金废，今为颍州阜阳县。锜以顺昌有粮数万斛，派兵为守御，诸将谓金兵势强大，不可敌。时将士携妻孥，多主以步骑掩护老小，顺流还江南。锜曰：“东京虽失。吾军犹全，奈何不求一战而弃地窜归？金人南侵，宁有止境耶？吾计已决，敢言去者斩。”部将许清与锜议相合，谓力战可以死中求生，行军用兵之道也。若避敌而待敌人之疲，敌将愈强，何疲可乘？此项羽所以重责宋义也。锜遂下令沉舟，示无去志。于是，全军大奋，男子备战守，妇人砺刀剑，锜曰：“昔人谓我八字军起自山泽，非朝廷制兵，今看孰能为国家破贼立功？”将士闻言用命。金兵数万薄顺昌，见顺昌四门大开，徘徊不敢骤进。锜奇兵突出，强弩复自城垣发，金兵后却。锜命五百壮士分数路袭金营，锜扬鞭谓曰：“今夜五更，有闪雷，汝等遇有发辫者，戮之，神当助我，幸无胆怯。”壮士逼近金营，果遇雷电而不雨，照同白昼，死士一以当百，箭混发，金兵原蓄辫发，死者枕藉，遂溃退不能止。这是历史上有名的顺昌大捷。

金酋兀术在汴京闻败报，即趋淮宁，转至顺昌。淮宁者，为旧陈州府治，今淮阳县也。金军如潮涌，号称三十万。锜登城望敌，将士皆谓今已获胜，宜全师而归。锜大呼曰：“吾八字军自河朔转战千里，国家养兵，为能杀贼，虽众寡不侔，岂可退却？用兵之道，报国之诚，有进无退。且我退则敌进，将使军民战意尽皆消失，国土愈蹙而贼势愈张。且吾军一动，贼蹑我后，将一退千里，虽欲求战而不可复得，贼临江逼我，能不震惊乎？建炎播迁之艰难，不幸重演，则平生报国之志，反成误国之罪矣。况东南千万生灵，遭受涂炭，其何能仅仅以吾人全军四万人及妻孥之安逸为计？”锜言时声如洪钟，众皆感动，有闻而泣下者。许清自阵后跃出，向锜伏地三拜，起而纵身一跃，高逾八尺，挥臂大呼曰：“惟大尉命！”锜曰：“我夜卜得吉兆，胜无疑，战矣！诸君报国，即在今日。”众皆欢呼。锜以书约兀术战。兀术自宣和（徽宗年号）、靖康（钦宗年号）以来，南侵诸战，无役不与，曾追逼高宗于浙东海上。尝谓南朝除文臣张枢密、武将韩太尉外，余皆不足齿。张枢密指浚，韩太尉指世忠也。锜后起，兀术实轻视之，既得锜书，又以前敌失利，大怒曰：“我投鞭可断江淮之流，刘锜乃南朝一乳臭小儿，何敢与我言战！我用靴尖可击倒顺昌城，颍河之水虽急湍，讵能阻我？”立允锜明日会战。只见一将在麾盖下，白袍白马，从卒皆重铠，一部将指谓锜曰：“此金将兀术也，败不至死，今晚勿穷追。”锜诺称是。遂下令全军出击。迫及金阵，而金兵多先下马卸甲，以就凉爽，猝不及备。锜兵多持锐利长斧，斧乱下，金兵马饮水啮草，已多毒发，无战斗意，而锜兵则如猛虎。大将许清，统制官赵撙、韩直等，皆跃马当先，撙、直面颊及腿中乱箭三四矢，不肯退。金兵大败，死万余人。兀术首北奔过浮桥。锜传命收取金兵所遗器甲，谓降者不杀。亥初，大雨，水深至腹，兀术退兵至陈州，收容溃卒还汴。顺昌被金兵包围凡十四日，而锜从容以数小时时间击败之，兀术精锐丧失之大，为从来所无。洪皓在燕密奏，谓金人震恐丧魄，拟迁重宝珍器，意欲捐弃燕南云云。按刘锜保卫顺昌之战，亦为南渡军事重要战史。自此以后，金人南侵之势，已不复再如往时。

第 11 章

痛哉，中兴机会溜走了

高宗定都临安，《宋史》称为“南渡期”。在这一期，为建炎前后四年及绍兴初年，可以说是宋室播迁流离最悲惨的局面，也是各路军事反侵略最高潮的时期。这时候，中原沦陷不久，人心未死，而两河忠义之士和悲歌慷慨之草泽英雄，或者供给情报于就近官衙，或者募集壮丁自动结寨以自卫，更有的冒生命危险以打击金兵，因之金兵对南朝民心士气，感到非常棘手。故每次南侵都是动员数十万大军，两翼并进，以防不测。这时南宋在中原方面，有宗泽、王彦。西北有曲端、张浚、吴玠、吴璘。沿襄樊以至淮河，有刘锜、韩世忠、岳飞、牛皋等数十员大将，捍卫临安外围。在历史上称为有名的战绩有朱仙镇，大散关、牛头山、黄天荡、顺昌、拓皋、宜兴诸大战役，每一次战斗，差不多金兵被杀得弃甲曳兵落荒而走，金人呼宗泽为

“宋爷爷”，呼岳飞为“岳爷爷”。有一短时期，金人不敢轻举妄动冒险南侵，这是证明它的军事遭挫折知难而退。斯时也，是南宋复国最好机会，也是南宋存亡一关键。临安最高当局，果能把握有利时机，运用旺盛民心与士气，调和各将帅的意气，铲除苟安心理，排斥和议论调，内用李纲，外倚宗泽，抱定反攻复国雪耻报仇的决心，相信收复两京，迎接二圣，可操必胜之券，进而扫穴犁庭，歼除巨憝，痛饮黄龙之酒。近八百年的历史，将要重写。《宋史纪事本末》张溥评曰：“古今来怪事，莫过于打胜仗而向敌人乞求和议。高宗赵构忘仇委身，对被敌人释回的秦桧倚若左右手。由建炎四年冬秦桧自金仓皇南返，绍兴元月参知政事，不半载而高登政府入相，专权凡十八年，临死以前还封为王爵。高宗始终宠信无贰，对国难家仇，习为空谈，各路军事，亦漠不关心。只知道在临安修宫寝，兴太学，正官名，籍田郊庙，蠲租赈饥，一味粉饰太平。且性复畏敌，一味求安，桧顺其意而迎逢之，终教帝以拒兄（指钦宗）之策，而使不得不和。至于杀岳飞，而人道绝矣。”这段评语，公允率直，小朝廷不能把握复仇雪耻机会，苟且偷安，人心涣散，地域日蹙，大局当然日非矣，后来不是忠勇将士及起自草泽间的英雄豪杰，断断续续各地打游击，恐偏安局面也不能延续到一百五十一年。今之视昔，可不鉴哉？

《东京梦华录》：高宗在临安建都后，因吴玠、吴璘、韩世忠等再破金兵，东南局势大安，四方奔避之士亦稍克来归。临安版籍增，朝野均以“中兴”自我陶醉，于是临安无意恢复之局，遂亦形成。一时歌颂“中兴”之声，自绍兴元年起直至贾似道止，一百四五十年间，纷饰升平，自欺欺人，实未能与夏少康、越勾践相比拟也。兹摘述可以考稽之事如下：以为后世忧时谋者有所取鉴焉！

绍兴元年，高宗由内殿宣示，镌玉宝十有一，定名曰中兴之宝，藏于中兴御府。又名大宋受命中兴御宝，具名凡十有一；一曰镇国宝，二曰受命宝，三曰天子之宝，四曰天子信宝，五曰天子行宝，六曰皇帝之宝，七曰皇帝信宝，八曰皇帝行宝，九曰大宋受命之宝，十曰定命宝，十一曰大宋受命中兴之宝。镌玉宝之人，均挑选镌篆上乘之人，所有质料采用玉石，外锦缎，系以金色丝绺，再储黄绫盒中，外表非常肃穆美观，与在汴京时毫无二致。

建炎三年，胡安国上《中兴策》十四篇。绍兴二年，雍�武衡献《中兴十议》。四年，江藻献《建炎中兴诏旨》三十七册，林保辅献《中兴龟鉴》。八年，李昌言进《中兴要览》十篇。九年，汪伯彦上《建炎中兴日历》五卷。十二年，汉州布衣陈靖献《中兴论统》。淳熙十二年，上《中兴礼书》，此系绍兴元年赵子书上书请修，至是书成赐茗。嘉泰二年，费士寅等续纂《中兴礼书》八十卷。又李纲编《建炎中兴记》三卷。张浚进《中兴备览》四十一卷。李璧撰《中兴战功录》。熊克撰《中兴纪事本末》，一名《中兴小历文献通考》。梁克家等上《中兴会要》二百卷。何异撰《中兴老百姓题名》五十卷。以上有见于文渊阁书目者，盖其书已不可见矣。文渊阁会藏，有《中兴圣政》，有《中兴百官年表》，有《中兴备要》，有《中兴系年录》，以及《中兴大事纪》、《中兴政要》等。其余散见于绿竹堂及绛云楼等储家书目者尤夥。此足见南宋自绍兴元年以后，君臣上下，都以“中兴”为口号，相互沉湎于声色犬马、酣歌夜舞之中，此所以偏安半壁，局促一隅，终至于崖山沦亡，中原父老怅望旌旗，两河子弟无路请缨者，殆非无因也。

高宗初至临安府，霖雨不止。叶梦得等言，州治屋宇不多，六宫隘窄。高宗曰：“亦不觉窄，但卑湿耳。然自过江以来，百官六军皆失所，朕何敢求安。”按此可见高宗当时未尝无卧薪尝胆之精神。第以时间久了，因循苟安，宵小盈廷，遂导致不能收京复国，可悲也已。

《宋故事》：禁中处分事付外者，谓之内批，又谓之御批。皆由内夫人代书。吴后书法绝似高宗。绍兴间，后获宠眷，御前应制，多出其手。其他后宫著名女人尤夥。兹分别摘抄于下：

此系见陈继儒《太平清话》及《供奉志》。

棋侍诏——沈姑姑及上官夫人

演史——张氏、宋氏、陈氏等

说经——陆妙慧、陆妙静两姊妹

小说——史蕙英

队戏——李端侬

影戏——王润卿

鼓板——潘小奴

傀儡卢金线——张逢春

踢弄——吴金脚、吴鹞子

击球——萧鹏巴。按：鹏巴尤为高宗储君孝宗所宠信，且许其除步帅。步帅者，侍卫官而统有卒伍者也。按此虽不必责以荒淫，但宴安之祸，实甚于鸩毒也。

第 12 章

随龙随凤，杭州顿成不夜城

建炎中，高宗贵妃刘氏尝主内翰文字及代写宸翰，甚眷之。《金小史》谓金主完颜亮图宋之意，与刘妃有关。完颜亮不时检查由临安传来各种公私文告，按即今所谓情报，述及君臣琐事者，颇多有意夸扬刘贵妃。一日在马上，完颜亮谓左右曰：向者朕闻宋有刘贵妃，天下之绝色也。今一举而两得之，所谓因行掉臂也。说罢，扬鞭大笑不止。因行掉臂者，谓行者莫不掉其臂也。后来秦桧和议既成，诸路兵马皆罢，而金人屡次败盟者，或有谓其最大原因，即由于完颜亮向往南朝湖山之胜迹，以及管弦笙歌之繁华，因之不惜动兵。

《云栖寺志》载：南渡初，中原士大夫之落南者，高宗有西北士大夫许占寺院之命。一时士大夫每自榜其寺院所居曰“随龙某某某之居”，盖标其护跸南来之功也。

《临安闻见录》：随高宗护驾南来临安的扈卫及文武百官，不下数万人，有由陆路乘马车乘骡车的，有由水路乘木船木筏的。杭州空屋不多，居处大成问题，稍成样儿的土库房屋都被文武百官所借住。因为人数一时骤增，一栋土库屋常常住四五姓，木屋栅户也塞到满坑满谷。所有扈卫军士，除随高宗一小部分驻在附近廊檐走廊外，大部分则驻在西湖灵隐寺、天竺、虎跑诸大宝刹，城内寺庙则留与官员居住，满街满巷都是红袍绿袍、纱帽方巾，甚至有着紫袍玉带者，仗势欺凌老百姓之事层出不穷。

《金陀粹编》：因高宗有诏准许士大夫入住寺院，杭州城内外之寺院、禅林、佛堂、庙庵，都住满了大小官儿，包括眷属在内，各寺院内之大雄宝殿、方丈室、知客师室，乃至韦驮、观音、地藏等殿，均贴有“随龙 ××× 之居”，红纸黑字，也有用彩色纸及玉版锤金纸的。五色缤纷，光怪陆离。

《朝野杂记》：高宗莅杭州，到处都是“随龙”居处，下城某妓寨，与“随龙”某官儿有一度香火缘，门首也用黄洒金纸写上“随龙张月娥之居”。事闻于上，一笑置之。后来张月娥因恃某官儿之撑腰，皇上置之不理，居然以“随龙”身份招摇过市，路人为之侧目。另有许多市井无赖之徒，亦于门首或木窗口标以“随龙”字样。秩序之乱，前未曾有。

《咸淳临安志》：高宗初莅临安，一时容纳由汴京来的百官官眷，杭州城顿成闹市。茶肆酒楼，时时客满；西湖道上，游人如织。湖中亦有不少木筏小舟，荡漾其中，亦有带鼓板、携酒肉、偕眷属往游的，谑浪笑傲，声震湖畔。

《老学庵笔记》：康王赵构幸临安称高宗，改元为绍兴，杭州城随皇上御临，易名为临安行在。杭州版籍骤增，歌伎行令，声达户外，临安繁华，顿成不夜之城。笔者今天才证实了"只知有杭州，不知有汴州"之句，感喟系之。宋代歌伎，是以抱月琴琵琶歌谱民谣词曲，上焉者专以谱曲歌唱以娱宾客，遇有堂会相邀，则偕女僮二人抱琵琶而往，也有携带三弦月琴者，高歌一曲，微笑鞠躬而去。主人要是再度征召，或者侑酒，两情缱绻，须玉鼓打四更，睡眼蒙眬，始与主人告辞，有时由主人伴送回香闺。只见过一二次，想销魂者是不可能的。下焉者殆无论焉。摘《朝野杂记》。

《宋故事》：宋皇驻跸杭州，改以人名，改名临安行在，人口增加到十倍以上，偷窃之案，每天都有。一日，有司捕获一犯，细查之，是"随龙"南来小偷也，讯过即释。一时传为笑柄。

《行朝纪痛》：南渡初，淮、泗、湖、湘，群盗如毛。自海州迄浙江福州千里间，匪寇跳梁，往往舟楫多至数百，匪悍兵犀，云合逋逃，势张声强，官军望风败走，历数岁不能平。莆田有郑广者，兵力最强，自号滚海蛟。建炎初，高宗避兵海上时，郑广曾与金将兀术在明州（今宁波）海面接战，以是御舟免为兀术所追及。王驾既还之临安，亦遂忘其事。郑广依然为海上盗，时时侵犯闽江沿海，借粮而不虐害良民。事闻，有诏勿捕。会广知上念其前劳，遂自首乞降，命以官，使统其众为闽南守将。

郑广颇谨饬自守，朔（初一）望（十五）且趋帅府，群僚以其故为盗，无与立谈者。广颇怅怅，顾未尝言。一日，晨入，未衙，多官偶语檐下，或及诗句，广矍然掌称善趋前曰："郑广粗人，亦有拙诗，白之诸官可乎？"众官睥睨视之，良久曰："听听吧。"众皆属耳，广乃高声朗诵其诗，句曰："郑广有诗上众官，文武看来总一般，众官做官却做贼，郑广做贼却做官。"众官闻之，相顾失色，无一笑者，盖自惭也。按此与岳珂《桯史》所载大致相同。可见当时情形之混乱。《桯史》谓章以初好诵此诗，每曰："今天下士大夫愧郑广多矣，吾侪可不知自警乎？"注：章以初与岳珂同客京口，四川广汉人，官九江守，卒于金陵。

《宋稗类钞》：涌金门有巨室某，家藏黄白甚丰，屋宇亦广厦连云，平日拥姬妾家居，墙高及寻，与外人鲜有来往，即寺庵尼姑、沙弥每年腊八前夕求施化缘，仅获得布半匹，所谓为富不仁，当地居民敢怒不敢言。会圣驾辛临杭州，一侍郎居无所，差人献某巨室有屋宇多椽，可商分居，卒不允。越日，某巨室即以通金人嫌疑，捉将官里去矣。其屋宇由帅府臣僚分而居之，门首贴有红纸金字云“随龙某某某等居此”。后有好事者（或谓未有获得分配者某某）透露此中线索，谓某侍郎借屋未如愿，即与另一同官假造金人来函，派役吏于清晨破门搜查，获此证件，诬某巨室通敌，捕其主人连带家人云云。此案最后怎样发落，未详。当时政治如此腐败，焉能复国？

《行朝纪痛》：由汴京迁到临安的文武百官及奴台皂隶，多得不可胜计。月应支付照常，库空如洗，司农仰屋。而臣僚以及官眷，仍然和在汴京不相上下，骄奢享乐，有过之无不及。

《宋史纪事》：户部侍郎张致远上疏云：“陛下欲富国强兵，大有为于天下，应诏大臣及僚士庶人等，力务节省，明禁奢侈，自朝廷始，员额可清者清之，司属可并者并之，使州县无妄用，归其余于监司；监司无妄用，归其余于朝廷；朝廷无枉用，日积月聚，惟军需是虑，中兴之业可致。”按张侍郎之疏，距今八百年，切近今日时弊，政府大可参考。

《宋稗类钞》：南渡后，军政费用浩繁，不能不仰赖赋税，而征收赋税全是横征暴敛，浙中尤甚。丁钱有至三千五百缗，人民不堪负担，多有求去者。有许多狡黠者，假借官中名字或各部官衙，以图免税。更有私刻图章，冒充“随龙”官署和其眷属，运贩货物，希图蒙混税卡，从中浑水摸鱼。辛幼安稼轩云：“曾见有粪船，亦插宫字旗。”

第 13 章

金照料使大敲竹杠

《中兴漫记》：赋税不患苛重，独患苛重而豪家则以巧避，以致民困，而国课益不裕云云。按，此真使人有今古同一之叹。稼轩词人，谓粪船亦插官字旗云云，后世之相类甚多，甚且有假以牟利者，较之粪船插官字旗，其困民而不裕国课，或更过于古者。

《弘简录》：帝迁临安，因沿途颠沛流离，在汴京所存之百万缗，均被司属侵蚀朋比分掉了。现在所恃以开支的，全靠赋税及各地供应。绍兴元年至次年六月，所收不及所支之一半。因此各文武官衙，多有数月未发俸给的。中书省曾通告百官僚属，自理食粮费用，官民杂处，借贷频频，甚至发生很多为借贷的官司。

《宋史纪事本末》：绍兴三年二月，置总制司。先是，帝在扬州，四方贡赋，不以期至，吕颐浩、叶梦得等言，政和间陈亨伯为转运使，创经制钱，大率添酒价，增税额，其后行之东南及京东西河北，岁入数百万缗，所补不细。今边事未宁，费用日广，请诏天下诸路遵行之，一岁不虑数百万缗计，贤于暴敛多矣。帝从之。至是，又因经制之额增析为总制，岁收钱七百八十余万缗，官吏稍庆有补贴，可免冻馁。

《行朝纪痛》：谓韦太后回銮，王次翁为奉迎扈从礼仪使，秦桧妻兄王映为副使。金人派遣高居安为护送皇太后照料使。自会宁陆行七千里，由四月初四日起程，至八月二十二日抵临安，路上走了五个月。北地冰初解冻，太后晨兴，犹御重裘，金差役斜视耻之。路过云中时，酷暑，沿途供张菲薄，有的仅厨一盅大米粥，有的奉上二枚鸡蛋，虽然是当地官民对旧日皇太后不无藐视，但是大战之后，十室九空，往往行数十里，不见耕者。行抵德州，始觅得西瓜，剖而食之，其味甚甜，命赏从者，金差吏接过后，即弃置而不顾。金照料使高居安，因他事不乐，大放厥词谓："南朝君臣，骄奢纵欲，失天下人心，汝等（指着皇太后）流徙多年，尚不知反躬自省耶？老妪虽有子为南朝今日皇帝。然此地为大金国土，必待入江南境，始真为皇太后。大金国护送汝等南归，车马饮食之费，先有额定，不及瓜果也。太后恩赏，应由南朝奉迎礼仪使措办，安得责我金国，又安可仅口惠耶？”

太后命王次翁发赏，自高居安以下，分等代以金。居安命其从者，册报太后，索偿沿途瓜果费共三千金，谓从者半将留止境上，渡淮者亦必待清付。太后命以册交王次翁，次翁谓副使王暌曰：“我未得中枢秦丞相谕旨，安能与虏使私相结纳耶？虽太后有命，我曷敢遵？”坚持不可，居安卒命留境上者凡三宿。

淮南渡口迎候百官，先得报谓太后渡淮，因而驰驿报临安。乃遥望旌旗，不见北舟解缆，官渡驿丞复飞驰奏上，一日三至临安。上惊惧，召秦丞相诘问，桧颇百端譬解，然亦心以为难测。太后知次翁不敢擅专，虑久不决，虏情或中变，遂召副使王暌面对后，始知暌为秦丞相妻兄，因谓暌曰：“知丞相不屈虏廷，间关南归，忍辱负重。卿亦忠良，万里相迎，为山九仞，安可功亏一篑？盍为主持。”遂名集奉迎扈从所有官吏差役人等，将身藏所有存金，搜集镏铢，足数与之。

第 14 章

秦桧时代开始

太后归至临安，泣诉于上曰：“我母子几不能相见，王次翁大臣也，乃不顾国家利害至此。”上震怒，立召秦丞相桧告之曰：“朕必杀此獠。”桧曰：“俟臣根究之。”次翁亦哭诉于桧曰：“未尝禀命，不敢擅专。”桧心喜次翁主办金事，而无结纳自图意，因白上曰：“次翁万里远征，无功有劳，虽不知通权达变，使皇太后受惊，然不犹愈于挟金人以要胁我耶？且金国方期次翁再往报谢，盍缓之以成事。”上怒犹未息。

按此《南宋史》王次翁本事所载，桧奏谓：请次翁为报谢使一事相参订，《宋史》讳言系出金国所期，而此则将挟金人以要我一点，标而出之，殆所谓夫子之道也。《雪窗夜话》谓：都堂既罗致通金事者，但上及桧又深虑通金事者与金人留临安者有结纳，上尝背魏良臣指为桧曰：“此辈不又将讼于虏耶？”

按此可见当时猜疑矛盾及重重怪现象矣。

野史记，韦太后回临安帝后，表达谢意，派王次翁充金国报谢正使，杨愿副使，又以贺金国正旦使。同年金国遣来临安使节完颜宗贤、刘裪为答拜使，高居安为护送太后南归使。当时行人络绎于途，所持国书，必标明报谢朝贺，以示不敢敌体。盖非如此，诚恐金人拒纳也。岁币之外，重增礼物，可谓辱国丧权甚矣。

《临安闻见录》谓：徽宗梓宫及韦太后南归，距绍兴五年上皇卒于金五国城，祈请归衬，使者凡七八辈，至是始获金主允许，盖已历时七年矣。设非张俊、韩世忠、岳飞、刘锜诸帅臣能以战续，健靠秦桧主和，则事固未可知也。韦太后至临安，梓宫至临平，上易缌服郊迎，奉安于龙德别宫，痛哭失声，民众无一不垂涕者。金国护送使者完颜等九人，亦以哀容随秦丞相后扶衬步行。正使宗颜宗贤谓其副使刘裪曰："南人孝事父母，今日亲见之，胜我人多矣。"裪等及从者亦皆挥拭其涕。一月后，上宴完颜宗贤等九人于慈宁宫外殿，韦太后亦临宴，南面座，上侧席南西向，完颜等与秦丞相等东西相向座，皆独席，凡二十。外殿者，韦太后所居慈宁外苑也。

《行朝纪痛》：完颜宗贤、高居安等于渡淮入境时，骄倨辱我渡口驿丞，不时以鞭抽我驿卒至仆地，王次翁、王暎皆不能制止之。从者皆忍辱掩面，而不敢出以报复。

《宋史》：北宋末期，徽宗在位，荒乐糜乱。宣和二年，方腊陷徽州、杭州。三年，宋江又掠京东诸郡。钦宗时，寇扰山东、河北，数万成群，为患地方甚深。高宗南迁即位，群盗蜂结，累多不解。在先，淮宁杜用、山东李某、河北丁顺皆拥众数万，为祸地方。拱州黎驿、单州鱼台各有溃卒数千，出没无常，乃遣大将王渊、刘光世分讨之。浙海面陈通作乱，帅臣叶梦得被执，通判官吴昉被杀。军贼张遇陷池州，入城纵掠，守臣滕祐弃城逃。又军贼丁进围寿春府，声势汹汹。东平孔彦舟闻金兵将至山东，遂率所部劫杀居民，掠财物，烧庐舍，南渡淮，犯黄州。丁未，诏谕流兵溃卒之为盗贼者，释其罪。辛亥，王渊招降张遇，所部万人改隶韩世忠。己酉，秀州卒徐明等作乱，诏命御营张俊讨之。癸亥，建州卒叶浓等作乱，寇神州，并在海面焚掠舟楫，掳人越货。八月，河北京东李成叛，犯宿州。冬十月，杨进复叛，众至数万，劫掠汝洛间；滨城贼盖进陷棣州。三年春庚子，盗张用、王善复叛淮宁，掳掠粮食，所至一空。巨盗邵青掠泗州，贼薛庆，据高邮，张俊招降之。山东河南间群盗首郭仲威围淮扬凡四月，城陷，仲匪入城大掠，取强壮以充军。冬间，淮盗刘忠聚兵于东京。剧盗曹端、桑仲为襄阳程千秋所招降。十二月，孔彦舟犯荆南，诏谕降之，任为湖北捉杀使。

金兵去潭州，群盗大起。鼎州人钟相以左道惑众，以悍贼为名，自称楚王，改元天载。盗首杨太（即杨么，后来声势于湘鄂豫章间，为岳飞诛于洞庭湖）聚众于龙阳。戚方攻陷广德，韩世忠率部退保江阳。帝诏翟兴为京湖淮南诸路镇抚使。时京东西荆湖南北淮南浙闽海面盗贼蜂起，大者数万人，小股亦数千人，据有州郡，朝廷不能制。又加金兵分路入侵，帝都播迁，人心惶惶。帝用范宗尹计划，分地剿抚。计：翟兴河南府孟汝唐州。赵立楚泗州涟水军。刘位滁濠州。赵霖和州无为军。李成舒蕲州。吴翊光黄州。李彦先海州淮阳军。陈规德安府复州汉阳军。解潜荆南府归陕州荆门公安军。程昌沣州。陈求道襄阳府邓随郑州。范之才均房州。冯长宁顺昌府泰州军。统由范宗尹便宜从事，俾立显功，许以世袭。海疆禹甸，内忧外患，南宋半壁江山，几不能保。

宋正史：绍兴元年春正月，孔彦舟据武陵，张用据襄汉，李成据江淮湖襄十余郡，连兵数十万，有席卷东南之意。多造符谶，幻惑中外，久围江州，朝廷患之。乃以张俊为招讨使，岳飞副之。李成大将马进犯洪州，飞自请为先锋，俊令杨沂中绝渡口，飞重铠跃马，潜出贼右，突其阵，所部从之。进大败，走筠州。飞抵东城，进出城布阵，飞设伏，以红罗为帜，上刺岳字，选骑二百，随帜而前。贼以甚少，薄之，伏发，进大败走。

飞使人呼曰：不从贼者坐，吾不杀汝，坐而降者八万人。俊与沂中复前后夹击，贼大溃。进以余卒奔南康，飞夜引兵至朱家山，又斩其大将赵万成。成闻进败，自引兵十余万来，飞遇于楼子庄，大破之，追斩进，遂复筠州。盗首张用寇江西，岳飞与用俱相州人，以书谕之曰："吾与汝同里，欲战则出，不战则降。"用得书，遂率众将降，江淮遂平。张俊奏飞功第一，诏进飞为右军都统制，屯洪州，弹压群盗。

绍兴二年春正月辛丑，韩世忠闻范汝为入建州。建州居闽岭上流，关系临安之背，亟率步卒三万，水陆并进，抵凤凰山破之，汝为自焚死。世忠初欲尽诛建民，李纲自福州驰见世忠曰：建民多无辜。乃令军士驻城上，听民自别，农给牛谷，商贾弛征禁，胁从者汰遣，附贼者诛之，民感更生，家为立祠。捷闻，帝曰：虽古名将何以加。世忠因进讨江西、湖广诸盗，李纲为湖广宣抚使，仍命岳飞共讨曹成、杨么。曹成拥众十余万，由江西历湖湘，命飞权知潭州，兼权荆湖东抚都总管，付金字牌黄旗招成。成闻飞至，惊曰：岳家军来矣，即遁。飞追至贺州，力战大破之。

第 15 章

岳飞洞庭湖斩杨么

六月己酉，巨盗彭吉掠梅、广、惠、英、诏、南雄、南安、建昌、邵武、汀诸州，帝命飞平之。飞至雩都，擒吉于马上，余贼招降。四年五月庚戌朔，以岳飞兼荆南制置使，时杨么欲顺流而下，帝命飞为之备。飞奏收复襄阳六郡，为恢复中原基本。飞渡江，中流顾幕友曰：飞不擒贼，不涉此江。飞与骁将王贵、张宪、王万、牛皋四面夹击，大败群盗，恢复襄阳六郡。帝授飞为清远军节度使。时飞年三十二，中兴诸将建节钺，未有如飞之年少者。贼酋杨么，据洞庭，恃其险，陆耕水战，楼船十余丈，官军仰视不得近。飞向都督张俊曰，准八日破么。乃伐君山木为巨筏，塞港汊，又以腐草乱木浮上流，草木壅积，舟轮不行。官军乘筏，张牛革以蔽石矢，举巨木以撞舟楫。么技穷，泅水，牛皋擒斩之。飞入贼垒，余酋惊曰：何神算也？俱请降，凡二十余万，果八日大捷。至是江湖淮越之盗贼，大半皆荡平，岳飞大功也，张俊、韩世忠次之。

《宋史纪事本末》：统制苗傅自负世将，以王渊骤得君，迁显职，心忽不平。刘正彦以招降剧盗，功大赏薄，怀怨，二人因相结。时内侍康履、蓝珪恃恩用事，履尤作威福，凌及诸将，诸将嫉之。会内侍临宁海观潮，供帐遮道。苗等怒曰：汝辈使天子颠沛至此，犹敢汝耶？及王渊入枢府，苗等疑其由内侍以进，遂与正彦谋先斩渊，然后斩宦者。明日早朝，苗傅、刘正彦伏兵城北桥下，渊退朝，即捽下马，诬以结宦者谋反。正彦手斩渊，即拥兵至行宫门外，枭渊首于行阙，分捕宦者百余，皆杀之。履驰入宫，白于帝，帝大惊。朱胜非急趋楼上，诘傅等擅杀之故。中军统制吴湛排门引苗党入内，奏曰："苗等不负国家，正为天下除害耳。"帝御楼抚谕之。日将午，帝问故，苗、刘厉声对曰："陛下信任中官，赏罚不公，军士有功者不赏，内侍所主者得官，黄潜善、汪伯彦误国至此，犹未远窜。王渊遇贼不战，首先渡江，因交康履，乃除枢密。臣自陛下即位以来，功多赏薄，臣已将王渊斩首，中官在外者皆诛讫，更乞康履、曾择诛之，以谢三军。"帝曰："潜善、伯彦已降黜，履择当降责，卿等可归营。"苗曰："不斩履、择，臣不还营。"逾时苗兵不退，帝不得已，执履与之，苗即于楼下腰斩履，脔其肉，枭首与渊首相望。苗等又进曰："陛下不当即大位，将来渊圣皇帝（指钦宗）来归，未知何以处之？"帝命朱胜非缒楼下，委曲谕之。苗请隆祐太后同听政及遣人使金议和，帝许之，乃禅位于皇太子，请太后同听政。宣诏毕，苗等挥军退，于是皇子即位，太后垂帘听政决事。加苗为富军节度使，正彦为武成军节度使。苗等欲挟帝以自专，胜非谕之以祸福，乃止。甲午，吕颐浩率勤王兵万人发江宁。乙未，刘光世部兵会吕颐浩于丹阳。丙申，韩世忠自盐城收散卒由海道将赴行在，至常熟。张俊闻之曰："世忠来，事济矣。"于是令世忠帅兵赴阙，诫曰："投鼠忌器，事不可急，急恐有他变。"苗遣苗瑀、马柔吉将重兵据临平，拒勤王兵。刘光世、吕颐浩、韩世忠、张俊檄中外，声苗傅、刘正彦之罪，以韩世忠为前军，张浚翼之，刘光世为游击，吕颐浩、张俊总中军，刘光世分兵殿后讨之。上疏乞皇帝复位，苗、刘闻之忧惧。朱胜非请帝还宫，苗等率百官朝于睿圣宫，太后下诏还政，帝复位。大军进至临平，韩世忠舍舟力战，张俊、刘光世继之。世忠令将士曰："今日当以死报国，而不被数矢者皆斩！"于是士卒用命，苗傅、刘正彦急趋都堂，取铁券，开涌金门夜遁。帝握世忠手恸哭曰："吴湛佐逆最甚。"世忠握吴湛手，折其中指，与王世修俱斩于市。苗傅、刘正彦拥精兵，距瓯闽甚迩，帝召光世、世忠追讨之。世忠自卫信进，与贼遇，世忠步行，挺戈而前，贼见乍曰：“此韩将军也。”皆惊溃，遂擒苗傅、刘正彦以诛。一场宫阙大祸，于焉消灭。历史上称苗刘之祸，为南渡后之巨变云。

第 16 章

张邦昌僭位

金人南侵，入汴京之初，知中原地大物博，人心思宋，以武力征服，不易收效，乃立傀儡张邦昌为帝，以收以宋制宋之功。《宋史纪事本末》：钦宗靖康二年二月丁卯，金人令翰林承旨吴并、吏部尚书莫俦入城，“令推立异姓堪为人主者为帝”（按：推立二字，选举之谓。利用傀儡以华制华的政策，不料八百年前已见诸实行）。癸未，吴并、莫俦复召百官议，众莫敢出声，相视久之，计无所出。王时雍问于并、俦，二人耳语时雍云，虏意在邦昌。适尚书员外郎宋齐愈自金营归，众挽宋至廊角，问金人意所主，齐愈取片纸书“张邦昌”三字示之。遂入议状（签署之谓）。张叔夜不肯署状，金人执军中。太常寺簿张浚、士曹赵鼎、司马员外郎胡寅等均不书名，逃入太学。唐恪书名，仰药死。王时雍复集百官闭门密议，以兵环之，范琼喻众以立邦昌意，众唯唯。御史马伸、吴给约中丞秦桧共为议状，愿复嗣君，以安四方，且论邦昌在上皇（钦宗）时蠹国乱政。金人怒，执桧北去（按：这时秦桧还是忠贞之士，北去依挞懒，后被释放，在临安任高宗相十八年，一直主和乞降）。

三月辛卯，金人遣张邦昌入城，居尚书省，令百官班迎劝进。阁门宣赞、舍人吴革谋先诛范琼辈，申讨邦昌，期以三月八日举义，同谋者有吕好问、马伸、张所、吴伦等以及内亲事官数百人，皆不忍屈节立异姓，杀妻孥，焚所居，同谋举事。期前二日，有甲士数百人，闻邦昌将于七日受册，请急起兵。吴革披甲上马，至咸丰门，四面皆范琼等劝进之党羽，给革入帐，执之，胁以从逆。革大骂，引颈受刃，颜色不变。其麾下百余人，皆处死，其他同谋者均被执。丁酉，金人奉册宝玉，遂立邦昌为帝，国号大楚。邦昌北向拜舞，受册即位，遂升文德殿，设位御床西受贺，遣阁门传令勿拜（按：多年同僚，不好意思受拜，妙极）。王时雍率百官遽拜，邦昌但东面拱立。是日风霾，日晕无光，百官皆惨归，邦昌亦仓皇无色，心不安，拜百官皆加“权”字（等于现在代理字样），邦昌手书，并不改元。而百官文移，必去年号。另有人行文，称靖康（钦宗年号）二年。许多官员犹未以帝礼事邦昌，惟王时雍每言事称臣，启奏陛下，力主大赦。吕好问曰：“四壁之外，皆非我有，将赦谁耶？”都人目时雍为“卖国牙郎”（按：邦昌早被执于金右副元帅挞懒处，奴性成，与挞懒勾搭故金力主立之。后来另一傀儡刘豫称帝，是自己夤缘而来。两个傀儡出处，各有不同）。

张邦昌僭位称帝，钦宗被软禁于军中，闻讯叹曰：“邦昌若以节死，则社稷增重，今既尸君之位，则吾事决矣。”因之泣下沾襟。邦昌诣金营，服赭袍，张红盖，所过设香案起居，王时雍、吴并、莫俦从。这时一般清议，对邦昌不满，风声所播，邦昌心焉忧之。吕好问曰：“相公（邦昌曾任钦宗时相）知中国人情乎？特畏金人兵威耳，女真既去，能保如今日乎？大元帅在外，元祐皇后在内，盍返还政，可转祸为福，下文书，不得称圣旨。为今计者，当迎元祐皇后，请康王早正大位。”监察御史马伸亦曰：“望速行改正，易服归省，庶事取太后命而行，仍速迎奉康王归京，施恩惠，收人心。”邦昌良心未死，闻各方面所奏，因之气沮。乃尊元祐皇后为宋太后，迎居延福宫。邦昌遣人往迎康王，王时雍奏，骑虎者势不能下。又遣蒋师愈赴济州，自陈勉循金人推立，欲权宜一时，以纾国难，非敢有他也。不久，邦昌知康王由济州移应天府，兼程来见，伏地恸哭，请死。康王抚慰之，即就高宗位，封邦昌为王爵，并谓异时金人有词，使邦昌以天下不忘本朝而归宝避位之意告之，又以邦昌为太保，封同安郡王，另嘱邦昌一月两赴都堂（即相府）参决大事（好一幕滑稽戏）。邦昌返汴京，奉元祐皇太后垂帘听政。金人闻之，不怿，邦昌遂正式沐猴而冠。李纲上书康王曰：“今邦昌已僭位号，敌退而止勤王之师，朝廷既不正其罪，又尊崇之，此何理也？陛下欲建中兴大业，而尊僭逆之臣，以示四方，其谁不解体？又伪命臣僚，一切置而不问，何以励天下士大夫之节？邦昌僭逆，岂可留之朝廷，使道路指目曰，此亦一天子哉？”因泣拜曰，“臣不可与邦昌同列，当以笏击之。”高宗乃责授邦昌保化军副使潭州安置，王时雍、徐秉哲、吴并、莫俦、李擢、孙觌官于高、梅、永、全、柳、归州，颜博文、王绍以下论罪有差。邦昌至潭州，一面服官宋室，一面又僭逆称帝，文武官员及士庶人等，舆论沸腾。一夕，大风雨交加，雷电霹雳，张邦昌就在这风雨中被武士伏诛。史称张邦昌对金人奴颜婢膝，罪有应得。

第 17 章

又一个傀儡刘豫

南宋有两个傀儡皇帝，一个张邦昌，国号大楚，是金主嘱意，命由百官推立的。一个是刘豫，国号大齐，建都大名，是投降金人、夤缘金酋许可、沐猴而冠的。张邦昌良心未丧尽，称帝又接受高宗封爵，不二年就伏诛了。刘豫自愿为虎作伥，怕敌人不相信，以计诱杀饶将关胜（原梁山泊人物）以投降，并且亲率大军代替金人迭次南侵，想摧毁临安。屠杀了不知多少祖国军民，在位凡八年之久。他是进士出身，因之做出卖国花样也特多，到最后还是被主子金酋废了。

刘豫起于河北农家，先世无显达者，至豫始举哲宗朝元符进士。豫在太学（即现在国立大学）时，最无赖，同舍生衣帛金物，常被盗窃，有谓实皆豫所为，群指摘之辱骂之，卒以无佐证而无可奈何也。豫好言礼制，然多无依据，自谓事当创始，安用事事复古哉？朝臣谓农家放犊小儿，岂识礼制？豫所言，往往掷还，以是颇怏怏。宣和、靖康间，金人数侵汴，豫首弃官，携眷避乱，且谓世将大乱，淮以北无乐土，且至淮南，遂侨居扬州之仪真。豫官汴时，颇善龙图阁学士计度都转运使张悫。建炎初，悫为高宗佐命勋臣，且主计会，措置财用，为当时握有财赋之大权者。悫荐豫，豫乞东南一大郡，盖意在逃乱做官也。建炎二年，除豫知济南府。时淮北南，金人所控制者，就现在军事术语言，仅为线与点。而运河东如济南，虽与政府隔绝，然实为金兵大队骚扰所不及，游击掠地偶过之。豫初不欲往，为执政汪伯彦所斥责，御史张浚尤再三晓以大义，谓应以国家急难为重，不可以身家安危为虑。又谓守将关胜有万夫不当之勇，可资以御金，且与有雅故，因为书谕胜，勉以和衷共济，豫遂忿而就道。豫虽不以当时宰辅黄潜善、汪伯彦为然，而颇心服张浚。抵济南后，与其子麟相商防御之策，因慑于金兵强胜，而金人之潜通豫左右者（就是现在所谓渗透分子），豫犹不觉，日以利说豫，谓金人本无意再踰淮越江，其所以进逼南朝者，为楚帝张邦昌报仇也。今宋大臣朱胜非辈，虽主优卹邦昌，而金国朝野上下，气终不平，邦昌虽非金人，但宜属同僚，情义上不能不为报仇。豫朝夕闻其说，以为金人有信义可交，遂为动，但颇畏关胜，不敢造次行动。一日，与左右（渗透分子）毒杀关胜，遂率全部百僚将士以降金，卖国求荣，千古罪人。

刘豫毒杀关胜的一幕，行动颇近于戏剧性。刘豫慑金人势大，左右怂恿降金，以义利相诱，但是畏惧关胜。求与关胜结纳，而胜与之气不相投。关胜者，起于梁山水寨，江湖间英雄宋江部将，为张叔夜所招降者，慷慨有侠士风，尝谓：“金人虽强大，难与为敌，然终为孤军，不能久深入（按：与抗战时看日本军一样，关胜有眼光），今当联络各州郡忠义之士，徐待东南之稳定，借以牵制北军之长驱南下，使其不时有后顾之忧。且国家之弱，由于废军备久（宋太祖杯酒释兵权），倘得稍假时日，必有贤豪俊杰，相继而起，强弱之势，可望改观，济南虽居重围，四面皆敌，不足虑也。”（关胜真有大将沉毅风度）力主死守济南。豫因之更慑关胜，一夕，密约胜饮于珠泉，欲以言说之。珠泉者，历城之名胜也。饮三巡，豫左右密以毒进，胜移时仆地，豫此时犹不知左右以毒进，大恐。左右谓势成骑虎，枭胜首级以报金主，豫遂决定降金。左右者，皆金人潜遣以诱豫者也。有相从在豫由汴迁仪真前一二年者。按此可知金人所遣渗透分子，用计之深且远矣。

刘豫既以计诱杀关胜，初向金纳款，命其子麟坚守济南。偕同左右之通金人者，绕道三百余里，驰抵大名，谒金左监军挞懒。豫以重贿致挞懒，挞懒亦颇抚慰而推重之。豫遂得深结挞懒左右及金营诸大将，如粘罕、希尹、宗辅、兀术、束拔、大挞不也等。挞懒遣兵护送豫回济南，命其安抚节制山东河南各地诸以抗金为名而实则鱼肉地方者，豫颇能从容措置之。此为建炎二年冬间事，距豫除知济南府北行时，仅十个月。那时南北交通阻塞，金人关防尤严，豫降金实情，行在（皇帝行宫）初未尽知也。建炎三年，高宗由扬州渡江避金人锐，张俊、王渊、韩世忠、刘光世诸大将皆扈跸南移，淮泗以北，几无制兵（如今之正规军），于是金人除豫知东平府（按：东平，今山东泰安也），而以其子麟守济南，中原好多州郡，尽属于豫之掌握矣。

《燕山见闻录》：天会间，金人意欲在南北建立缓冲地带，俾得休兵息民，进可以战，退可以守，挞懒谓刘豫可以胜任。按此等于现在的国际走廊，相隔八百年，古今无异。

《逆豫琐事记》：豫本来小有才，降金后，抚辑流亡，颇能制止女真兵将之掠夺淫杀、非理背法行为。中原沦陷久，人民之不能南渡者，遂获苟安。女真兵将亦颇惮豫，时豫犹未僭号也。尝谓诸将佐曰：“我等皆赵宋臣民，皇帝既弃我等，我等著土以生息，安能尽从之南行？皇帝，君人也，在能安其民，今日我等志趣无二也。”既而叹曰：“我等心虽无他，皇帝纵能谅我等，大臣多畏葸而取巧者，不亦振振有词乎？事业已然矣。骑虎者，不能下也。”豫子麟进曰：“天下者，有德者居之，宋朝皇帝不能安辑其人民，安能独罪我等？”言时皆唏嘘。盖是时，父子虽有异动，犹无南侵意也。豫左右多有为金人所遣以诱豫者，皆主豫僭号，并日夜以说动其子麟，挞懒与豫交笃，时时受豫贿，遂力赞之，谓金主曰：“中原人民，皆望有君，我大金既无私意，不欲利其土地，当遣使即豫所部，咨其军民，问所宜立者。”金主可其奏，挞懒、兀术诸前敌将帅主其事，挞懒私以金朝密议告豫，命豫善自部署。有景州阜城人张浃者，先率众请于挞懒、兀术，继又推可达众议者六十四人，挞懒护送至燕山，谒金朝枢辅，乞代陈民意（按：制造民意，用心刻毒），于是立豫遂定。张浃者，豫乡人也。是为建炎四年九月事，距豫降金，将近二年矣。豫正式即位称帝，国号大齐，定都大名府。豫奉金正朔，称天会八年，是年十一月，始改明年为阜昌元年，阜昌者，以豫生于阜城也。豫受金册封后，请求金兵不驻在大齐首都，金主接受儿皇帝之意，允之，于是挞懒、兀术皆率兵退出大名府。豫升东平为东京，降南京（非今日南京）为归德，改东京为豫京。以弟刘益为北京留守，遂自大名还平，自以生景州，守济南，节制东平，僭号大名。欲比拟汉高，谓四郡为丰沛，起四郡丁壮万人，号云从子弟军，而令其子麟统率之，一律皆锦衣金甲，日夜习弓马延金将为教头（等于今之所谓顾问）。豫饶有机智，也能敢作敢为，惟政苛赋重，民不聊生。

加之金人对豫，诛求无厌，岁币为黄金二十万两，白银六十万两，金官兵之驻齐境者，供应浩繁，名为按市付价，实则强迫摊派，关于造作兵器材料之金属，以及日用物品之米麦猪鸡油烟茶菜蔬瓜酒等，均须按期馈送燕山，道途输挽，络绎不绝。赋敛苛烦，人有菜色，向之对宣和、靖康不满者，到今日亦无不怨恨刘豫。

靖康、建炎间，粘罕以金兵主力南侵，不暇兼顾两河，以是两河守士官，多结忠义健壮之士，扎寨固守，奉宋正朔，以对抗金兵。张孝纯为宋坚守太原，历久未被金攻下，至是陷之，执孝纯至东平交金拘管。豫在太学时，即闻孝纯名，遂以孝纯为丞相。孝纯谓豫曰："为天下者，不计私。今以四郡为云从子弟，其义不广，非示以天下为私耶？丰沛何异于江东？为此者，是未知八千子弟兵败垓下时，实未尝为项羽死也。不然，何以四面楚歌，且分裂项藉尸体者，讵非其故人耶？刘季在荥阳、成皋艰难创业之日，虽倚重萧、曹，然未见观韩信张良，而以丰沛为号召也。"豫闻孝纯言，为之动容。豫为博取时誉，颇罗致中原之有人望者，且扬言江南实不欲金人释二帝归，述挞懒、兀术语以为佐证。并在归德建庙以祀陈东、欧澈，凡所以谤毁临安君臣者，无不惟妙惟肖，刻毒尖酷。豫左右皆主豫南侵，谓胜则收其利，金兵不能无损折，败则金兵势削，易于敌体云云。

绍兴元年十月，豫正式入寇，攻合肥，云从子弟军先驱，淮南北各州郡相继陷落。临安朝廷始声讨，正豫罪。时边军自襄阳、邓州、汝州、德安、蕲、黄、庐、寿至楚州，承州迄海州，烽火二千里，朝廷以桑仲、李横、王彦、翟兴、解潜、陈规、孔彦舟、王亨诸军与豫相持。另以张俊、韩世忠、刘光世、王德、岳飞诸大将分布于沿江淮为应援，张浚坐镇陕关以牵制金兵侧面，以吴玠吴璘昆季保卫蜀晋，如此布置，中原军事形势较建炎初期可观多多矣。

第 18 章

儿皇帝的南侵和间谍

绍兴二年四月，豫迁都汴，以云从子弟兵为亲卫军。豫派人潜入桑仲军，诱部将霍明杀仲，并阴结伊阳翟兴麾下杨伟，使叛离兴。伟饮兴酒醉，杀兴，持兴首级献豫。伊阳古为伊川，今汝州也。蕲黄镇抚使孔彦舟，亦叛降豫，皆是年春夏间事。襄樊、伊川数百里间，为之震动，方时金军前锋与豫军杂驻于河北、山东、河南、淮北以迄陕西。豫军最精锐者，即刘麟所统率云从子弟军。豫又召乡兵十余万，号皇子府十三军，令麟兼统之，盖皆从麟议也。豫是时声势颇强大，然以政苛赋重，云从子弟军又为豫父子侦查军民隐私，颇骚扰，以是人心去豫，中原父老皆日望王师旌旗，翘企引领以待，俾得复苏。按《汴京闻见录》所记录琐事中，较《宋史》为翔实，读之可想见豫当日之措施一切矣。豫诚饶有智谋，而其子麟所统之云从子弟军亦能惯战，终因苛政扰民，重以僭逆，此其所以终于不能久也。

绍兴元年，刘豫为金人南侵，东路王世冲大败于淮南，其别将郭振骚扰襄汉，以牵制西兵者，亦败于房县王彦。王彦者，八字军统帅也。建炎初，佐李纲所置河北招抚使张所，号召两河忠义之士，游击抗金。西兵为关陕张浚所统吴玠、吴璘之兵，韩肖胄战守方略，谓女真等军皆畏服西兵，西兵皆劲锐善战云云。豫既两路失利，日夜谋再举。二年四月，迁汴，谓赵宋都汴百有六十七年，四方万姓，观听所在，且可就近指挥对江南用兵，较大名、东平均为适当。挞懒等皆以为然，独兀术谓豫特欲就开封宫殿耳。此汴京人民所以诮刘豫为牧牛小儿好谈礼制也。盖是时兀术屯兵开封，中牟、郑、许、洛阳之间，而以宋故宫为其牙门，日夕与其巨卿大将高歌会饮，亦不欲退出汴京。由是兀术益不满豫，但每见豫时，执礼倍恭，垂手谓必助阶下平荡江南，其意在驱中原丁壮，而以豫为伥，豫颇信之不疑，谓金、齐之不可分离，左右皆唯唯。且谓与张纯孝言时，往往不置答。一日，兀术与其所部饮，遍征歌伎侍酒，醉后，有言及齐事者，兀术笑曰：“使为我前驱耳，彼在我掌中，何足虑？”伎密以告孝纯，孝纯叹曰：“言之复何益，我固熟知之。”自此至绍兴三年春，凡十阅月，豫从事战备，四遣间谍，以重金珍宝，多方贿诱沿边诸将之起自招抚者。襄阳桑仲、河南翟兴皆被谋杀，商州董先、伊阳杨伟、蕲黄孔彦舟皆附于豫，均间谍之功也。桑仲部将李横，初起于群盗，时驻卿州，与豫将李成有旧。成亦为江南巨寇，为张俊击溃后，逃归豫。豫收降纳叛，命成诱横，横不为动，然以此知豫虚实，遂自邓州以观师袭长葛，败豫守将赵弼。长葛为郑、许重镇，距开封才百数十里，金、齐震动，豫尤惊骇，求援于兀术。时金兵大队屯河北岸之黎阳（今河南濬县），金主自云中一日数使促兀术渡河。兀术亲率万人自郑南下，命豫子麟以云从子弟军阻横军东来，战三昼夜。横所部多群盗，击败赵弼军时，争取长葛财富，以是不任战。兀术既败横，收兵退河北岸。豫请乘胜取襄汉、蕲黄，谓由此出长江，顺流东下，亦胜算也。兀术曰："姑待我主后命，我不能擅专。"挞懒密遣使谓豫曰："今当运用谋略，以甘辞厚利，诱致江南将士来归，而使临安君臣憧憬于休兵言和之利，实为上策。"于是所遣间谍，挟金宝乔装潜踰江淮者日逾数十人，皆由其子麟统率之，严戒行者，各不相谋，以防泄漏。《汴京闻见录》谓：刘麟在汴京近郊三里外，设馆储四方才俊，使学习江南琐事、各种应对技巧，以备遣用，麟旬日必临视云云。按：此无疑为当时之间谍训练，犹今之秘密工作者。挞懒所云，与现在所谓和平烟幕无异。八百年前之阴险凶狠，其流毒至今尤烈。忧时君子，倘或一研南渡史实，当不无可资参考而深加警惕，此实笔者微意所在，希勿视为以古非今也。

刘豫南侵前，声言将混一六合，宇内一统，遂决定以武力肃清海内。乃大举扩军，因之饷糈骤增，库帑担负不起，遂异想天开，命在河南汴京各地遍设“淘沙官”，以期增益库藏。淘沙官者，专事发掘坟墓也。《刘豫事迹》载：豫因财用困乏，多方筹措，自谓节流不如开源。且谓联金侵宋，创业开基，何流可节？节流实坐困之策云云。一日，见一士兵，以一玉碗求售，疑非民间物，拘之，果出自山陵中，乃云于发掘坟墓时得之者。豫遂命设淘沙官，分置于河南各州郡，次第掘诸陵，括取棺中珠宝水银等物。于是上代陵寝及民间冢墓，无有免者。

《燕山闲见录》：发掘陵墓，实起于金人。豫特继之，且设官耳。《汴京闻见录》：谓豫设淘沙官，所用之人，皆系阜城、济南、东平、大名四郡人。又谓张孝纯闻豫设淘沙官，力阻之。豫曰：“是使无用变为有用也，曷为不可？有益于库藏，而无损于生人，言之者，鬼物是惧，真乃庸俗耳，吾岂信之哉。”孝纯曰：“发掘坟墓，虽有所获，安得谓为开源？阜城（豫阜城人）祖茔，不亦殆耶？”豫默然。

王恽《秋涧集》载：刘豫祖茔在阜城县，元时尚称御庄，石马、翁仲仍在，天道固难问闻云云。按豫起家农村，先世无显达，其祖茔之有石马、翁仲者，无疑为豫僭位后所建修，发掘上代之陵寝，而修自己之祖茔，可谓自私之甚矣。传百有余年，而石马犹存，真是天道诚不可知也。至逆豫对金人之供应，不惜发掘坟墓，而其名目之细级于蔬果，卒至人皆菜色，无以为生。检讨史乘，暴君虐政，徒逞其凶横镇压之力，恃其愚民欺世之巧，而不能使其被统治者，获得生命上之保障及合理的生活，则其败亡必矣。古今中外，绝无例外。

《汴京闻见录》：谓金将挞懒尝公言于众，谓刘豫堪为中原之君。兀术亦谓江南民心，不附赵氏，但以中国人征之，将势如破竹，临安、建康必土崩瓦解，此擒王之策也。江南既下，则关、陕、川、楚，传檄可定。豫自忖度，平时不习军旅，未尝用兵，骤遇大敌，初无胜算。意欲进兵上游，先取蕲黄，攻击南朝军力单薄、防御疏懈地区，以挫其军锋。不敢犯南朝正面，盖正面多为精锐劲旅，且统兵大员，又系饶有经验、能征惯战之将帅故也。时金大臣及将帅皆同兀术议，挞懒遂亦无可否，不欲显违众意，且忤兀术，但密告豫曰："姑试之，战而不捷，当纳君意，君其勉力为之，勿与四太子争无谓之口舌，以犯其颜。"言时紧握豫手，以唇触豫，谓系金人友谊深厚之礼。四太子者，兀术也。挞懒与刘豫密，豫数度谒燕山，而谒金主，终不能变更挞懒定议。无可奈何，请先遣其骁将王世冲由顺昌直下合肥。豫诸将中，独世冲与挞懒为近，以是获遣。世冲统三万人浩荡南下，江淮震动，庐州守将王亨分两道御之于田家堡及正阳。田家堡即今田家庵，为淮河重镇，亦当时南北孔道。谍报世冲军集结顺昌，将由颍水顺流趋正阳。时初冬，颍水干涸，世冲所统皆骑卒，一如金制，沿颍河两岸飞驰，不理舟楫。颍河堤岸，广狭不一，不能畅意驰骋，人马疲劳，而部伍行次，尤杂乱不整。亨部将多主与战于正阳西，亨独谓不如退瓦埠，引北军深入，必懈而疏防，且野无所掠，裹粮而行，难以持久，相机袭之，可获全胜。遂退屯瓦埠，扼守合肥东岸。世冲军徘徊于瓦埠湖之西，而亨所遣田家堡之军，突自凤台西攻颍上，腰击冲军，由顺昌至正阳，截而为二。正阳军路断，留顺昌者闻前军阻，谓世冲军已败于正阳，遂向界首与项城后退。世冲军陷于正阳，瓦埠军围正阳三匝，世冲中流矢。适豫子麟率云从子弟军三千骑驰至，击退亨军，掩护正阳被困军，撤至淮阳。是役豫军损折过半。豫子麟子所率之云从子弟军独有功，且未折一骑。挞懒、兀术闻豫军败，皆自新乡至。传金主命来劳豫，谓败不足虑，必助齐再举。尤颂扬麟功，谓云从子弟军能战，不让铁浮图军及常胜军也。互为豫父子举杯酒，豫父子皆大喜。狂妄无知，自谓金人皆倚重之。

第 19 章

伪齐南侵烽火二千里

刘豫所遣间谍，百计潜入江南，希望踰越长江，包围建康，一举覆灭临安，此计系金帅挞懒密授伪齐，以雪战败之辱。时沿海登、莱、胶、海诸州郡，虽皆为齐地，然商贩横海楼船，往来贸易于定海、明州、台州者，帆樯连接，与宣和、靖康时无二。金酋看中此点，认为自襄邓至淮泗千余里，南北交通梗阻，行旅裹足，独海上为空隙，倘乘商舶之便，以重贿奇货往，不难诱致南朝沿海诸游离失意者，全部东南，皆入大金版图。因授豫子麟机宜，谓北朝用计，不惜重赀，麟从之，选汴京教坊有色艺而机智者，伪为避乱或寻亲，随商贾浮海至明州。明州者，今宁波鄞县也。明州守将徐文，起自山东海盗。建炎初，高宗避兀术于海上时，文为高宗及吴后所乘舟，以是录用之。命就定海、镇海各地，造舟楫，练渔民，为收取沿海计。文故盗，朝廷命文为明州守将，明州步骑诸营将多不服。既而文见麟所遣有一女名娟娟者，与谈故乡济南府事乐之，而诸营将亦多昵就娟娟，娟娟周旋其间，颇事操纵，如麟在汴京所指行事。文遂于绍兴三年四月，以所部海舟六千艘、士卒四千人，浮海抵盐城，输款于豫，诣汴谒豫，谓沿海无备，二浙可取。豫大善，以文知莱州，益文海舰二十艘，命往来侵寇通泰间，因之楚州至江都三百里皆震动。四年七月，豫又夺民舟五百，以文为横海前军，声言进攻定海。五年十月，豫献海道图及战船木型于金主亶，亶命兀术传谕嘉豫，谓必助齐平定江南，且言江南日渐强大，金国、大齐必须尽力攻之，勿为浮言所动摇云云。

是时也，临安亦散播谣言，谓刘豫密向朝廷反正，用以离间金、齐。金人闻讯，颇为忧虑。六年九月，豫罢沿海五市。伪丞相张孝纯谓豫曰："南人久治舟，习于水性，且精于泗水，一旦乘间北济，将不利我。"豫大惧，故罢之。斯时南渡已七年，刘豫僭窃亦已五年，南北相持之局已成，金人南侵之气已衰，挞懒等皆不主用兵（按：为以后和议前奏曲），欲借伪齐以为缓冲。以是刘豫所遣海上徐文之师，非金主亶本意，挞懒等特嗾豫为金人作攻击之防御而已。刘豫卖国性成，甘心为虎作伥，一意与其子麟整军备战，一口气想覆灭行在，真是狼子野心，古往今来，汉奸作法，固如斯也。

刘豫收纳明州徐文归附之师，遂以海舟不时侵犯通泰。通泰者，今南通及泰县也。隔江数十里，即为平江，距临安行都亦仅三百里。于是淮东韩世忠军、建康刘光世军、无为郦琼军皆受牵制，伪军遂得恣意出入濠寿间。濠寿，为今凤寿县地区。世忠等军以有后顾忧，迫处被动地位，不能进逼豫军驻地，而向顺昌淮阳等处突击，此为绍兴三四年间，淮泗间南北相持之大势。

金使李永寿、王栩等，有画江以益豫之要求。豫复乘胜势，命大将李成攻陷邓州、襄阳、唐州、随州、郢州。绍兴四年正月，豫诱降关师古军于洮岷。洮岷，今陕甘也。五月，寿州守将罗兴为豫所遣间谍计诱，叛降豫，豫此时声势大振。时岳飞正奉命剿抚江西湖南群盗，一部分盗匪欲自湖入江顺流而下，李成声言由蕲黄渡江西，陆行趋两浙，与群盗会师临安。高宗手诏岳飞严为戒备，除飞为荆南、岳阳、舒蕲等州制置使，命移军渡江，以阻遏李成。飞奏襄阳等六郡，为恢复中原基本，今当先取六郡，以除心腹之患，击溃李成，然后再加兵湖湘，以殄灭群盗，此上游军事措施之次序云云。又谓恢复中原非一手一足之力，应使两河忠义之士，人尽其能，今伪豫及李成等所驱策者，皆中原丁壮无路请缨之人也，应使彼等知朝廷本旨，在与天下人共功焉。

高宗以谕参知政事赵鼎，问岳飞可使否？鼎曰：“知上游利害，无如飞者。”宰相朱胜非亦言襄阳重要。飞受命，气锐甚。谓不擒李成，不再涉此江。抵郢州，与豫骁将成部京超战，超败投崖死。郢州，为今湖北锺祥县。飞遣张宪复随州。飞本军直趋襄阳，成迎战。成与李横为靖康、宣和间群盗，高宗即位时，横先受抚。建炎初，抗金兵于淮南有功，成既败横，附者益众，盘踞襄阳等六郡，诣开封，谓豫子麟曰：我当西陲，公移东下，由顺昌扫荡濠寿泰楚，攻镇江、平江、建康三城，不旬日可迫临安。南朝师旅，方困于杨么余部及东南豪杰之怨恶赵氏者，一时在左西湖南间，不及回师，且宰相朱胜非素持首鼠两端，患得患失，不足虑也云云。

绍兴四年十二月，豫子麟与李成约东出之师，由顺昌进围庐州，兀术复出女真兵相助。高宗命岳飞援庐，飞遣牛皋、张宪驰五百里解庐州围。又豫之郢州、随州军皆败，京超战死。豫大惊，乃登高望飞军，曰：“此与李横军大不相同。”欲渡襄江北走，命其精锐骑士临江掩护，期先渡也。飞命即击之，飞将王贵以长枪步卒突入骑阵，骑迫于江，不能驰骋，多拥于江，牛皋以骑兵冲成步阵，步兵列平地无险阻，死者无数。成夜遁，飞军入襄阳，成退屯新野。豫益成兵，成势复振。成乞援于金军，兀术遣刘合孛董以兵三千助成，自邓州迄新野，列寨绝飞。

飞遣王贵、张宪击破刘合孛董，成军溃，刘合孛董仅以身免。飞自引兵一队攻邓州，一鼓破之。

襄阳既为岳飞收复，刘麟军图为李成襄阳方面作声援。自是年九月，麟与金兀术会师，大举南侵，烽火及于江都、镇江矣。岳忠武襄阳击破李成之役，亦为南渡军事关键，假使李成得志于长江上游，则逆麟南侵之烈焰尤炽。将使韩世忠、刘光世、王德、张俊、郦琼诸军，不能在淮南江北立足，则大江之险，与敌共之。而徐文海上之舟师，将愈益猖獗，临安行都，岂能高枕无忧？《伪豫纪实》谓：李成军有收自李横者，岳飞移师渡江前，已遣尉校潜入成部，冒充李横旧部，标榜同寅，是以飞军进攻时，成军多不战而降飞。方此又亦可见当时彼此都在利用间谍离间之大概矣。

第20章

岳飞收复襄邓六郡

绍兴四年五月至七月间，岳飞三战，击败刘豫骁将李成，收复襄阳、郢州、随州、邓州、唐州、信阳六郡。豫子麟以与李成有约，东取江淮，于是豫乞师于金，谓大齐代宋而兴，须混一六合。伪奉议郎罗秀上南征策，力暴赵宋自太祖欺孤凌寡，窃取神器，迄徽宗联金灭辽，宣和、靖康间权奸辈起，尤复勾结宦官，倚势凌弱，弄兵贪污，以致四方群盗纵横，民不聊生之种种罪恶，冀以大齐皇上因时利道，争取民心云云。

《淮西军事征实》：谓刘豫图策应李成军，绍兴四年六月，命降将徐文为横海前军，以巨舰百艘，每舰皆张七帆，载战士八千、民舟五百，载战具、粮秣、马乾、药品，由登莱乘风南下，至海州盐城，会合两地驻军，扫荡通泰，图先取定海群岛，再进攻临安。又命其子麟统步骑分两路南侵，以云从子弟军万人为中坚，外分两翼并进，这次战役水陆兼进，冀图一鼓亡宋。

傀儡刘豫以屡次遭宋大将所败，乃奏陈金国准可，举大齐全力，作二次南侵。它的部署，是以刘麟为中军，步兵由淮泗进攻，楚承二州皆不守，进逼江都。淮军宣抚韩世忠自承州退保镇江，此为绍兴四年九月事。

刘麟骑兵三万，会兀术所发渤海军五万，由淮阳浩荡东下，日行二十里，陷顺昌，进围庐州。朝廷震恐，有劝高宗迁地避之者。赵鼎谓战而不捷，去未为晚。张浚谓我能往，寇亦能往，避将安之？十月，诏张俊由浙西移军援世忠，世忠自镇江再还江都。刘光世亦移军建康，以援庐州。又密诏促岳飞自襄汉进援淮西。十二月，岳飞由蕲黄以轻骑八千人，经舒州驰至合肥，距金军三十里，金军始发觉。兀术亲率卫士十余人迎飞军十里外，登高望见岳家精忠旗，惊曰：岳太尉军果至耶？即传令解庐州围后撤。时刘麟军入承州者，以为南军不堪一击，将士皆淫掠无纪律，承州人民怨恨之，及世忠获得张俊来援，遂渡江与其统制解元，邀击麟军于仪真、宝应，皆大败之。兀术闻麟东路败报，遂无意恋战。

《汴京闻见录》：谓刘豫二次南犯时，乞援金人，金诸大臣议不一，元帅粘罕尤谓不宜轻用兵。今日当使刘豫与宋兵相持，使其自相残杀，我女真但以声势支持之耳。岂真欲我女真血肉，为刘豫创万世业开百代基耶？宗辅挞懒素善豫，谓欲使豫为利用，安能不以兵驰援之？且赵氏日见强盛，我与刘齐，不亦唇与齿耶？争议于金主前，金主始应豫请，以兀术在建炎初曾渡江，习知险易，遂令兀术全力助豫。临行，金主戒兀术相机行事，谓此次南征，齐为主而金为客，全师实为胜师，此先帝之戒也，不得造次云云。故兀术见岳飞军飚至，遂下令后撤，而遣使驰告麟。麟不及整队，世忠遂尽获麟所弃辎重。

绍兴五年至六年，豫势甚蹙，自淮西至光州、信阳迄唐邓诸州千余里间，无伪齐军踪影。而岳飞军由邓唐经过伊洛，直通太行山。飞部大将杨再兴连战皆捷，于是豫大恐，决意再大举南侵，告急于金主。这时高宗在临安，亦降诏准备亲征。

刘豫二次南侵，金主亶虽允豫请出兵，然元帅粘罕及左副元帅宗辅、右元帅挞懒皆按兵徐行。金兵之至淮南者，值兀术前军所调渤海汉兵五万。兀术命其将聂儿孛董及挞孛也会豫子麟，由淮阳、项城分道渡淮逼楚州，而自趋合肥，期以六十日，会师临安。伪齐奉议郎罗诱撰《大齐二次南征记》，述金齐兵阜昌四年渡淮时之部署如此。阜昌，豫年号也，阜昌四年亦即绍兴四年。楚州守将樊序慑金齐兵声势汹汹，不战弃城走。

时韩世忠以建康镇江江东宣抚使，设司镇江，其部将解元驻承州。世忠闻淮泗警报，率骁将董旼、成闵、呼延通等至承州察视，谓解元曰："驻承军不足五千，虽以正面拒敌，然金兵助伪齐者，非其精锐，且逆雏刘麟，初非知兵者，可以计绐之。盖全师退保镇江以骄之。逆雏麟谓我不敢与战，临江设险，但求自固，彼必轻我，不作在江北决战计，我可争取集结援兵之时间，而以奇兵破之。"遂驰归镇江，扬言大军已悉南渡，密遣元、哎、闵、通四将设伏于承州南至瓜州百数十里间，伪饰如老弱贫病。会朝使魏良臣为通问使至金营乞款求解兵，良臣过镇江，世忠曰："有诏退屯江南，江都、宝应、仪真间，或有不及归伍之散兵耳。"良臣默然驰去。世忠度良臣已抵金营，即挥兵分十数道渡江。金将聂儿孛董询良臣以世忠军动息，良臣俱以所见告。麟所得谍报，亦谓世忠军有诏南移，遂皆不备。俄而世忠军驰至，金、齐兵猝见大惊。世忠军所俱旗帜，皆如金、齐兵而缀一黄带，金、齐兵不能识别，遂大乱。呼延军率背搜军突入金阵，皆卷地进，以长斧斫马足，通亦身被十余创，金军人马蹂躏死者甚众，麟军溃退不成军。

第 21 章

金齐联军南侵败绩

呼延通者，梁山水寇之子。生擒挞孛也等女真二百余人，渤海汉军多弃械降，哎、元、闵、三将亦皆有俘虏，金齐兵奔逃三昼夜，抵淮河时争渡，死者尤众。同时兀术亦为岳忠武败于合肥，促麟退兵。麟遂尽丧其辎重，退守淮阳，不敢窥淮泗者将一年半。

按：金人册立刘豫，意在用豫为金卫星，非有所爱于豫也。奈豫不自知之，甘为虎伥，有如今世之一面倒。迨后军事失利，卒被废。荣辱皆听于人而不能自主。后之效法豫者，盖亦鉴诸。

刘豫二次南侵，东路在承州，败于韩世忠所遣董哎、成闵、解元、呼延通等四将。西路在庐州败于岳飞所遣牛皋、徐庆。是时宰相朱胜非罢，赵鼎为右相，车驾亲政，起用张浚为资政殿学士兼侍读，此在当时为侍从咨询之近臣，能左右上意之职，非常重要。

浚入见，高宗又手诏，赵鼎除左相，张浚除右相仍兼枢密院事，都督诸路兵马，除浚知枢密院，即日视师江上。将士面浚者，争相传说，谓张枢密亲临，伪齐兵不足虑矣，无不勇气十倍。兀术及刘麟素慑浚在关陕威望，闻浚在督师，初以为江南虚张声势之宣传，不足置信。及见谍报揭归浚署名文告，皆大惊色变。诘之临安遣金通问使魏良臣，良臣亦不知。盖良臣由临安过镇江时，浚已驰抵常州之奔牛镇，使人飞告韩世忠于镇江。世忠方饯送良臣，严诫所部勿以朝廷起用张浚事使良臣知之，意在借良臣以绐金齐，良臣实不知也。世忠谓良臣朝命防江，实亦无力可阻齐兵，愿使君委屈将事，缓师即救国，江南百万生灵，为使君利赖；言时气为之沮。以是良臣答麟与兀术诘责时，且力证谍报非真。兀术与麟会商于泗州，图再战。适西路庐州败报至，而世忠所遣约战牙将王愈，以战书期与兀术会战。谓与元帅临江一别，迩来无恙否？兀术阅书气塞，盖建炎四年，兀术尝数败于世忠也。金、齐遂退军。

按此在罗诱《南征记》，亦谓张浚指挥韩世忠部将呼延通等，皆能得其死力云云，较之《宋史》张浚本传及《高宗本纪》所载者，尤为翔实。罗诱以伪齐立场，而所记如此，可信其为真实性矣。麟与兀术大队既北撤，刘光世、张俊诸将亦截击，俘金、齐兵之不及归队者及其所弃辎重不可数，将士皆有功。绍兴五年正月，《临安闻见录》：谓王师与伪齐及金兵接战，俘获中原民籍甚多，张枢密浚严戒将士毋得妄杀。密请于朝曰：“臣浚已严戒将士，然此应由朝廷明诏。”朝议皆允之，但删去伪齐，仅及金人。浚得旨，颇不满。立以书折彦质曰：“中原之失，岂人民之罪？即甘心从遂而非被胁迫者，我亦应自愧自责。”折彦质以书示右相赵鼎曰：“张公之言，不可不拜而从之。”于是有抚存淮北来归官吏之诏云云。按此亦可为今日有志恢复中原之忧时君子，提供参考。盖凡可以削弱敌势而加强我者，皆应不惜为之，而且诚意为之。至浚所云云，乃罪己精神也。

中兴大业，诚属艰难，万绪千头，诚非一事，然罪己精神实属至要。盖由此精神，可以产生诚信。充诚信之量，则其力必能克服一切困难，八百年前之往事，不亦仍可为人之良鉴耶？

第22章

张浚、赵鼎分任左右相

张浚、赵鼎分任左右相后，为政协和。自南渡至此时，已历九年。江西、湖南、两浙、江南、湖北各地，群盗猖獗，或与金人、伪齐通声气，或指朝廷不能抗拒金人。许多巨盗，均谓宋历数将尽，实则皆金人及伪齐所遣间谍之运用为多。张浚恐群盗滋扰为患，力主乘金、齐重创无力南犯之际，先安定上游，所谓攘外必先安内也。于是指挥岳飞、张俊诸大将，躬冒矢石，抚剿兼施。群盗杨钦、全琮、刘铣、陈塂、刘衡、黄诚、钟子仪、周伦等相继降。历年巨患，数月悉平。按此为绍兴五年事，自此南渡君臣始得悉力以抗金、齐。当张浚之平湖寇也，朝议初颇不一致。因自巨匪李成归附刘豫后，豫所遣间谍，往来江南诱说群盗，活动工作，日益展开。其宣传大意，皆强调赵宋君臣罪恶，而自己标榜为义兵。于是凡不得志于临安者，皆惑其说。（失意政客，古今一样。）朝臣嫉视群盗，尤甚于金、齐，即尊奉朝廷已受安抚者，亦显然歧异而心恶之，谓此辈皆异日之李成也，朝臣皆主痛剿。起自河北忠义之士，如王彦、岳飞诸军历建战功者，朝廷亦不充分给予衣甲。此为赵鼎、张浚未当国前，自建炎迄绍兴四年之八年间，朱胜非、范宗伊、吕颐浩诸宰辅之一贯措施。《临安闻见录》述之甚详。张浚平寇离临安前，数度抗声于都堂曰："群盗振振之辞，谓朝廷不能抗金，而我则内困于匪，外疲于金、齐，虽盗首鲜不密通于金、齐者，而其师徒，则仍以抗金为旨。且在盗首一日未投金、齐，仍一日不能不以抗金、齐为号，比于李成势穷投豫，可以知矣。况抗金代齐，事体甚大。安能舍弃天下人之力，而由朝廷一力承当之？独期与我辈数人共其功耶？"（张浚气量恢宏，词见乎人，所语仍可为今天法。）朝臣皆默然，高宗深是之，遂付张浚剿平盗全责。数月，湖寇尽平。按此在陈充所撰《东南防守利便》记之最详。陈充在绍兴三年时，为建康府守抚司，准备差遣官，亦浚所识拔，为当时智谋人士之一。《宋史》张浚本传及《高宗本纪》所载者，大略相同，然无充所记为详。

张浚平定湖寇后，高宗付浚手诏曰："上游既定，川陕荆襄，形势接连，势倍力增，天其以中兴之功付卿乎？"又曰："卿暑行劳苦，湖湘群寇，既就招抚，成朕不杀之仁，卿之功也。"

按此时赵鼎与张浚同相，鼎在内，而浚以兼知枢密院事都督诸路军马于外，总中外之政，以一身任之。内外同心，君臣协和，实为南渡局势奠定之基。正所谓中兴难，而偏安诚非易事矣。

张浚所谓抗金代齐，不能舍弃天下之力，而独与二三左右共其功云云。比则以“天下为公”之又一论点，虽历百世不易也。浚在当时，实以一身任天下艰难。惟其能知尽用天下之力，而后能以一身任天下之艰难。否则徒怀身任艰难之伟抱，而其极终，则于不知不觉中，误尽天下之苍生而已。浚以金人与刘豫两次侵淮，虽均败归。然其势未衰，力主高宗进幸建康。遣岳飞进屯荆襄，以图恢复中原。而自驰赴淮东，大会诸将议防。时在绍兴五年九月。六年，浚会诸将议事江上，榜刘豫僭逆之罪。命韩世忠据楚州以图淮阳，刘光世屯合肥以抗北军，张浚练兵建康，进屯盱眙，杨沂中领精兵为浚后翼，岳飞由邓州、蔡州、新野、信阳进窥中原。部署既定，自率韩世忠骁将呼延通及都督参议军事吕祉，遍抚淮上诸戍。谕以所谓收复中原，谓朝廷命帅宣抚两淮，即非置江外于度外，而失中原人心。但我士气能振，即贼锋可挫，此后遇敌，决不退以示弱。并谓已请主上临江亲征，合全力以抗金代齐。将士皆流涕。呼延通至一寨堡，皆大呼我等不与敌共戴天日。

张浚请高宗幸建康。这时刘豫乞兵于云中，图大举。命罗诱草《三次南征檄文》，使人露布于江南，临安朝野大震动。九月，豫命子麟领东南道行台尚书令，李邺为行台左丞，冯长宁为行台户部综理粮械，许清臣为兵马大总管，一应总于麟。李成、孔彦舟、关师古三人为大将。三人皆由江南降附豫，颇习知江南虚实。起民兵三十万，分三道入寇，麟总中路由寿春犯合肥，麟弟猊当东路犯定远，孔彦舟当西路由光州犯六合，名为第三次“南征”。按此时金兵在整理休养中，刘豫为虎作伥，正中金人以宋制宋的政策，傀儡伪齐标榜“南征”，还草檄文，夜郎自大，太儿戏，太滑稽也。

第 23 章

昙花一现的中兴气氛

伪军三次南侵时，三路并进。刘豫子刘麟自当中路，由顺昌趋合肥，合肥守将刘光世奉张浚命拒麟，与淮东韩世忠、淮西张俊鼎足为三，杨沂中率精兵为接应（即今日总预备队）。伪军声势浩大，东路刘猊驱淮南北乡民数十万，日持角鼓，声喧原野，夜张火炬，照耀云天，伪为金兵，阻隔行旅以疑守军。谍者莫辨真伪，驰报光世及俊，于是俊及光世各以其状达于建康都督行府。光世别以羽书（即文书上插羽毛，犹今十万火急电）驰奏平江行在，附私启密呈左相赵鼎（光世与鼎有深交），谓贼势如泰山压顶而来，庐州孤城，难以困守，乞还太平，临江拒敌，实为胜算云云。俊则月夜请都督府益兵。《宋史》谓俊及光世皆张大敌势，殆即指此。

《临安闻见录》谓，当时麟军尚在颍上，其先头部队仅过正阳关，合肥并未受兵。猊军虽已达临淮，而大队甫由蒙城东发。光世及俊皆为伪军声势所慑，光世儒服督师，尤不任战云云。按光世虽身膺大将，而沉湎酒色，每战必败。

张浚在建康得光世及俊羽报，顾左右曰："逆雏此来，虽声言挟金人与俱，然金并未悉众相助，此乃暴风雨，讵能终朝夕？声势远过实情，疑必有诈。至奉命守城，讵得便宜进退？且以顺拒逆，不加剿除，何以立国？退将安之。"继而攘臂大呼曰："今日之事，乃恢复中原，有进无退。"立驰书告鼎，鼎白上诏浚，诸大将有不用命者，悉听以军法从事。封上所给短剑驰送军前赐浚曰："如朕亲临。"旋闻光世军弃合肥，遂命杨沂中进兵，助光世守合肥，并策应张俊。别遣督府参议吕祉驰赴光世军前，祉与光世遇于巢湖之车关，在马上宣布浚所得高宗手诏曰："有一人敢渡江者，立斩以殉。"力促光世回师迎敌，谓赵丞相尤不主退。光世默然。

接谍报：刘猊所布淮南北者，悉老弱妇孺，非金兵。又闻浚自建康到采石，即将渡江。光世无已，命全军还合肥与沂中军相呼应。祉纵马先驰，光世遣其部下统制王德、郦琼追祉，十余里始相及，祉与德、琼并马行。祉谓德曰："公非王夜叉耶？公忠义，韩太尉尝为我言。"韩太尉，世忠也。德受祉激发，与琼皆誓杀贼。遂请命光世，以所部薄麟军。麟以光世弃合肥，颇轻之，方置酒会饮，不意德、琼军分两路涌至，遂大败。猊军为沂中及俊军夹击，亦大败于藕塘。兀术援军尚在黎阳，未及渡河，麟已败归。自此豫势不复再振，而金人以豫不足为助，遂准备废豫矣。

绍兴六年，张浚以右相在江上督师，拒麟三路南侵兵于淮西之前，与左相赵鼎和衷共济，迨及淮西军报最紧迫时，始因刘光世弃守合肥退军采石，两人意见微有不合。鼎持重，虑兵单难与金、齐兵苦战，入光世言，以为守江亦未尝不可。浚勇于任事，力主守淮。鼎又谓光世宿将，宜器重，而浚则久列行间，颇知光世名过其实。同时鼎信用同签书枢密院兼权参知政事折彦质，而浚则倚重都督府参军事吕祉。祉每代浚入奏事，所言夸大，彦质白之于鼎，鼎每抑祉，祉还报浚，对鼎及彦质有微言。两相遂发生意见。

《行都纪痛》谓：赵鼎、张浚同相，初颇和协，而上有时转为虑，每见折彦质时，辄询右相意云何？又谓上外宽厚而内忌刻，尤好自用，往往喜两是其左右宰辅。六年，见赵鼎、张浚和协共政，虑为所蔽。故事：政事决于三省及枢院，如左右相无歧见则可垂拱，上颇以宣和间往事为戒，好事事预知，因之对两相时有轻重之言。及独见吕祉言光世事，上密告祉曰：“左相意也。”既而以祉语告鼎，谓鼎曰：“他日张浚与卿不，必吕也。”

淮西既大捷，刘麟三路兵皆遗退。浚乞乘胜攻河南，且罢刘光世军政。鼎言擒豫固易耳，然得河南，能保金人不内侵乎？光世累世为将，无故而罢之，恐人心不安。浚滋不悦。鼎与折彦质皆请回跸临安，与浚议益相违。及浚自江上还平江行在，颇斥责折彦质前所降敕谕，进退不一，谓都堂与前敌相距千里，安可使刘光世、杨沂中、张俊三大将受命于都堂？若是，则都督府何为？语时声扬及户外。于是鼎遂乞退，谓上曰："今浚成功，当使展尽底蕴。"遂罢知绍兴府云云。

至高宗有意欲左右宰辅不和协一点，倘非责之过甚，则高宗所自以为智者，可谓为天下之至愚矣。盖君臣不能互信，则缺乏诚意。缺乏诚意，安能有所谓治国哉？

按此与赵鼎本传所较大致相同，而高宗有意欲左右宰辅不和协，《宋史》虽不讳言，而未有肯定如《行都纪痛》所述者。《行都纪痛》为陈规所撰，规在绍兴初以显谟阁直学士知池州，安抚沿江，为绍兴文臣之有声威者。当时枢密院所降勑谕进退不一云云，在《高宗本纪》亦谓赵鼎于十月癸卯敕谕刘光世、杨沂中、张俊全军引退防江，越一日甲辰，又诏浚督军努力破贼，此可见当时枢府真进退不一矣。浚所言实知兵，若折彦质之措施，紊乱指挥系统，则直视军旅之事为儿戏，千秋后世，岂可不引以为鉴哉？

第 24 章

伍子胥祠有人题诗：牛角山河日益尖

张浚自淮西奏捷，回抵行在，与左相赵鼎同入对，上嘉浚功。浚首言刘光世不用命，逆麟未入庐州境，光世即擅自弃守合肥，张大敌势，谓金齐皆不可抗，合力而来，尤难以拒之。且光世平素沉酣酒色，语以恢复大业，往往意气怫然。当此尝胆卧薪、有进无退之时，而光世骄惰不战，实不可为大将，请罢斥光世。高宗以目视赵鼎，鼎素重光世，谓光世将家子，宣和间南平方腊，北拒金兵诸役，韩世忠、张俊诸人皆与光世父延庆有旧，罢之恐拂人心。且光世虽慑金齐声势，擅弃合肥，而能于奉命后回师再战，督其部王德、郦琼奋勇杀贼，卒击败麟部崔皋、贾泽、王遇三大将，功罪足相抵，公但激励之，期彼此愈益重视军令，不亦然耶？既而右司谏陈公辅劾光世不守庐州，又谓光世麾下多降盗无纪律云云。高宗以公辅奏简示左右宰辅，鼎不言。浚独白："麾下多降盗，此非光世罪，今日图恢复，岂臣等出自太学及第进士者所能独任耶？此必集众矢之力，以致同一之的，方克济事，以往罪尤，皆当推诚恕之，一应以击灭金人恢复中原为图。"上是之，遂迁光世护国镇安保静军节度使。光世尽献历年所余金谷，上嘉之，拜光世少师，封荣国公，赐甲第，命以所部兵归都督府。公辅又言光世罢军，职进少师，赏罚不明。中书舍人勾渊又封还高宗赐第词头。高宗集三省、枢院、鼎、浚以下十余大臣议，上首言曰：将帅为国杀贼，能于其罢兵柄后，恩体有加，则彼平日当知朝廷有顾念之恩，而自身无异日困乏之虞，庶益自奋图效，不致违法乱纪，贪财好货。若用之则珍若拱璧，舍之则视同粪土，将何以劝众，朕誓与同僚同功名祸福，推诚心以相处云云。鼎、浚闻之皆泪下。遂命工部如艺祖赐龙兴诸功臣故事，限日为光世建第宅一区赐之。光世当图死报。此见《临安见闻录》，与《宋史》所载无出入，惟详略不同耳。按：高宗仓皇南渡，自建炎迄淮西大捷，此十年中真可谓艰困备尝矣。外兵内寇，叛将乱臣，几乎书不胜书，而卒以能渡此难关，而奠定百有五十一年之基者，则高宗唯一长处，是器度恢宏，君臣之间固自有其相处之道也。尤其抚循光世及韩世忠、张俊诸将帅，更可为明证。

吕祉在绍兴初年，以直龙图阁知建康府，与其通判府事——

安抚司准备差遣陈充共议东南防守利便三策，上之于朝，遂为张浚所识。祉谓不攻则难守，不进则必退，惟攻与进，始能系南北离散之心。一时朝野，皆心许之。

《入越琐记》谓：张浚与左相赵鼎同饭于都堂后，在廊庑散步，凭槛北望。浚谓鼎曰：“欲图恢复中原，当以何务为先？”鼎默默不答。既而曰：“公意云何？得非吕祉东南防守便利三策所谓不攻则难守、不进则必退耶？”浚曰：“窃以为吕祉所言，惟攻与进始能系南北离散之心云云，乃朝野所对都堂之责望。而都堂自责，则似宜先谋所以系南北离散之心者，而后始能攻能进。”鼎击掌称是。遂名祉为中书门下省检正诸房文字云云。按此记述，较《宋史》为详。绍兴五六年间，祉历兵、户、刑、吏四部侍郎。刘麟分三道入寇时，祉除吏部侍郎。张浚以右相都督江上诸军，祉出战最力，为浚所倚任。时车驾进驻平江，从浚请也。朝议多主回临安，以为金、齐势大不可拒，且刘豫尚不亲出，安用以圣驾当逆雏为，岂图迁闽广以避敌耶？

左相赵鼎亦不主以十年积聚之力，与金、齐作孤注之掷。祉独抗言：士气当振，贼锋可挫，不可遽退以示弱，且退则敌势愈张，虽欲再战，亦不可复得云云。鼎心是之。《临安闻见录》谓：绍兴六年，逆雏刘麟进兵合肥，江南自建康至平江五百里间，军民皆震动，及闻刘光世弃守合肥，上下益不安，有主由海上避兵如建炎初，徐图迁闽广者。左相赵鼎未能力拒之。正犹豫间，有客自临安来谒，谓鼎曰："适者在城隍山伍子胥祠堂，见有人题诗案台曰'牛角山河日益尖'。附注其后曰，不能告赵、张两相公于都堂，惟有乞哀伍相公于祠堂矣。"鼎闻，怍色而起曰："众论如此，吾计决矣。"立召枢密院折彦质等十余人于都堂廊下，大声曰："避将安之？战败再避不迟。"言毕，回身退入室内，敛容谢客曰："众论如此，张丞相必克敌无疑。"命左右取酒酌客。

按赵鼎、张浚当时对和战进退意见，不无微有距离，但他们耿耿为国，没有丝毫私心杂念，为祟于其中也。与后世之挟和战为党争者，实大不相同，至"众论如此"四字，则可见当时忠简之规模矣。中兴论贤相，首推赵鼎。张浚之恢复中原，首在系南北离散之心，与赵鼎重视众论，其内心可谓完全相同。史评论赵张和衷共政，有小元祐之美誉也。

第 25 章

伪齐皇帝刘豫最后挣扎

刘光世部大将，首推王德、郦琼。德初隶西兵姚古部，宣和、靖康间以骁勇见称，号王夜叉。建炎元年，高宗播迁商丘，德自关中勤王，倍道趋阙，改隶光世军，在淮南抗拒金将兀术，平苗刘之变，尤著功绩。以擅杀韩世忠亲将陈彦章罪被黜，按法当死，高宗特原之，改编管郴州。遣送时，道九江，适光世驻赣，金兵由蕲黄入江西。光世以便利，起德为前军统制，每战有斩获，数在阵中脱光世于危，以是在光世部，王德资望最高。琼起自京西群盗，建炎四年二月自河南固始率众降于光世。转战淮泗间，以凶悍为金齐兵所惮，威名与王德相伯仲。绍兴七年二月，光世解兵柄，督府使王德尽获其众，琼副之，耻出德下，交讼于督府（将帅不和，致败之由）。都督张浚命德还建康，改编光世军为六，隶督府，遣吕祉节制抚慰之。八月，祉至庐州，琼及其统制官靳赛等复讼德。祉慰之曰：“若以君等为是，则大相诳。然张丞相但喜人向前，倘能立功，虽有大过亦阔略，况此小嫌乎？当力为诸公辨之，保无他虑。”德、琼相争小定。祉乃密奏乞琼及靳赛兵权，其书吏漏语于琼（太危险了），琼令人遮祉所遣使，尽得祉所言，大怨怒。会朝命张俊为淮西宣抚使，置司盱眙。查沂中为淮西制置使，刘锜为副，置司庐州。召琼赴行在。琼惧，以为张（俊）、杨（沂中）、刘（锜）三大将奉密令逼之，遂叛。诸将晨参谒，祉甫坐定，琼袖出文书示中军统制官张景曰：“诸兵官有何罪，张统制乃以许事闻之朝廷耶？”景启口分辩，辞未发，乱刀交下，兵马钤辖乔仲福拔佩刀翼卫景，亦被杀，统制以下死者数人，帅堂纷乱。祉见之大惊，踰垣走，欲入逍遥津沂中所遣前锋中。逍遥津距祉帅府十里，未及半而为琼军趋者所执，拥祉行之三塔（距淮三十里），祉语琼军，将安之？琼谓赵宋无道，张丞相及公外无敢抗金者，刘豫有使来，约与我抗金灭赵，我等以公马首是瞻，尤不敢叛丞相，今势骑虎，愿公察之。祉下马曰：“刘豫逆臣，我岂可见之？”众逼祉上马，祉骂曰：“死则死于此。刘豫逆臣，尔军中岂无英雄，乃随郦琼去乎？”众颇感动，环立不行者凡千余人。琼恐摇动军心，急策马先渡。靳赛驰至，与祉争，祉痛骂琼、赛，赛以拳击齿落，靳从卒突拔刀斩祉首，众遂悉渡淮。

按：琼之叛，实为恢复中原之一重大挫折，张浚遂不得不引咎退，于是朝臣主张抗金者大为削弱。

刘豫闻郦琼率兵四万渡淮北来，即遣子麟及李成、孔彦舟分数道至蒙城、凤台、颍上接应之。而亲领云从子弟军三千由亳州、涡阳至顺昌迓琼，文武从者百余人，仪卫甚盛。琼望见豫麾盖，下马以臣礼伏地拜不起。

《逆豫纪事》谓：豫先遣其行台右谏李邺，在正阳关与琼会见。邺谓齐帝将在顺昌与公会，琼问邺相见礼。邺曰："我等君臣之分已定，公则客也。"又密谓琼曰："我等昔日同为一殿之臣，今齐与金恐不能相安，异日变化良多。虽齐帝时以南朝君臣给张邦昌事为戒，然邦昌之败在无兵卫，是以受给。权宜以纾国难者，邦昌书生之见也。我等若以血汗为国立功，求分茅立社，事既合理，何患受给？"琼大喜曰："我等今日所为，欲求自存而已，安忍叛国？"继而谓邺曰："烦公先为驰报齐帝，今日相投，自当与公等同列，何敢妄自尊大。"于是琼见豫时，先下马伏地称万岁。豫亦自马上跃下，亲掖琼起曰："公之心，惟我知之，我之心，亦惟公知之。"因相拥抱，誓不相负，盖豫已先得邺报也。

《汴京闻见录》谓：绍兴六年，豫兵三路南侵败归后，觉金人将废已向江南议和，颇不安，日夜绕室行。及闻琼来归，以为兵力增强，可见重于金，故对琼礼视过于李成、孔彦舟、关师古诸人。又谓豫颇习权谋，自谓待人以诚，当年起兵济南杀关胜，实非得已。故南朝降附者皆推诚相接，命其子麟、猊呼李成、孔彦舟、关师古皆为叔，而对成等所部甲兵，亦无歧视。与诸将夜饮，往往乘醉言，定乱创业，惟赖诸公，我则河北一读书老农也。因此遭金将兀术等所忌，谓刘豫终必叛金。

金人见豫一再败绩，这也是刘豫被废之重大原因。六年夏四月，刘豫陷唐州。九月，岳飞遣将败豫于唐州郊外。冬十月丁酉，刘麟、刘猊分道寇淮西，金主亶召将议之，蒲卢虎曰："先帝所以立豫者，欲以开疆保境，我得安民息兵也，今豫进不能取，又不能守，兵连祸结，愈无休息，从其请，胜则豫收其利，败则我受其害，况前年因豫出师，尝不利于江上矣，奈何许之？"由是金主遂不欢豫，而遣兀术提兵黎阳以观衅，取袖手旁观姿态，冷眼视之。（按：古往今来，主子对傀儡，迎合他的理想，最多晋爵封官，执酒为欢。倘不替他卖命，开疆拓土，十请九不准，还要以重兵监视之，最后一纸废书，做了千古罪人。）

绍兴七年八月，行营左护军副统制郦琼杀统帅吕祉，率众四万叛附刘豫。时高宗驻跸建康，欲亟归临安，江南人心浮动。中书舍人勾涛入见曰："合肥之兵虽变，江淮列戍犹有十余万。韩世忠、张俊、刘锜、王德皆将帅之选，历艰危甚久，敢信张丞相必能从容措施，补救应变。当此危疑之际，车驾讵能轻动？而动摇六军之战意。”上准奏。继而群议责都督府遣吕祉事，丞相张浚遂引咎辞职。先是，刘光世乞罢，张浚以吕祉代之，涛力主用刘锜，谓虑吕勇于任事，操切急功。张焘亦谒浚于都堂曰：“祉书生，恐不更军旅，何可轻付？祉诚勇于任事，而为相公所亲信，然此大事宜择其适任者，不必虑其平素之不相亲者。”皆不从。及祉死于乱，浚闻之，夜半趋都堂，召涛及焘愧谢曰：“两公皆前知，我实疏略至偾事乃尔。”乃以诏书命刘锜坐镇合肥，淮泗遂粗定。

《临安闻见钞》：谓吕祉之失事，系金、齐所遣之间谍而成功，郦琼及其统制靳赛皆与刘豫大将李成、孔彦舟有旧，成及彦舟奉金齐命，数数以书致琼，琼皆不报。豫乃命成不断遣使，虽然无效，但有机会即可奏功，宁可我得机会，勿使机会寻我。迨王德与郦琼交讼事传闻于汴京，豫命其子麟自中牟赴归德、淮阳，李成及彦舟简选能与靳赛会见者，分道入合肥，靳赛遂为所动。

《江淮琐记》：金、齐所遣间谍，挟金宝逾万，以购琼左右，遂得尽悉琼所部署。官报所传，谓祉书吏漏语于琼云者，乃为金、齐间谍所为也。故张大其词，以恫吓靳赛，琼初尚不能决，赛促之，琼曰：“事虽如此，然张丞相待我等不薄，安忍背之？”

赛亦叹息。既而以其语告豫所遣谍者，谍者驰报汴京，豫谓其谍曰："速使人告琼赛，张丞相昔在关陕，不尝戮曲端乎？端谨抗命而已，戮之亦所无惜，端并为抗金有功之一方重镇。郦琼虽亦以抗金为号召，宋人及张丞相视之，亦群盗耳。一纸书召赴阙下，两狱卒足了之。从我共图大业，视我与成及彦舟不相欺也。"琼闻其言，遂与赛及豫所遣使折箭为盟，约齐兵至淮河北相接应。按此可见当时金、齐用间谍之种种迹象矣。至张魏公（浚）于祉失事后，向张焘、勾涛自承过失，此亦罪己精神也。《宋史》谓张浚善养其气，卓然人群，方之诸葛武侯。虽责其杀曲端，然不及郦琼叛变事，乃以琼是群盗不足齿。而豫叛后，又企刘豫之废。然魏公（张浚）卒因之去位，恢复中原之大业，遂绝望矣。

绍兴三年三月，兀术助刘豫所遣李成、刘麟两军击败李横后，豫声势又复略振。四月，明州守将徐文复以舟师附降于豫。豫所遣间谍之在江南者，广事散播谣言，谓伪齐无侵江南意，但求划江为治，宋齐可以并存。更有谓伪齐亦中国，可联以共拒女真，但得朝廷优容之，豫今日可以屈从金人，他日曷尝不可以臣事故主？（按：史称贰臣者，就是朝秦暮楚。）于是朝臣多有惑其说者。按此在陈晦《行都纪事续编》及吴乐间《武林轶闻》等书，述之綦详。均谓当时朝臣将帅及士大夫，皆不悟此为金人整套谋略云云。由今观之，金人之和平宣传烟幕，与近世之“和平共存”者，实可谓古今完全相同。

五月，高宗以端明殿学士同签书枢密院事韩肖胄（北宋名相韩琦之孙）试工部尚书，与胡松年为正副大金奉表通问使，命先赴开封。名为使金，实则使伪齐也。时使命久不通，金纵王伦还，言金人欲临安再遣重臣往计议，倘南朝不惜存大齐刘豫，则可望奉还两宫，遂有是命。肖胄、松年行抵开封，豫遣张孝纯迎之百里外，谓豫欲肖胄、松年以臣礼相见。松年拒之，居馆中，久不决。

是时金人得报，立遣达懒密至开封，谓豫曰：“江南使来，吾计已胜一回合，虽不具国书，已以敌体视陛下矣，中原人民观听改矣。且陛下原为宋臣，略让一步，讵得谓为辱耶？我行前，受命至上，主上之意，正如此耳，不可违也。”豫不得已，从之。肖胄、松年皆长揖不拜。豫起身迎之。豫问康王（高宗）如何？松年曰：圣上万寿。复问南朝意向如何？松年曰：必欲恢复中原。豫有惭色。继而曰：合肥王世冲之战及李成两役，胜负足以相抵，曷不彼此还俘，使其骨肉重聚，以免生灵涂炭？公等此行，可与粘罕言之。

《武林轶闻》谓：当时所获豫俘虏中杂有女真人，金人求之甚切。按此在《宋史》亦颇述其事，谓肖胄、松年使伪齐后，至云中，时金酋粘罕专政，方恃兵强，持和战离合之策，是年十一月，金人始遣李永涛、王翊为报聘使，偕肖胄、松年南来，自高宗即位至今凡六七年，使者络绎，或归或留，未为还报也。永涛、翊抵临安，骄倨傲慢，申言还豫俘及西北士民之流寓者，实则意在遣还女真人，复要划江以益豫，又约无驻军淮南，朝廷皆一一拒之。（笔者拉杂搜集宋史资料，写至此，瞻望今日局势，实有历史重演之叹，其事皆可鉴戒也。）自肖胄曾祖琦、祖忠彦再世为相，以是金人素来颇为器重。松年机智过人，有胆略，周旋永寿、翊北使馆舍时，颇述伪齐刘豫君臣心实不背宋琐事以惑之，此实为临安离间金齐谋略战另一页。为后来刘豫被废之开端。

绍兴七年春，徽宗讣闻到临安。高宗遣足智多谋的王伦使金，祈请奉还梓宫。伦自建炎元年起，数次往来北国，问候两宫起居，往往被留数年不许归。伦颇有措施，以致与金元帅粘罕、挞懒及昌等相契合。次年，金人通和，遣其签书宣徽院事萧哲、左司郎中张通古为江南招抚使，偕同南朝所遣迎奉梓宫使王伦一同回到临安。

第 26 章

宋金开始和议

绍兴初，刘豫据山东河南，侵略江淮以困宋。王伦计说挞懒，谓刘豫以进士知济南府，非宋大臣乎？南朝皇帝待豫不薄，今忍背宋，安知他日不背金？挞懒入其说，金国最高级方面于此时起，都存有废豫之意。金左副元帅尤善伦，许还梓宫，又许还归河南地。萧哲、通古抵临安，颇骄倨，尤以称宋为江南及招抚等等，皆非敌体意，一时朝野舆论哗然。论者以高宗意在求和，委曲折服哲及通古。九年，伦再使金，至东京见右副元帅兀术，交割地界，伦被命为东京留守兼开封尹。十年，朝命龙神卫四厢都指挥使侍卫亲军主官刘锜，自临安统八字军四万人为东京副留守，自江淮入汴以助伦，兵至顺昌而金兵渝盟。盖金军粘罕、挞懒等主和，兀术等主战，谓议和非江南实情。伦则以金贿金酋左右，谓使君有旨，不然来何为？金主可其意，议成。兀术奉金主命交地后，怅怅驰归燕，谮挞懒谓其阴结南朝，受伦金，并谓伦离间北国君臣。遂诛杀挞懒而拘伦于河间。金主责伦，谓汝但知有元帅，岂知有上国耶？《北国纪闻》谓：王伦被留，颇与金将帅往还，所居客馆，为金人所部署，伦慷慨好交游，监之者皆乐为用。伦自临安北行时，携有高宗敬奉二帝及太后黄金，及赐赏被留祈请通问诸使臣如宇文虚中、洪皓、朱弁、张叔夜、杨可辅、刘诲、王贶等财帛。谓金侵宋，实费财劳民。金人颇多附虚中议等，于是挞懒之休兵息民策，始得金主许可。又《北国闻见录》谓：粘罕一日宴客，皆军中大将及金朝显贵。伦居客馆，为金特备者，警卫森严，无腰牌者不得出入，然馆以内，奉宋正朔，一切皆自主，金所遣馆伴不干涉，宴席下所书伦等衔名为客馆人，伦座次在挞懒侧，谓我大臣，元帅以礼招待我，曷可书此？我名伦，此不伦也。粘罕等皆起立为谢过。按南宋使臣，伦为最贤，诚奇才也。世以秦桧和议为诟病，因并伦而轻之。然伦之计得行于北国者，在阻金南侵，废刘豫，杀挞懒，以谋略论，在当时实无出其右者，可谓智与忠矣。后来伦以不降而被杀。死时冠带南拜，谓不敢畏死以辱命。视今日之持节不归者，其贤与不肖，相去诚不可以道里计也。

刘豫运用间谍，潜入江南，侦察军事，诱惑将领叛变，这是傀儡一大成功。反过来看，金废刘豫，也是临安间谍战之一大成功。建炎以来，朝廷所遣通问使，如王伦、朱弁、宇文虚中、魏行可、洪皓、崔纵、张邵等，先后络绎，不下十数辈，被金人留置云中、燕山、密州、河间各地，往往数年，不获南归。绍兴二年，金人有厌兵主休养生息者，挞懒等尤以女真人口即悉数执弓弩，亦不能掩有中原为虑，谓刘既不能代宋，不如谋和。金朝野亦多有附和其议者。

绍兴二年，金将粘罕亲访王伦于驿馆，述谋和意，遂纵伦回。伦抵临安，言金人情意甚悉，高宗谓伦曰："卿持节边远，坚苦卓绝，朕心念之，一切容再计议。"那时方用兵讨伐刘豫。伦因请得与女真之被俘者往还，谓可以备异日万一之用，高宗允之。《临安闻见录》谓：王伦自北归，建议都堂，谓自云中来时，北人公私祖饯者，乞为访求历载被俘亲故生死。愿得借此以悉知女真虚实。且声言用兵以来，朝廷不明敌情，实为战败主要原因。高宗颇奖许伦，谓卿自北国来，安有与北人相通之嫌？伦遂数往来于临安山中，与拘置诸女真人结纳。力主加倍发给饷米衣物，并微示徐图使行人返乡之意，女真人皆德之。

挞懒戚好某适在拘中，伦尤善视之，每设疑阵以为刘豫与临安相通状。三年，韩肖胄、胡松年再使，金遣李永寿至，请还刘豫与女真俘暨西北士民之流寓者。女真俘既遣归，皆言豫通宋，确实无疑，描绘且过甚于其在临安所闻知，于是素与豫交好相笃者如挞懒，亦疑豫终将叛金归宋。七年，伦再充迎奉梓宫使至云中，与金大臣会见时，皆言谋和，不能介入伪齐。会金将兀术亦自黎阳驰至涿州，挞懒会商和战，兀术秘出示宋使张邵血书。遂决定请金主废豫云云。

按《宋史》谓废豫之谋，王伦自谓由伦发之，其言与宋人诸家笔记相吻合。《临安闻见录》所记尤为详备，似非无因也。至张邵血书中所云，谓刘豫挟势日夜南侵，不胜则首鼠两端，胜则如养鹰，饱则扬去，终非大国之利云云，亦见于《宋史》。其言之本意，在为临安缓刘豫南侵之兵，要之皆离间权谋。至王伦南北谋和，不应介入刘豫语，实为促豫被废之近因，此固金人和战两派势力之消长，而刘豫之被牺牲，则非所惜也。

王伦机智过人，在当时算得上大谋略家。绍兴七年初，在云中散播江南与豫勾结事状以证之。并谓：豫南侵皆丧师，意在使金陷于泥淖。历述豫在太学时，与同舍生书札言论，证明豫将来必叛，金人遂亦相互传说。豫三次兴兵时，金大臣宗磐等皆持异议，所遣者仅汉军，而兀术大队则屯驻河北黎阳。及豫兵三路皆败，始缓缓渡河。

九月，豫以郦琼来归事报金，并请金主出兵，金主命挞懒曰："防琼诈降，令豫分散琼兵。"金人之意，恐豫兵众难制。豫不可，谓挞懒曰："人诚心归我，惟有助之使日益强大。若允之于前，而给之于后，先已不诚，何能得人之诚？"挞懒颇是之，还报金主。兀术力主即时废豫，谓迟则金将受其祸。金主遂伪允豫出师，以女真万户东援为元帅府左都监屯太原，渤海万户大挞也为右都监屯河间，以防豫兵北窜。密授意挞懒、兀术至汴，约豫子麟在郊相会，兀术麾骑，翼而擒之。因驰至城中，豫方射讲武殿，兀术从三骑突入东华门，下马执其手，偕至宣德门，仅乘以羸马，露刃挟之，囚于金明池。翌日，集百官宣金主诏，废刘豫为蜀王，置行台（即今行营）尚书省于汴，权以张孝纯主之。豫之大臣张昂、李邺、李成、孔彦舟、郦琼、关师古诸人皆予一郡。从豫请，移居相州韩琦故宅，后并其子麟徙于临潢，改封曹王，赐田宅。临潢者，今热河省林西县也。

金皇统三年，豫卒，时绍兴十三年六月，死时六十四岁。当豫之废也，在汴京之兵犹有十万，而兀术从仅三骑，此与《宋史》及《汴京闻见录》记载皆相同。兀术对豫如挟小儿，若提鸡犬，此其故盖由于慑金人之威非一日也。云从子弟军亦未能为刘麟发一矢，此皆平日主客臣仆之见，夺其魂魄，遂不免如鼠之遇猫、兔之遇狗矣。

《南宋纪事本末》张溥评曰：刘豫系进士登第，为国守臣，叛降金人，蒙面无忌，在南宋为张邦昌之续。僭号八年，金主恶其丧师，令兀术入汴，囚诸金明池，立葬蛮夷中，未云得意也。绍兴七年，金高庆裔诛，粘罕忧死，豫失内援，有此结果。金立豫称帝，不过想以宋人制宋人，藕塘大败，金始知其无能也。邦昌之僭，金人欲之，豫之僭，豫欲之。迨豫废，汴虚无人，高宗坐失良机，豫固千秋罪人，高宗口歌中兴，不能乘机恢复中原，亦历史上之罪人也。

第 27 章

秦桧登场

靖康之难，徽钦二帝被虏，在汴亦同时被俘的大小百官以及武将校尉，包括眷属弁役不下数千人。秦桧这时官居右侍郎，被俘的一群中，秦桧也是其中之一。桧初至金主所在地燕山，金主将桧分发于元帅挞懒，令其任用。桧小有才，性亦机警，尤善逢迎，故挞懒信任之。及金兵南侵，桧被任为参谋军事，兼任随军转运使，随同挞懒率部进入楚州。一日，桧与其妻王氏，自军中转趋驻涟水宋军，自言杀金人监已者，夺舟而来，欲赴行在，言时意至得也。仓卒间，航海至越州，时建炎二年冬十月。见《宋史纪事》。

高宗闻桧间关逾海来归，认为忠贞可嘉，先命见宰执，桧首言："如欲天下无事，须是南自南，北自北。"朝士多疑其与何禀、孙傅等同被拘执，至今未释归，而桧独还。又自燕至楚凡二千八百里，跋河越海，岂无讥诃之者，安得杀监而南？就令从军挞懒，金人纵之，必质妻孥，又岂得与王氏偕归？惟朝臣范宗尹、李回二人昔与桧善，为桧和缓舆论，尽破群疑，力誉其忠。桧入对，首奏所草与挞懒求和书，说出与金人和议有利之处颇多，帝阅奏后，谓辅臣曰："桧公忠过人，朕得之，喜而不寐，既闻帝母后消息，又得一佳士也。"以往朝廷虽数度遣使于金，主守主和且有主战者，而专意与敌解仇息兵者，则自秦桧始。

绍兴元年八月丁亥，高宗对桧之小心翼翼，宠信有加，迁尚书右仆射同平章事兼知枢密院事。时范宗尹罢相，桧欲得其位，因扬言曰："我有二策，可耸动天下。"或问何不言，桧曰："今无相，不可行也。"帝闻，乃有是命。

二年六月，秦桧因事罢。时吕颐浩为左相，会桑仲上疏，愿以所部收复京师，乞朝廷举兵为声援。颐浩信之，屡请出师。桧时已有倾颐浩之意，因讽人言，周宣王内修外攘，故能中兴，今二相宜分任内外。帝谕颐浩及桧曰："颐浩治军旅，桧理庶务，如文种、范蠡，分职可也。"给事中朝安国论桧才可比荀文若，故力言桧于张浚诸人。桧入相，起居郎王居正与桧善，尝语帝曰："秦桧尝语臣，凡中国人，都应共图中兴，臣时心服其言。"帝然之。御史黄龟年上书劾罢桧，谓桧徇私欺君，合正典刑。

章凡三上，桧被褫职，宣其罪于朝堂，示不复用。

六年八月丁未，帝又起用秦桧为建康行营留守，参决尚书省枢密院事。桧自被斥，会朝廷与金议和，复其官，知温州绍兴府，又以张浚荐，授醴泉使兼侍读，至是渐用事。七年正月丁未，桧迁枢密使。八年三月壬辰，复以桧回任尚书右仆射同平章事兼枢密使。初，张浚极称桧善，鼎持反对。及鼎再相，桧在枢密院，唯鼎言是从，鼎遂深任之（桧善做官），此时浚、鼎均为桧所卖也。桧既相，朝士相贺，独吏部侍郎晏敦复面有忧色曰："奸人相矣。"闻者皆谓其言过甚。

秦桧善于逢迎高宗，接纳皇上左右，对于忠君爱国之一大套理论，表演得非常逼真。靖康时，金人攻汴，求三镇，桧上兵机四事，力辟和议。张邦昌之立，同马伸进状，乞存赵氏。当日天下皆贤桧，而不知异日所为，甚于邦昌、刘豫也。宋史评论家张溥曰："游酢大儒，而目桧以荀彧；胡安国说《春秋》，而荐桧于群贤。绍兴二年之逐台省正士，坐桧党落职者二十余人，张浚、赵鼎并坠术中，悔无及也。假令王莽死于建平，谦恭流誉；秦桧死于靖康，忠直著称。岂非两贤士大夫乎？天顾优以年，而稔其恶，此固凶人之分必极，而大奸之丑必露也。桧与颐浩同事，则倾颐浩，与浚，鼎同事，则倾浚、鼎，后来飞死以后，杀机日动。赵汾之狱，浚等五十三人皆坐大狱，以病不能书而止。度桧初年，阴鸷乐祸，岂遂至此？而人老势盈，骑虎莫制，由其下达然乎？”高宗初奇桧，继恶桧，后爱桧，晚复畏桧，厥念不恒。这一篇评语，把秦桧欺君罔上，误国卖友，阴险毒辣，说得露骨彻底，剖白无遗。

桧当权后，捧之者盈庭。中书舍人程敦厚谄事秦桧，一日，呼入内阁，坐候终日，独案几置有紫绫缎标书一册，程取阅，内书《圣人以日星为纪赋》，末有“学生秦埙呈”五字，写作俱佳，程兀坐静观，几经翻阅，而桧竟不出。及晚，桧传语程，因事不能延见，可归去。标书所云，都是标榜桧之丰功伟业，置于内阁，冀欲求见者一观赏。桧之自我宣传，自有一套。

《临安闻见录》谓：桧当国时，依附者日众。有侍郎曹泳者，妻硕人厉氏，为余姚大族女。方桧盛时，乡里奔走恐后，独硕人之兄厉德斯不然，鄙视之。泳怒。德斯为里正，泳授意邑宰，德斯仍不屈。到绍兴二十六年，桧死，德斯遣介致书于泳，泳大喜，以为德斯已就范也。启封，乃《树倒猢狲散》一篇皇皇大文。

《武林轶事》篇：绍兴八年，谢石由东部间关来临安。谢石在宣和间，以星命之术，有声都下。徽宗时，特补承信郎。石尤善拆字。秦桧当国时，有人以春字求石占吉凶，石曰：“秦头太重，压日无光。”桧闻之，大怒，授意秘书省，夺其官。

又秋七月甲戌，赵鼎罢，因与给事中刘大中不主和议，桧忌之，鼎乃引疾求罢，遂知绍兴府。入辞，言于帝曰：“臣去后，必有孝弟之说，胁制陛下者。”将行，桧率执政等饯之，鼎不为礼，一揖而去，桧亦恨之。台谏，有弹劾权，桧排除异己，接受中书舍人勾龙如渊之谋，凡与相公为难者，使尽离去，桧大喜。上下左右，皆为桧之人，成为清一色。因之毫无忌惮，卒成桧志。

绍兴七年正月，徽宗及宁德后讣文到。二月，以王伦为徽猷阁侍制假直学士充迎奉梓宫使，朝请郎高公绘副之。先是，伦自绍兴二年被金帅粘罕纵归后，为当时主和派之中坚，谓金人已厌兵。三年，韩肖胄使金归，金遣李永寿、王诩来商释女真俘，颇骄倨，伦以词折之，一时朝野，皆推重伦，至是伦始被高宗简命。陛辞时，伦密陈刘豫已三次挫败，可以计离间金齐，此行将使金尽还河南侵地。高宗心是之，命多挟金帛以行。伦抵涿州，果说服金左副元帅昌及大臣挞懒等及其左右，俱言刘豫终必叛金，与金人所得自归俘之报，相证悉合。同年冬月，金主号元帅兀术与挞懒二人突入汴京，废刘豫为蜀王，许伦还梓宫。十二月，伦还报，面见高宗，言金允还梓宫及河南各地。高宗大喜，留五日，立促伦北行。八年三月，以秦桧为右相，主与金议和事。时伦偕左副元帅昌所遣使入燕见金主亶，首谢废豫。五月，金主定议许和，命其太原少尹乌陵思谋、太常少卿石庆充专使，与伦偕来，商奉还梓宫、岁币、释女真俘、归河南地界等事，由右相秦桧密奏宫中。伦则往来乌陵思谋馆中计事，都堂枢府，皆不得闻之。七月，伦以端明殿学士再使金，并命知台门事，蓝公佐为副。

八月，高宗降诏曰："日者遣使报聘邻国，期还梓宫，尚虑边臣未谕，遂弛戒备，以疑众心，其各严饬属城，明告部曲，临事必戒，无忘捍御。"伦至金，金主亶为设宴三日，谓江南既爱好和平，我亦愿戢干戈。十月，遣其左司郎中张通古、签书宣徽院事萧哲为江南招抚使，与伦偕来。十一月，伦抵行在，通古、哲皆肆谩。朝臣抗议甚喧，多归罪伦。盖以金称临安为江南，尤为不伦，殊非敌体，且受书之礼，欲使帝屈己，委实难堪。然高宗内意，在急还梓宫及太后可归。且河南境土，期不战而收复也。

《临安闻见录》：右相秦桧颇以王伦独建此功为虑，欲有以折之。命御史中丞勾龙如渊诣都堂责伦，伦垂涕痛哭曰："伦涉万死一生，往来虎口者数四，今日中丞乃欲以天下万世之罪，悉归于伦耶？"时秦桧在旁，以笑颜趋前作排解状曰："勾龙中丞，忠在国家，亦以不战恢复失土，为目前主要课题，无他意也，欲激公速了此事耳。"伦当俯首答曰："心在国家，矢忠矢勤，敢不勉哉。"

第 28 章

如此秘密外交

王伦奉桧命，委曲说服金使张通古。定议：以桧就金使馆中受金国书，纳之于密室，朝臣无一得见者（所谓秘密外交，八百年前早已行之）。按此与《宋高宗本纪》及《宋史》王伦本传所载者，大致相同。而桧之操纵其间一说，亦有迹象可寻，私家纪录实不无可信也。桧诣馆受书后一日，密奏高宗御榻前曰："臣以为事在当机立断，陛下屈己，不亦如越王勾践之往事耶？江南之名虽不正，今受礼已更定，由臣忍辱受之。外传金国书为封册一说，乃书生窃名鸣高，造作蜚语，淆乱众听，以掊击臣等耳，非事实也。使此辈当之，则亦惟有涂炭生灵之血肉，使国本动摇，而强梁不逞者，得在山泽以抗金为名，而鱼肉良善而已。今一举而归还梓宫，归太后，收复已失的河南疆土，曷得谓为非谋之善者耶？他日休养生息，徐图报雪，此会稽所以沼吴也。”（好一篇主和的大道理）高宗嘿然，遂下诏曰：“朕嗣守祖宗基业，岂受金人册封？”命以王伦为国信计议使，中书舍人苏符副之。符以疾辞，高宗密召侍从台谏曰：“金国遣使来聘，朕欲屈己就和。”命各思条奏。于是张焘、晏敦复、魏矼、曾开、李弥逊、尹焞、梁汝嘉、苏符、薛微言、方廷实、胡铨、胡理、朱松、张扩、凌景、夏常明、如圭等，一时有人望者，皆极言不可。朝议纷纷，自王伦、张通古、萧哲抵行在，计五日而议定。

十二月，命以宗正少卿冯檝代苏符为国信计议副使，签书枢密院事韩肖胄为全国奉表报谢使，下诏榜谕，诏曰：“金国使来，尽割河南陕西故地，通好于我，许还梓宫及母兄亲族，余无需索。”

宋金和议，已由酝酿而表面化，上面皇帝诏书，榜告全国，时间是绍兴八年十二月二十六日事。按此为秦桧当国，第一次与金人议和之经过事实。桧引用吴越故事，如非代高宗饰辞以欺其人民者，曷尝不言之成理。然其时南渡已十有二年，南北用兵，虽数败刘豫，而恢复壮图，实已日渐衰颓矣。秦桧欲固其相位，想尽心思，迎合高宗心理，首先排挤其政敌张浚、赵鼎。虑其复任，则惟有日相激荡，使主战之文武将相之势力，日渐削弱。因之遂与越王勾践所谓生聚教训，不免相与背驰矣。

此所以终为妄谋，不复能建树也。其种因于此，而其结果，当然走上悲惨之一途。今日想来，不亦可以引为切戒耶？

绍兴九年正月初五日，朝廷以金国通知，归我侵疆，大赦河南新复州军，官吏也不易置，蠲其民租税三年、徭役五年。以王伦同签书枢密院事先充奉护梓宫迎请皇太后交割地界使。赦文如下：“上穹开悔祸之期，大金报许和之约，割河南之境土，归我舆图，戢宇内之干戈，用全民命。”

金元帅兀术读赦文，飞奏金主于会宁，谓临安不归德其国，挞懒等实受王伦之绐，伦以金帛贿赂，散播流言，阴谋宜防云云。金主阅之，大为震怒。乃以兀术奏章示挞懒及左副元帅昌及等，命召王伦至会宁面诘之。会宁者，金上京也。故城在今吉林省阿城县南，契丹时谓之西楼，耶律氏之咸镐丰沛也。三月，王伦受地于兀术，得东西南三京，即寿春、宿、亳、曹、单等州及陕西京西之地。兀术兵退山西太原府之祁州。王伦以东京留守，在汴京规划新复州军，郭仲荀、周聿、方廷宝、楼炤、郭浩诸人为副，分别宣谕诸路。于是原在伪齐知开封府郑亿年、金鄜延路经略使关师古、秦凤经略使张中彦等皆上表待罪。按此在《行朝纪痛》，谓赦文出自宰相秦桧手笔，岳珂《桯史》不记撰文人，珂系忠武文孙，年辈较后，《桯史》纪述尤审慎。《宋史》谓赦文系给事中楼炤所草，似可信。当时诸家所记金大臣失欢，谓其以和战为党争工具，及王伦、宇文虚中诸人贿赂离间诸事实，虽不无过其词，然要之必非无因。

是年六月，王伦自东京赴金国议事，盖应金主命也。七月，王伦忽被兀术拘于中山。中山，今河北定县也。八月，金主以挞懒主和割地，接受贿赂，疑其二心，罪以贪污畏缩杀之。按此与近世不民主国家之清算残杀，颇相类似，就是往往以恶毒罪名，加诸其政敌或素所不悦者。十月，金主面责王伦，离间其君臣，伦力为争辩，金主谓贿赂纵无佐证，然道路所传，任何人都知道无遗，只有蒙蔽我一人；现难据报及谍奏，江南所遣官吏难诸新复州军，诈索财帛，勒取珠宝，如饿虎猛犬，贪鄙可恶，纵非违背誓约，亦讵得谓能爱恤子民耶？（不肖官吏，以议和收回州郡，敲诈勒索，出诸敌人口中，当时紊乱情形，可想见一斑）遂移拘王伦于河间。按金人杀挞懒、拘王伦以后，声言南朝无谋和诚意，尤借口临安所遣交割新复州官吏僚佐，流品复杂，苦虐其民，令兀术备战。

王伦自河间客馆中，以重金遣人报临安，谓金人有渝盟迹象，请早为戒备。此与诸家笔记大致相同，且谓朝臣颟顸，多不以伦报为信。

第29章

权奸误国无所不用其极

《临安闻见录》谓：誓书所载，张俊、韩世忠、刘光世、岳飞四大将所统部属，不得于绍兴十二年前进驻新复州军，务使金齐所置官吏，庶能相安。金将渝盟，谓南朝有诏，命新复州诸路监司帅臣，弹劾官吏之残民者，及楼炤在东京建立忠锐三军等事，皆违背约书云云。又谓当时王伦、楼炤、郭仲荀所遣交割僚佐，多方诈索、受贿、诬陷、军中舞弊，伪造交割册据，并有霸占民宇、强夺民妻种种罪恶，书不胜书。东京耆老李茂松、寇璋等二百人，至临安奉表称贺时，哭诉于都堂曰："中原沦陷，岂人民之咎？我等南望行朝十有余年，乃交割官人，尽如饿虎，且自诩为抗金忠义之士，我等知刘豫三战皆北，乃为中原子弟不为豫战也。至女真蹂躏淮、泗、荆、襄，即张、韩刘、岳四元帅，亦讵不互有胜负耶？贪天之功，实为不祥。"

秦桧闻其言，以羽扇示意茂松退出都堂，不必再说。时为七月，临安酷暑。既而高宗临轩延见茂松等二百余人，事前，桧命亲侍，分别嘱见圣上时，不要陈述朝廷官吏在新复州交割扰民情形。及见高宗，一致皆高呼万岁，旋补官遣还。

《行朝纪痛》谓：东京耆老李茂松等数百人来朝于临安，乃秦丞相示意赴中原交割官吏之措置，故意表示功绩于朝廷也。《宋史·高宗本纪》亦略及其事，但语焉不详，而述秦丞相事先事后之措置，大致相同。按此俱令人发思古之幽情，民国半世纪以来之每次战后骚扰情形，不仅仅天下乌鸦一般黑，更可证明千古乌鸦亦皆一般黑矣。

十月，金人遣王伦副使蓝公佐先归。公佐抵临安，谓金人指摘赦文及交割官吏不法事状。御史中承勾龙如渊谓公佐袒金，语其同官曰："蓝公佐饮北朝水多矣，何项事故张大其辞？果如他言，交割官吏如此不法耶？"某同官曰："中丞得非指秦丞相亦饮女真水多耶？"如渊闻之，色为之变，伸其舌出唇外几达一寸。

《行朝纪痛》谓：公佐自金归，自言在所过交割新复诸州，目睹所遣交割官吏皆腰缠万贯，身跻富翁，掠夺良民妻女诸状。桧闻之，遣其妻舅王瞟阻公佐，使无言诸朝廷云云。读史者，一致责桧主和，其实他的欺君媚上、粉饰太平，其罪恶更大，此实南渡后之所以终于不能复国也，可不痛哉？

绍兴十年五月，金人叛盟，兀术以女真兵及汉军共四十万，分四道渡河，东西南三京及河南诸州军皆望风降。临安所遣交割官孟庾、李正民、王彦先、路允迪等不战而屈。金别将撤离曷自河东入陕，葛王褒自南京进逼顺昌，游骑及淮楚，东南骚动，一夕数惊。高宗接刘锜顺昌羽报，夜临都堂召宰相及枢密院集议，桧意上或有起用张浚、召还赵鼎意。首言虏既渝盟，当先谋以力拒之。请以刘光世为三京招抚处置使，促刘锜以新统八字军四万人兼程进援汴京，命韩世忠以太保，张浚以少师，岳飞以少保并兼河南北诸路招讨使，命吴璘节制陕西诸路军，听胡世将便宜黜陟、处置军事。亲执管一一签书，词色激昂，如素日主战诸人一模一样，高宗以桧措置当意，大喜。顾谓王次翁曰："孰谓秦丞相一味主和？今其部置，无不当朕意者，书生辈鸣高博誉之言，徒乱人意，讵可信耶？"按次翁时以中书舍人参知政事，为桧所引擢而置于高宗左右者。次翁因言于上曰："前日国是，初无主议，有事小变，则更用他相，后来者未必贤于前人，而排斥异党，收召亲故，纷扰纷累，月不能定，于国事无补，愿陛下以为至戒，勿使小人异议，乘间而入。"于是桧所主之和议，虽以金人败盟而遭挫折，但宰辅之位竟不受变动。桧尤振振有词，扬声于都堂曰："我与诸君但求利国，圣上所以诏我者，亦曰如此。”

六月，刘锜与兀术、孔彦舟、郦琼、葛王褒等大战于顺昌，金兵败绩。岳飞援顺昌，与金人遇于蔡州，亦败之。闰六月，张俊将宋超、王德自亳州追金人至永成县，击败之。岳飞别将牛皋、张宪、郝政又败金将韩常、李成于颖昌、郑州、伊阳。韩世忠所遣王胜、王权亦攻克海州。关陕诸将胡世将、吴璘、王彦、田晟、杨政、郭浩、姚仲、李师彦、李宝等亦击败撒离曷。七月，岳飞与兀术大战于郾城，击溃金兵四十万，飞部骁将杨再兴、王兰战死于小商桥，兀术退保开封，此即世所传有名战役“朱山镇之役”。

自金兵渡河至顺昌大捷，才六十日，至郾城大战，又六十日，一时诸将皆以为可恢复中原。而桧此时所策划之和议，实在秘密中进行，尤先撤兵以示信于金。屡遣使命刘锜择期班师。又遣司农少卿李若虚诣飞军，谕指班师，此即后人所谓十二道金牌召飞是也。飞军多四方忠义士，闻有诏后撤，皆散去，于是颖昌、蔡、郑诸州，复为金有，民众皆垂涕不已。

岳飞奉诏，挥泪自郾城班师，中原父老随飞南移者数万户，悉安置于蕲黄。朝命飞屯江州，别以轻兵守随枣，于是荆襄千里，皆成空壁，兀术遂得尽撤郑、许、颖、邓之兵以向淮泗。此为绍兴十年七月下旬事，距金人渝盟，重取河南，仅百余日。

金兵虽号称四十万，然旧隶之女真及汉军孔彦舟、郦琼皆无坚强战意。故兀术不战而收取无抵抗之旧刘齐地区后，东败于顺昌刘锜，西路大败于郾城岳飞与韩世忠所部统制王胜、王权、成闵、刘宝。张俊所部统制宋超、王德在淮泗宿亳间，颇使女真军及孔彦舟、郦琼、韩常等遭受损失，关陕胡世将、吴璘、郭浩、王彦、田晟、傅忠信、辛镇等，亦击败撒离曷。八月，兀术既悉众东移，刘锜、张俊、韩世忠、查沂中先后奉诏，自淮北、淮西退屯建度、和州及承州、扬州，与金军临江相持，形势险恶，几如建炎初年。

第30章

天下妙论：谋和必先班师

《行朝纪痛》谓：十年五月，金人叛盟，由襄邓迄淮楚，烽火几及二千里，刘光世、张俊、韩世忠、岳飞、刘锜、杨沂中等部防金，枢密院定额二十万，左藏库所储甲衣，为诸军支给尽空。转运司请于都堂曰："军前催索，难以应付，衣甲外尤以银米为乏。标高论者，不识能为朝廷措置谷米财帛否？"秦丞相桧据其词以上闻，上默然。桧徐徐言曰："郾城、顺昌两役，足可扬威，今公私皆乏，难以久持，故及时休兵，虽非上策，然较战败求和，不犹愈乎？谋和必须班师示信，班师之先，应谋一众论。"

于是近臣被放逐者凡七人，朝议一致主和。七月，以金牌召回岳飞。九月，遣起居舍人宋易谕韩世忠罢兵，命诸大将皆还镇。枢府撤兵密令，借口转运无策。惟西兵则以就地给粮，故但命胡世将、吴璘、杨政、郭浩等按兵勿许轻进。按此见班师为秘密议和之信号，至南渡后战兵数目，就《宋史》及诸家笔记所载，可考信者约二十万，当时财用匮乏，亦属事实。金兵号称四十万，声势较宋为强，然则刘锜、岳飞皆改守为攻，重创金军，此所谓争取主动也，岂不伟哉？班师以后，金为攻而宋为守，守者自关陕迄东南，势不能不谋兼顾，攻者则可集中其力，且金人当时因粮于淮泗，临安遂益公私俱困。迨及临江相持，则虽欲不和不可得矣。

综合诸家记：刘、岳当时之战胜兀术，其主要原因，实由于士气昂扬，及获得两河忠义声势援应之故，此可见军事未尝不可以弱胜强，以少胜多。秦桧所谓及时休兵，殆慑于金人声势之卑怯心理也。其时和议在秘密进行中，金人以张大之辞，困惑临安，此即今世之所谓心理战也。

《临安闻见录》谓：绍兴十年三四月间，边报传金人将渝盟。都堂自秦丞相桧以下，谓系主战者意在生事之谣，遂无置信者。

五月，金兵渡河，以轻骑袭取三京，御史中丞勾龙如渊首先得淮西逃归者目睹状，夜白桧。桧曰：“信耶？”起而绕室行，嘿不一语。如渊曰：“丞相盖先白上请用兵，容再徐图。”桧以目视如渊曰：“得之矣。今者固不得不应此一着，然兵既难仗，饷更难筹，安有不饮不食而为我用之兵？”命召王次翁于枢密院，三人密语至五鼓，遂入朝，传当时定议，先战后和。盖桧始终以武臣难制、国用匮乏为辞，而实则惧一旦用兵，必致张浚、赵鼎获再起也。

《行朝纪痛》谓：刘锜及岳飞等捷书至行在，而催索银米之武弁文吏，日夜咆哮于枢密院所隶之都转运司者，主无以应，甚至有被辱詈殴伤者。桧白上，遂定议密遣谍者伪饰北行，桧谓小胜难恃，借以休兵，此兵法所谓能战而后能和也。按都转运司，即今所谓后勤，当时饷粮之不继，应属可信。桧之坚决谋和，诸家记载皆谓桧虑赵鼎、张浚复用，其说似非无因。《汴京纪闻》谓：金元帅兀术自郾城败归开封，而告临安所遣使，谓北朝始终欲谋和好，倘秦丞相能移军江南，我亦当休兵淮北。因自架上手取一箭折之。曰："以此归报丞相，我不相欺也。"桧既得兀术折箭，见其镞镌有女真文金元帅兀术等字，遂信之。密白上，言金纵或可击败，但饷械难空手措办。且自关陕迄淮海二千余里烽火，非二十万人所能防守，目前小胜，借以谋和，实为胜算，否则难塞诸将之求，变且莫测云云。遂定议。按此说见桧当时实以危辞恫吓高宗，遂达成撤兵，以示信于金。盖自绍兴十年八九月诸将还镇，迄十一年九月，遣刘光远充金国通问使，凡三百余日，皆为秦桧秘密与金人议和之时间，其如何过程，《宋史》几无一字涉及，此王式遣使之前，有所洽商，乃属必然之事，秘密斟盘，可谓从古斯矣，岂可不鉴耶？

《汴京纪闻》又谓：桧所遣使为赵德，在绍兴十年四月，由云中还临安。六月，桧即密遣德赴开封，往来奔走十余次，历时年余，始正式遣刘光远北行云云。按此与《宋史》所载，洪皓因谍首赵德，密达虏中情实一说，略有出入。盖赵德当时，似转达被陷诸使臣之意，请王师勿坐失机会，而非谋和也。或谓赵德本人并无主张，仅为居间奔走而已。

绍兴十一年十一月，宋与金国第二次和议告成。《行朝纪痛》谓：襄、邓、淮西诸大将班师后，金人游骑时时越入巢湖东，与我争和洲，以窥采石，几几乎临江矣。

边报日夜驰达临安，朝议遂无敢主战者。都堂所遣秘密往来南北者归报，初皆谓兀术默允，我如罢兵示信，则北朝无以江南土地为利之意。在十年初冬，军民纷纷传说，以为和议旦夕可成，乃至十年春，女真犹有征调，自燕云渡河者日增兵数千，兀术虽折箭为誓，似不可信。上颇焦虑，有时亦震怒。秦丞相桧曰："已饬边戒备矣，臣以为必能阻之。"上嘿然，实微有疑意。

正月，枢密院定防边新部署，命张俊、韩世忠复临淮视师。二月，岳飞由江州进屯蕲黄。王德败金人于含山。关师古、李横败金人于巢县。田师中败金人于昭关。刘锜部之屯巢县东关者，败金人于青溪。王德、田师中等会师昭关。李显中部统领崔臬，败金人于舒城县。此皆金人游骑也，当时淮南诸军，以刘锜为最强，皆起自河北忠义八字军，初非朝廷制兵。锜自顺昌大捷后，奉诏班师，退屯太平，养锐备战。至是锜军二万渡江援淮，我江淮诸军，虽犹不足十万，然斗志坚强，足与金抗。

兀术闻前军皆失利，亲驰至，遥望南军旌旗蔽日，顾谓孔彦舟曰："此非顺昌旗耶？"颇有退军意，锜谍知兀术亲在军中，下令进逼金营。谓杨沂中曰："重创之，则议和可望成。"遂三路进击，大败金军，追至店步又败之，乘胜克合肥，此即所谓柘皋之役也，此为南宋顺昌、朱仙镇、柘皋三大捷之一。

按此役实为促成兀术履行折箭誓约之最大原因。兀术在金大臣中主战最力，建炎中以海舟追迫御舟至阳山，阻风而回，历十余年至拓皋，再次败于刘锜，始改变战意，密促临安再罢兵以示信，允临安遣使。八月，桧请遣刘光远为通问使。《临安闻见录》谓：刘光远北行，携有秦桧与兀术议和草案，光远初无所知云云。按此亦可证明当时临安与金兀术间有秘密往来。十月，兀术遣光远还临安。桧请再遣魏良臣及王公亮为金国禀议使。《行朝纪痛》谓：江南所遣通问使，如不改为禀议使，则是欲与我敌体也，是乌可者。秦丞相请命于上，上卒允之。遂定议，以淮水中流为界，割邓唐二州畀金，归纳奉银二十五万两，绢贰十五万匹，休兵息民，各守境土云云。

按此与《宋史》所记金遣萧毅、邢具瞻以审议使，偕同魏良臣南来定议一点，可谓针锋相对，完全吻合，《宋史》特讳言其争执过程耳。秘密和后，必有不可告人者，此来说明其为卑鄙无耻，与夫丧权屈辱，盖不仅仅外交习惯，所谓幕后安排也。幕后外交，从古就如斯。

绍兴十二年四月，遣孟忠厚为迎护两宫礼仪使。两宫，指韦太后及邢后。按《三朝北盟会编》谓：邢皇后归至中途上仙，亦不详其地。野史所纪，颇多传说，似不可信。五月，遣审昭远等贺金主生辰。八月，以参知政事万俟充金国报谢使，谢归徽宗皇帝及显肃皇后郑氏、懿节皇后邢氏梓宫也。九月，以王次翁充金国报谢使，谢韦太后回銮也。又以杨愿充贺金国正旦使。同年，金国遣来临安使节为宗颜宗贤、刘祹，以护送梓宫名义，高居安以护送皇太后名义。按当时行人络绎道途，所持国书，均标明报谢朝贺，以示不敢敌体。盖非如此，惧金人拒纳也。岁币之外，重增礼物，可谓屈辱甚矣。

《大金集体》谓：宋使臣刘阙，随班朝见，不论正副，皆许间插三品官班内。高丽、夏国，则间插五品班内。《宋史·高宗本纪》载：金护送使节，初为刘祹、高居安，迨其入见，则又书刘筈、完颜宗表等九人云云。虽前后所书，姓同名异，然无疑为一而非二。盖元丞相阿图鲁及脱脱修《宋史》时，采访资料，多依据传闻，或取自诸家传记碑志，拉杂凑集，镌版校对，史官张翥、吴当等亦未尽正是，书甫成，而四方兵乱，故错误实甚多，非仅此也。元至正初刊本、明成化刊本大致相同，近时涵芬楼影印百衲本，亦一仍其旧，触目皆鲁鱼亥豕，诚憾事也。

《临安闻见录》谓：梓宫及韦太后南归，距绍兴五年上皇（即徽宗）卒于金五国城时，祈请归榇，使者凡七八辈，至是获金主许可，盖已历时七年矣。设非张、韩、刘、岳诸帅臣，以战求和，则后果固未可知也。

绍兴十年四月，二次和议中，首先至汴京者名赵德，不得要领，后来使者持兀术手折金箭以为信。《临安闻见录》谓：桧既得兀术折箭，验之以降人，以为不欺，盖箭非兀术不可得也。遂密白于宫中，退谓如渊曰“我信必如斯，方能纾今日之国难，我不欲与张九成、胡铨辈争独善之名”云云。

按《宋史》载：绍兴十二年九月，金使完颜宗表等九人入见，藏金国誓书于内侍省，盖至是始和议告成，犹之今时所谓换约与批准等手续也。是年冬，遣中孚中彦还金国，犹之所谓易俘也。《宋史》虽不明言张中孚、张中彦为秘密枢机使，然实可与《行都记痛》所载，相为说明。

第31章

金人败盟

第二次和议誓书，乃魏良臣、王公亮与金审议使萧毅、邢具瞻所定，以淮水中流为界，割邓唐二州及岁纳银绢。《行朝纪痛》谓：当时兵戈以进泗迄襄邓二千里，为金朝廷所急，欲定算者首在此，遂仓卒成议。附款则至明年绍兴十二年，金使完颜宗表等九人，护送梓宫及韦太后到临安始议定，时至九月上旬。宗表等客馆在葛岭，假张中、孚张中彦所居之地。王次翁、勾龙如渊、秦熺、王、杨愿、魏良臣诸人（都是秦桧亲信）禀承秦桧意，与金使折冲，历时凡二旬，宗表初骄倨，见帝后，始平允成议，外传谓帝德服远人，父老皆额手称庆。

誓书中载沿边设立权场，以利南北商旅。重定关陕界，命川陕宣抚使郑刚中与撒离曷会同划界，渭河上游之天水、陇西、成纪归南，渭河下游则自陈仓、凤翔以东归北，弃和尚、方山二原，以散关为界云云。按此与《宋史》所载地界相同，自此以后，西羊遂守在渭南，非如淮水之以中流为界，较之第一次和议时，失地更多矣。

天水、陇西、成纪，为今甘肃省东区。陈仓，即今陕西省宝鸡。《行朝纪痛》谓：完颜宗表坚持在誓书中载明，朱仙镇、顺昌、郾城、妥善柘皋四地，女真战死尸骨由南朝收葬，遣官致祭，立石纪功。如渊等与宗表争执，久不能决。桧谓朱仙镇、郾城、顺昌悉属弃地，听客所为，小商桥亦有我国殇，愿北朝平等待之，至收葬柘皋战尸，正合主上仁慈，此泽及枯骨也。纪功云云者，书明其事体而已，庸何伤。宗表竟同意在小商桥为岳飞部将杨再兴、王兰两统制建立双忠庙，谓王次翁曰："此我北朝之京观也。"魏良臣笑曰："此皆南朝所谓中原，初非我北国土地。"宗表等九人皆大笑，遂定议。按小商桥在今河南省临颍县西，柘皋属今安徽省巢县，为春秋时吴之橐臯，橐拓音近，臯皋形似，一讹再讹，遂为拓臯。《临安闻见录》谓：誓书最末款，有勿轻易相，以保和议语。外传颇甚其词，为勿得易相，欲借以恫吓张浚、赵鼎等主战诸人，党浚、鼎者遂故宣扬而掊击中伤当时诸执政，皆不甚可信。誓书藏于内侍省，仅桧父子及宠信者获见之耳。按此说实较为平允，然当时附桧者以及桧父子亲党，图挟外力以巩固其政权，乃属无可辩白之罪嫌。《临安闻见录》

谓：誓书中载，通和后，南北皆止征调，以苏民困云云。此则可见金人当时期望达成和议，其迫切程度，并不低于临安，惟桧等不知耳。

秦桧秘密和议成，通问使刘光远抵开封，兀术遣其副将龙虎大王就客馆中告光远曰："元帅可以客礼待使节，惟使节则应以军礼相见。"于是光远见兀术，兀术起立迎之，光远下拜，如龙虎大王所指。兀术大喜，张乐宴光远，大会诸将曰："南人已服其罪矣。"酒半酣，兀术谓光远曰："江南前者收取三京，不费弓矢刀矛之力，乃竟贪天之功，以为收复失土，不亦妄耶？我北朝皇帝，自昔无俱人土地之心，是以与众推贤，一册张邦昌，再立刘豫，重念斯民，久罹涂炭，未获昭苏，不委仁贤，孰能保定？迨刘豫擅兴兵，妄用干戈，遂尔被废。故以中原还于赵氏，我北朝皇帝，亦曰仁至义尽矣。乃赦书如此属辞，我北朝皇帝震怒兴兵，此代叛讨罪也。今既悔祸，我复何求。若以为顺昌、朱仙镇、柘臬三役皆大捷者，此实妄也。我三战皆在行间，杀伤相当，事诚有之。若以为我女真军战败，则杨再兴勇冠三军，何以死于我马蹄下耶？我今精兵犹四十万，投鞭可以断采石之流，取建康如反掌，且我视韩世忠、张俊、刘锜、杨沂中辈，直孩提耳。"言罢狂笑如狮吼。光远唯唯，不置一词。既而曰："元帅既垂念生灵，不使涂炭，此实仁慈。我南朝皇帝，亦欲休兵久矣。不然，则行人使事为何？”兀术以手加额，命龙虎大王取酒酌光远。因目袖中取赦文稿一束授光远曰：“持此还江南，倘九哥与秦丞相不易一字者，我即退兵。”赦文附注有女真书。文曰：“上穹悔祸，副生灵望治之心；大国行仁，遂子道事亲之孝。可谓非常之盛事，敢忘莫报之深恩。而况申遣使招，许构盟好。来存殁者万余里，慰契阔者十六年。”

光远读罢曰：“许构盟好一语，得毋元帅不知南朝皇帝御名耶？”兀术笑曰：“我纵横中原，十有余年，江南实情，如在掌上，安有不知此者？今为此一字，将以验九哥诚意耳，不能易也。”九哥者，以高宗为徽宗第九子，宫中尝呼为九哥。靖康间，上质金营，与兀术相识，故兀术如此称之。

按此详见《行朝纪痛》，与《程史》所载赦文大致相符。惟《程史》谓文系桧命子熺属草，期以副虏心，此或岳珂故意归罪桧父子之辞。盖高宗名赵构，如非金人强临安所难，桧父子或其他人主笔，无用构字之必要也。《程史》谓赦诏邮传至西方，遗黎有垂泣道旁者，淮泗农村有三数日不举火者，其悲痛几乎如丧考妣。

第32章

十二道金牌令岳飞退兵

秦桧当国，权倾天下，迎逢高宗歌颂中兴意旨，取媚敌人厌战息兵之阴谋，乘各路军事正在节节胜利时，排斥众议，力主议和，妄言战胜讲和比战败求和光荣多多，挟圣上之命谕诏各路将帅班师言和，并以十二道金牌谕岳飞班师。从此正气消沉，人心松懈，“恢复中原”只见诸口号矣。当时君权至上，朝野人士对高宗口歌中兴，无国家观念，屈辱丧权，当然不敢加以斥责。综观有关南宋史籍及诸家笔记，舆论对秦桧战胜乞和，看到双方和议誓书及金人代草赦书，很多饮泣寝食不安者，事先更有不少反对谈和者。及今思之，吾人不禁感慨万千。

宋正史：金酋粘没喝使李永寿、王栩来，请还刘豫之俘及西北士民之在南者，且欲划江以治（按：就是分割），与秦桧前议相吻合，识者益知桧与金人共谋矣。殿中侍御常同言：“先振国威，则和战常在我，若一意言和，则和战常在彼，未闻养兵二十万而畏人者也。”帝不听。

《咸淳临安志》：中书舍人胡寅上疏言：女真惊动陵寝，戕毁宗庙，劫质二帝，实陛下之大仇也。自建炎至绍兴，卑辞厚礼，以问安迎请为名而遣使者不知几人？因讲和而息兵者谁欤？但见通问之使归未息肩，而黄河长淮大江相继失险矣。和议复行，国势倾危，士气沮丧。疏入，仅褒谕之。

《南渡录》：吏部侍郎魏矼为御史时，常言和议之非，因论敌情之不可信。秦桧曰：“公以智料敌，桧以诚待敌。”矼曰：“弟恐敌不以诚待公耳。”又乌陵思谋至临安，入见，帝谓辅臣曰：“先帝（徽宗）梓宫果有还期，虽待二三年，尚庶几，惟皇太后春秋高，朕旦夕思念，欲早相见，此所以不惮屈己，冀和议之迅成也。”朝臣多言其不可，帝怒。赵鼎曰：“陛下于金人有不共戴天之仇，今屈己请和，不惮为之者，以梓宫及母后耳（按：高宗无国家观念，太自私了），群臣愤懑之词，出于爱君，不可以为罪（按：赵鼎真诚，大义凛然）。”

《三朝北盟会编》：秦桧复遣王伦如金定和议及申问讳日，左正言辛次膺言：“宣和海上之约，靖康城下之盟，口血未干，兵随其后，今日之事，当识其诈，国耻未雪，义难讲和。”凡七上疏力陈，不报。

《金陀粹编》：参知政事刘大中与赵鼎不主和议，桧忌之，荐萧振为侍御史。振入台，劾大中，罢之。振又曰："赵丞相不待论，当自为去就矣。"鼎不久引疾去。

第二次和议成功后，两河两岸及大江南北抗金反金心理，受着朝廷乞和压力，大为沮丧，士气亦为之消沉。当时有许多可歌可泣之事，稽阅史册，令人废书三叹。

《绿竹堂》：岳飞所部，起自民间，原非朝廷制军。官兵多系两河忠义之士，激于爱国忠君思想，慨慷请缨，由建炎至和议成，前后近十年，牺牲捐躯者为数甚多，所有遗属，顶补缺额，执戈御侮。闻到班师谕诏后，多半自动散去，且有集体潜逃而回到乡里结寨以自卫者。所谓两河，即黄河、淮河也。

《宋史纪事本末》：金以张通古、萧哲为江南诏谕使，通古至泗州，要所有州郡，迎以臣礼。知平江府向子諲不肯拜，且上疏力言和议之非，破指血书，久无回文，遂乞致仕。

《老学庵笔记》：朝中大臣曾开、张焘、朱松、张扩、凌景、夏常明、范如圭、冯时中、赵雍等数十人，皆言极不可言和，虏人居心叵测，无遗后时之悔。不报。又王庶论虏不可与和者七，见帝言者六。庶语桧曰："公不思东都抗节存赵时而忘此虏耶？"桧大恨。出庶知潭州。

宋故事：枢密院编修胡铨抗疏曰："陛下所居之位，祖宗之位也，奈何以祖宗之天下，为金虏藩臣之位？此一屈膝，中原不可复，可谓痛哭流涕也。”又语：“秦桧以腹心大臣，而悍然为之，陛下有尧舜之资，公不能致君于唐虞，而道圣上为石晋。”桧厉声曰：“尔知故事，我独不知乎？”大为咆吼，声震屋瓦。

《宋史》：李纲时知洪州，闻和议，上疏陈五不可和，朝廷从其一，则大事去矣。金人变诈不测，贪婪无厌，奉藩称臣，其野心犹未已也。不报。

《湖州府志》：初桧主和议，命韩世忠移屯镇江。世忠言金人诡诈，乞留此军，遮蔽江淮，力陈论和议之非，效死节，率先迎敌，若不胜，从之未晚。章疏上，皆慷慨激昂，且请单骑诣阙面陈，帝不许。四上疏，愿举兵决战，不然，人心离散，士气凋丧。不报。及张通古北返，世忠伏兵洪泽镇，将邀杀之，以坏和议，不克而罢。时刘豫既废，传言金人欲立渊圣于南京，以和定而止。

《临安闻见录》：周峰为陕西宣谕使，方庭实为三京宣谕使。庭实至西京，先朝见陵寝，自永昌而下，皆遇发掘，而泰陵更为暴露，归以白帝，秦桧怒而斥之。又士怀张焘自河南还，焘上疏曰：金人之祸，上及山陵，虽殄灭之，未止以雪此耻复此仇也。必不可恃和盟而忘复仇之大事。帝问诸陵如何？熹不对，惟言万世不可忘此贼。帝默然，丞相秦桧恶之，出熹知都城府。（按：秦桧粉饰太平，真想一手掩尽天下人耳目。）

《宋史》：刑部侍郎陈橐上言：“金每挟讲和以售其奸谋，虏人非可以义交而信结，恐其假和好之说，骋缪悠之词，包藏祸心，变出不测，愿深鉴前辙，亦严战守之备，使人人激厉，不害为立国之常，如其不然，决意恢复之图，勿循私曲之说，天意允协，人心向应，一举成大勋，则梓宫太后可还，祖宗境土可复矣。”秦桧憾之，罢橐官。

第33章

罢诸将兵权，撤淮南守备

绍兴九年十二月，李光罢。光初请因和为自治之计，故署榜不辞。及秦桧议撤淮南守备，夺去诸将帅兵权，光始言戎狄狼子野心，决不可恃，守备不可撤，桧恶之。光复于帝前曰：“观桧之意，是欲壅蔽陛下耳目，盗弄国权，怀奸误国，不可不察。”桧大怒，光遂求去。（按：藩篱尽撤，恢复中原无望矣。）

十年五月，金兀术、撒离喝叛盟，分兵入寇，自黎阳趋河南，出河中到陕西，又以一部入汴，另分兵取归德与各州郡。于是东京留守路允迪以城降，西京留守李利用弃城走，河朔西岸望风以降。桧此时既不听报，金人来势大张挞伐，又要巩固自己丞相地位，心甚惧之。谓给事中冯檝曰：“金人背盟，我之去就未可卜，前此大臣皆不足虑，独君乡贤（指张浚），未测上意，君其为我探之。”檝入见曰：“金人背盟犯顺，如张浚者，可以戎机付之。”帝正色曰：“事至覆国，决不用此人。”（按：桧之惟一政敌就是张浚，后浚下狱。）桧闻之，意遂定。秋七月，桧荐王次翁为中丞，次翁惧帝因主和事得罪（按：真是一丘之貉。），向高宗奏曰：“前日国是，初无主议，事有小变，更用他相，后来者未必贤，愿陛下引为至戒。”帝深然之，桧得其言，遂与同列，由是桧益安据其位，公论不能摇夺矣。九月，罢诸大帅军，俱还镇。

《老学庵笔记》：秦桧用心太苦，屈意取媚金人，又以还梓宫与太后，力主和议，谀谄高宗，锄除异己，引用同党，还怕自己相位不固，派人征探帝意，一天有十八具面孔以示人云云。可谓描绘至尽矣。

《宋史纪事本末》：十一年三月，金兀术渡淮北去。时秦桧力主和议，恐诸将难制，欲尽收其兵权，日夕苦思，终无计可施。

《行朝纪痛》：秦桧极亲近党羽有勾龙如渊、施廷臣、莫将、孙近、王（桧妻舅）、秦熺（桧子）、范同等数十人。一日，桧邀勾龙如渊、孙近、范同、施廷臣、莫将等于都堂密商。时和战纷纭，谣诼繁兴，尤以金遣使来，多要以难行之道。既惧金人南侵，又虑诸将难制。范同任职给事中，力附桧议，屈己忍辱。桧又以异己之近臣为患，乃采如渊建议，择亲信为台谏（即御史之类），以排击异论。会后，范同以手牵桧袖示意，摇指都堂东南角之水亭。桧会意，即偕范步入水亭，四周皆空，密献计于桧："将三大将皆除授枢府，罢其兵权。"桧喜，以掌拍其肩曰："赖君成此大功。"言罢，相与大笑。在都堂之勾龙如渊等尚未散去，但不知范与桧所谈何事。

按范同，字择善。绍兴八年，金遣萧哲、张通古来临安，桧拟接伴使人选，终夜不能决，密与勾龙如渊商，如渊以择善荐，谓忍辱负重，莫范同若。遂假同以太常少卿，驰驿至淮西，接金使入境。同北向再拜，问金主起居，金使大悦。守边兵盛陈仪卫相迎，初不料同竟下拜也。父老遥观者，皆为掩面垂涕。后桧以同接伴有功，除中书门下省检正诸房公事，吏部侍郎兼实录院修撰迁给事中（按：正诸房公事一职，为当时政府之实际负责者，犹今时之秘书长办公厅主任一类官。）。及十一年再度言和，桧所踌躇者，一为诸大将张俊、韩世忠、岳飞、刘锜难制，引以为患，经范同献计，内调三帅，尽削其兵柄。迨召三帅至行在，大家满以为连年征战，因其顺昌、柘皋之役，论功行赏，张、韩先到，飞后至，遂拜世忠俊除枢密使，飞为副使，并立宣押至枢府治事（按：押往治事，宋正史亦为是云，桧手段太辣，诸帅也太柔顺也）。俊知桧欲罢兵，首请以所部改隶御前军，且力赞和议。桧大喜，遂罢三宣抚司，以其兵隶御前，谕出师取旨。宋室南渡，迄今十有五年，这十五年偏安局面，完全为诸将帅悍御之力，今竟罢三帅兵柄，今后不但中兴难，偏安亦不易了。后范同恃功为桧所忌，万俟承桧意罢同，谓朝廷收天下兵柄，乃机密大事，而同辄于稠人中，贪天之功，应予罢黜。桧从此促成高宗之决心，而高宗终不能以恢宏之大度，集中力量，同纾国难，遂成此终于不治之局，可胜浩叹。

第34章

君庸臣奸，荼毒国家十八年

宋正史：绍兴十一年九月，莫将还自金。兀术欲媾和，桧奏遣刘光远为通问使，莫将久留于金，乃从之归以道意。十月，以魏良臣为金国禀议使，时兀术遣刘光远还，欲得官尊位显者为使，桧乃奏遣良臣。十一月，金以萧毅、邢具瞻为审议使，与魏良臣偕来。萧毅入见，议以淮水为界，求割唐邓二州，岁币绢各二十五万匹，乃许归还梓宫太后。帝悉从其请，定议和盟誓，以何铸佥除枢密院事，充金国报谢进誓表使。命宰执及议誓官告祭天地社稷，何铸奉誓表往，称臣纳币，可谓屈辱之甚也。表文略谓："臣构（高宗名字）言，今来画疆，以淮水中流为界，西有唐邓州，割属上国，自邓州西四十里，并南四十里为界，属邓，四十里外并西南，尽属充他军，为敝邑沿边州城。既蒙恩造，许备藩方，世世子孙，每年皇帝生辰并正旦，遣使称贺不绝，岁贡银币绢二十五万两匹，自壬戌为首，每春季般送至泗交纳。有渝此盟，明神是殛，坠命亡民，踣其国家。臣今既进誓表，伏望上国早降誓诏，应使敝邑为凭焉。”毅辞出，帝谕曰：“若今岁太后果还，自当谨守誓约，如今岁未也，则誓文为虚设。”十二月乙亥，何铸至汴，见兀术，再至会宁见金主，且趣割地。寻复遣使来求商州及和尚、方山二原，遂命周聿、郑刚等分割京西唐邓二州、陕西秦商之半界，止存止津、丰阳、天水县及陇西、成纪余地，弃和尚、方山二原，以大散关为界。于是宋室仅有两浙、两淮、江东西、湖南、湖北、西蜀、福建、广东、广西五十路，而南京西南路只有襄阳一府，陕西路只有阶、成、和、凤四州，凡有府州军监一百八十五，县七百三。金既画界，建五京，置十四总管府，凡十九路，其间散府九，节镇三十六，守御郡二十二，刺史郡七十三，军十有六，县六百三十二。初，邵隆在商州十年，披荆棘瓦砾以为治，招徕流散，屡败金人，值和议成，割商与金，隆甚怏怏，徙知金州。尝以兵出虏境，秦桧恨之，徙知叙州，桧阴使人鸩毒杀之。十二年夏四月，金遣左宣徽使刘筈以衮冕圭册，册封帝为大宗皇帝。（按：秦桧阴险，取媚敌人，迎逢太后及君王，而高宗无国家观念，时时以奉还梓宫及太后为念，向敌人称臣纳贡，战胜国如是屈辱，且被敌人册封，真是中外古今，闻所未闻。）

《行朝纪痛》谓：秦桧在相位，颐指为所欲为，上下奔走，无所议者。时曹泳为临安府尹，民间以乏镪见告，货壅莫售，日嚣而争。因白之桧，桧笑曰："事易办。"即席命召文思院官，未至，络绎命使催促，驰于道上者十余辈，事立轰传于临安城内外。既而院官趋都堂候见，桧遂召入，大声曰："事极机要，且须立办，故飞召贵官。适间得旨，欲变钱法，烦贵官依旧夹锡样，铸一缗，将以进入，尽废见铁不用。事极机要，且须立办。"继又重复言之，声达廊庑外。约以翌日正午毕事，呈样将来，院官不敢多问。桧又曰："事系内出，勿得多问。"院官唯唯而退。夜呼工范液，将以及期，富家闻之，大窘，尽出宿藏，夺取粟帛，物价大昂，钱溢于市。既而样上省，寂无所耳矣。曹泳亦久而始悟。按此与《桯史》所载相同，而尤为详尽。

文思院为宋官署名，属少府监，掌造金银工巧之物，及凡器物之用。犹今之钱币司及造币厂。此事可见桧之小有才能，倘使出之以正，岂可不谓之能应变耶？《桯史》又谓：都堂左揆阁前有榴树，每着实，桧暗数焉。忽亡其二，不之问，一日，将排马。忽顾谓左右，取斧伐树。有亲吏在旁，仓卒对曰："实甚佳，去之可惜。"桧反顾曰："汝盗吾榴。"吏叩头服。按此可见桧之机智，未能尽用之于公忠体国，遂不足取矣。

第 35 章

设班荆馆招待虏使

《中兴杂记》谓：秦桧力建和议，金使来，无所于馆，筹商数日未能决。桧逞才，命改馆金使于西湖湖滨。绍兴十二年别筑一馆，依山临水，广植花木，楼阁亭台，凡二百八十余间，颜曰“班荆”。《方兴览胜》谓：都亭驿在候潮门内，北使至临安，先遣伴使赐御筵于班荆馆，明日始至都亭驿，又明日入见。见之二日，与伴使同往天竺寺烧香，上赐沉香乳糖斋筵酒果，次日至冷泉亭呼猿洞而归。据说是秦桧设计命亲信以执行者，所有用费，均由经办者直接送桧朱批。此则与《行朝纪痛》相互参证不爽，可见当时金使之气派，以及临安之殷勤接待与秦桧巧于迎逢之一斑。

又谓：班荆馆为北使节馆，馆额出秦丞相手笔，周围五百步内无腰牌（即通行证）者，不得出入及经行徘徊。守者露立千步外，入暮倍其班。女真以例不受守者盘诘，予以豁免。这些都是秦丞相亲手规划。

绍兴十三年，和议既成，自建炎至此盖已十有七年。朝廷颇以前戎马仓皇、奔驰不安为苦。多官以手加额，谓休养生息，可徐图恢复，不复以靖康蒙尘为念矣。

《行朝纪痛》谓：秦丞相颇以休兵息民为安国大功，戒百僚勿言钦宗北狩事，有言者亦仅述及北朝善视羁人，居之实安云云。虽颇多腹诽，然莫敢出诸口。一日，某官高会于西湖之葛仙岭，忽觉头昏仆地，宾客皆心悸，既而苏醒，意极不怡，怆然曰："某某将去，与公等辞矣。虽国家已休兵息民，实无他恨，但未知一去不返，是否佳耳。"其意盖谓行将逝世，但讳言死字代之以去耳。言甫毕，末席一士人作而对曰："明公此一去不返，实佳甚。"闻者皆惊其言之突兀。某官高座堂上，顾视宾客曰："不知某生何以知之？"士人敛容徐徐对曰："设若一去不返为不佳者，明公纵或不思返，明公之父兄子弟，既以为居之安矣，则阴曹地府，阎罗判官，亦何事而拂人意耶？某之所闻，当亦明公之所闻也。"满堂宾客，咸屏息无一言，某官命罢宴。按此与《程史》所记金华士人语叶丞相衡事颇相类，其意实不以钦宗之不归为然也。

《临安杂闻》谓：御使中丞勾龙如渊于和议告成后，集宾客于葛岭新营居第，竹有榜额曰“居之安”，为秦丞相所书。一士人闯入请见，阍者拒之不可。如渊命延之入席，士人曰：“二帝北狩，一死一留，死者入土归安矣，生者一去不返，不亦居之安耶？”如渊为之罢宴。有以告秦丞相者，秦令临安府尹曹泳大索，卒不获，于是语禁起矣云云。按此与《行朝纪痛》所载，殆为一事。可见当时由偏安局面而浸浸晏安矣。

《临安杂闻》又记：秦桧以绍兴十五年论和议告成功，四月丙子朔，赐第望仙桥。丁丑，赐白金万两、绢万匹、钱千缗、彩千缣、有诏就第赐宴。假教坊优伶，执宰咸与。中席，一优起致语，颂桧功德，退，一丞相府参军者起而答谢，继而诸伶饰而出，诙谐杂出，以洽众宾。一伶指一交椅曰：“此太师椅也。”别一伶曰：“应由太师坐。”旋垂绅拱揖，作参拜状，转身就其椅，忽坠其仆头，露发髻，髻以巾，环为双叠胜。饰太师者问，“此何环？”曰：“二胜环。”饰太师者起而击其首，露髻者大怒曰：“何故击我？汝但安坐太师椅上，收取例赏，我把二胜环掉脑后，何干涉汝事？”一坐皆失色。桧初不甚解，亦笑，继而见人皆窃窃私语，忽亦悟其意，大怒。命下诸伶于狱，死者数十人，语禁遂益严矣。按此与《宋史》所记，微有舛异，然其命意，完全相同。胜者，首饰也，其谐音为圣。可见当时人心，对二帝念念不忘。

高宗以和议成，梓宫及太后还。加秦桧为太师，封魏国公。桧以禄位可保，深惧金人挑衅，百般逢迎，嘱其党羽程克俊驰书上表，称金为上国，自认为子道事亲及不敢忘莫报之深恩，并云天启固陵以告坏，日承长乐之兹颜等语。邮传至四方，遗黎读之，有泣下者。又遣使如金，沈昭远贺生辰，杨愿贺正旦，贺礼有金茶器千两、银酒器万两、锦绮千匹。金亦岁如之。

绍兴十三年秋七月，行人洪皓、张邵、朱弁还自金。自建炎以来，奉使如金被拘囚者三十余人，每至物故，惟三人以和议成，许归。已而金人遣七骑追之，及淮，而皓等已在舟中矣。归抵临安，忠义之声，闻于天下。高宗谓洪皓曰："卿忠贯日月，志不忘君，虽苏武不能过也。"

按建炎绍兴之际，使臣最有声望者，推王伦、宇文虚中及朱弁、洪皓、张邵等五人。王伦后被惨戮，不屈而死。虚中臣金，阴结陷北忠义之士，思得机当以报，卒以谋叛事发，鞫治罗织。朱等归后，以触忤秦桧，不获大用，此盖秦桧深忌弁、邵、皓等，因皆熟知金事，必欲沮之，而后可以欺蔽高宗也。

《北国见闻录》谓：朱弁为王引副使，至云中触忤金元帅，幽之客馆，遣兵守之，旋亦见解，得自由出入。伦挟有多金，往往与弁饮于市楼，颇结纳金人之显达及中原陷北忠义之士，密遣使以北国军情达于江南。一日，金帅忽遣宇文虚中，至伦弁所处客馆，取酒痛饮，谓伦曰："我审知北国军情，而且日夜以久劳师，与两国皆无益，不如休兵说之。今我已臣事金朝，势不能归，惟公等二人，可诣元帅府言之，事可成也。"虚中辞出后，弁、伦二人私议，以为虚中受金人命而来说者，亦当如计行事也。遂往元帅府请见，以书留交金帅，言用兵讲和利害甚详。金帅遂允派一人先还，命弁、伦自定去留。弁谓伦曰："吾来固自分必死，岂应今日觊幸先师，理合正使受书，归报天子，成两国之好，早申四海之养于两宫，则吾虽暴骨万里，犹生之年也。"遂决定由伦先归。行时，金使张安祖饯，弁高座而言曰："古之使者，有节以为信，今无节有印，印亦信也，愿留印使弁得抱以死，死不腐矣。"伦解以授弁，弁受而怀之，卧起与俱。自此金帅益重弁。弁数次与金帅争执，金帅怒绝其饩以困之，弁往往忍饥不屈。

《云中杂记》谓：南朝使人留此者，按额受饩，每日牛羊肉各一斤，麦饭二十两，蔬果如之，银五钱。牛羊肉、蔬果按日送馆，麦饭及银分朔望送，绢人十丈分春秋送，值三节及金有庆典，例送酒及歌妓以娱。每年十月至次年四月，别有炉炭取暖云云，按此与诸家笔纪及《宋史》正相同，可以推知当时金人对宋使给养之大略矣。

绍兴十四年秋七月，策动金人废刘豫的宋正使王伦，被金拘于河间六载，欲授以平湾三路都转运使。伦曰：“奉命而来，非降也。”金人益胁以威，伦不屈，自缢死。后数年，宇文虚中亦以反诛。

第36章

千古含冤，岳飞下大理狱

桧自和议之成，擅专国柄者十五年，偷安江左，专为粉饰太平计，劝帝立太学，耕籍田，修举弥文，殆无虚日。帝之视学也，命桧子礼部侍郎熺执经司业，高闳讲《易·泰卦》。知虔州薛弼承桧意，言州民朽柱中有文曰：“天下太平年。”桧大喜，乞宣付史馆。自是，四方祥瑞之奏日上，举朝宴然，不复知天下有兵事矣。

《湖州志》：殿前军士施全候桧入朝，挟利刃刺之道，不中，捕送大理狱。桧亲鞫之，全对曰：“举天下皆欲杀虏人，汝独不肯，故我欲杀汝也。”桧怒，以朱笔批云：桀全于市。嗣后每出，列五十兵，持长棒以自卫。晚年尤衔恨旧臣。书赵鼎、李光、胡铨三人姓名于一德格天阁，必欲杀之。鼎时安置吉阳军，桧令本军月具存亡申。鼎遣人语其子汾曰：“秦桧必欲杀我，我死，汝曹无患，不尔，祸及一家矣。”因不食而死，桧恨犹未释也。此则与宋正史相同。后又诏拿赵汾入大理狱，使汾诬张浚、李光、胡寅、胡铨等五十三人谋大逆，兴大狱，此为宋南渡后名臣入狱之巨案，千古悲之。（按：初桧被罢，张浚力荐复起，今桧下浚狱，桧真忘恩负义小人也。）

宋大儒朱熹《说议》序曰：“绍兴之初，贤才并用，纪纲复张，诸将之兵，屡以捷告，恢复中原，盖已十八九成矣，虏人始露和议。而宰相秦桧，归自虏廷，力主其事，当此之时，天下之人，无贤愚，无贵贱，交口合辞，以为不可，独士大夫之顽钝嗜利无耻者数辈，起而和之，清议不容，诟詈唾斥，多欲食其肉而寝其皮。而桧乃独以梓宫长乐为借口，攘却众谋，荧惑主听，所谓和议，翕然以定。自是二十余年，国家忘仇敌之患，而偷宴安之乐。桧借外敌以专宠利，窃主柄以遂奸谋。桧之罪恶，上通于天，万死而不足以赎，其始则倡邪谋以误国，终则挟虏势以要君，使人伦不明，人心不正，至于此极也。”

《宋史》评语张溥云：“贼桧以建炎冬十月自金还，绍兴元年春二月参知政事，仓皇北来，不半载而登政府入相。既与吕颐浩交恶罢位，榜罪朝堂，进用之路塞矣。久之，张浚复官，遂专相十八年，封王，死时年六十六，时绍兴十五冬十月丙申。这时候忠臣良将，或逐或死，纪纲荡然，人心涣散，中兴实成泡影，偏安大局，已摇摇欲坠，每况愈下矣。

秦桧挟高宗之命，罢张俊、韩世忠、岳飞三帅宣抚使兵权，内调除枢密使，张、韩为正使，岳副之。张先到临安，获悉此事，愿遵命将所部编为御前军。越二日，韩亦到，见高宗，听命朝廷，桧大喜。乃授意党羽，押往枢府治事。飞最后到，拜为枢密副使。飞以正值朱仙镇大捷之后，将挥师北进恢复中原之际，忽奉十二道金牌，诏谕班师，且令星夜来行在，面授圣上意旨。那时君权至上，所谓“君命名不俟驾而行”。飞初抵平江，即被朝廷事前派来锦衣卫（即武装特工）护送到都堂（按：所谓护送，即押解之意）。

《说岳全传》第六十回：岳忠武飞偕饶将王横行到平江，在路上遇到锦衣卫指挥冯忠、冯孝，带领校尉二十名，展开圣旨，在马上宣读云：“岳飞官封显职，不思报国，反按兵不动，克减军粮，纵兵抢夺，有负君恩，着锦衣卫拿解来京，候旨定夺，钦哉。”岳飞听了，错愕万分。王横环眼圆睁，双眉倒竖，提起熟铜棍，大喝一声道：“岳元帅征战多年，别的功劳休说，只如今朱仙镇上二百余万金兵，我们舍命争先，杀得片甲不得归，怎么反要拿俺帅爷？那个敢动手，先吃我一棍！”岳飞眼眶浸润，阻止王横道：“此乃朝廷意旨，你不可陷我不忠之罪名。”说罢，拔宝剑欲自刎，被随来四名家将抱住了。王横气急大骂，冯忠等趁王横不备，一刀砍中头脑，登时死了。冯忠等诬王横辱骂朝廷，本钦差依法惩治。接着传唤地方官，备棺木装殓王横。将秦丞相的文书，传递各地方官府及往来船只，不许走漏风声。一面将岳飞押上了囚车，解往临安。到了城中，暗暗地送往大理狱监禁。

《洪容益斋志》：秦桧既下岳飞大理狱，命大理卿周三畏鞫之，欲罗织罪名，而置之法。一夕，三畏行至廊庑下，见古木下一物，似豕而角，三畏却步。此物徐行，若不避忌人者，至狱旁小祠而隐，祠所供为狱神皋陶。经数夕，三畏复过其处，是夜月明如白昼，又见此怪物。三畏方诧异间，怪首戴有片纸，上书“发”字，三畏不解其意。询之其客，客曰：意其行乎?三畏遂不肯审问。飞案为桧党所授意，知拂逆桧党意者罪必不免，遂挂冠而去，不知所之（后由与飞有宿怨之万俟卨主审）。迨后于延安葭州山中，有翦头仙人，日饮净水三瓯而不烟火。与人论往事，辄大哭，有时又狂笑，叩其姓氏，曰姓周，后不知去向。一日，天气晴朗，葭州闹市中，自天空降下名帖二纸，上书大理寺卿周三畏拜谢，乃知翦头仙人周三畏。按此类传说，在宋人笔记中，所载颇多，措辞立意，大致类似。可见当时岳侯冤狱，为人乐道，远及边疆矣。

岳飞，字鹏举，河朔人。起于卒伍，少从周同为弟子，习兵法，精书翰，文采极有可观，世所传飞书之《满江红》词及前后《出师表》等，苍老遒劲，今有木板刻石二种，存于西湖岳庙中。

《宋稗类钞》：岳太尉飞，本是韩魏公（韩琦，北宋名相）家佃客，每见韩家子弟，必拜。飞从戎，留妻供养其母姚氏。既而河北沦陷，姑媳离其故居，以避兵燹，辗转流离，不知所在。飞遣人访求，数年不获。飞既成名，声闻于远近，俄有自母家来者，寄语曰：为语吾郎，勉事圣天子，勿以老妪为念也。飞窃遣使迎之，往返十有八次，然后归，盖道路阻隔，而金人关防，又极严密，以防两河子弟与临安通声气也。姚太夫人娴于教化，有国家思想，当飞参加卒伍时，太夫人勖以大义及宋金关系，据传语语针对当时敌我情势。至岳母刺飞背“精忠报国”四字，《宋史》及许多笔记均未详言，或许以此四字相勉励之谓也。后飞宣抚襄阳时，值姚太夫人病没，飞与子云跣足抚衬归葬，路人观者，无不涕泣。既葬，飞云父子庐于墓侧，晨昏焚香以拜。《挥尘录》：张唐老自九江来，闻岳侯父子死。唐老云：去岁在匡庐，正睹岳侯葬母，仪卫甚盛。一僧为余言，岳家葬地虽佳，掩圹之后，子孙须有非命者，须经数十年，再有昌盛。

《宋史》：岳飞虽起自卒伍，颇富韬略，美丰姿，臂力可举千钧，忠君爱国，是飞一生伟大抱负。金人破汴京，即以身许国，大小数百战，如宜兴张渚镇与金人大战，柘皋之役，解庐州围，潞露州战胜金兵，朱仙镇大捷以及平服群盗，真是战无不胜，攻无不取。赵鼎、张浚任相时，高宗依飞为左右手。一九六四年冬，故宫博物院在台北南海路展览古物字画真迹，有宋高宗赐岳飞手敕纸本一方，纵三六点七厘米，横六一点五厘米，行楷书，后署“付岳飞”三字，上钤“御前之宝”玺，下有一押字，兹录其文，可见当时高宗倚畀之殷：“卿监秋之际，提兵按边，风霜已寒，征驭良苦，如是别有事宜，可密奏来朝廷。以淮西军叛之后（大概系指刘豫、王德、郦琼之叛），每加过虑，长征上流一带缓急之际，全借卿军照管。可更或饬所留军马，训练整齐。常若寇至，蕲阳、江州两处水军，亦宜遣发，以防意外。如卿体国，岂待多言。”左上角清乾隆亦题有廿八字如下：“飞白精忠早赐旗，霜寒又仅上流师，本来原是腹心托，十二金牌竟若为。丙子春，乾隆御题。”

岳飞既被以“圣旨”圣意，关进大理狱中，每日读书写字，有时喟然长叹，以身经大小数百战，武功彪炳，突被十二道金牌，班师回朝。本来，依古例，将在外，君命有所不受，然而岳飞知书识礼，对忠君爱国，作为一个人立身处世之本，走到平江，被冯忠、冯孝以“圣旨”见示，押上囚车，俯首无言，以当时王横之勇猛，曷尝不能击溃二冯以脱逃？圣旨，可以赐死。圣旨，可以流徙异域。圣旨，更可以满门杀绝，家灭九族。君权之大，可拟天日。秦桧迎逢高宗意旨，取媚金虏，造成桧党在朝廷上下成为清一色妒忌嫉飞之武功，加之飞又不听话，取得高宗默契，真假“圣旨”下，而岳飞危矣。

岳传：秦桧罗织飞之罪名，为“不思发兵扫北，以报国恩，反按兵不动，坐观成败”。经飞拿出事实，驳得干干净净。旋又买通飞之部将王俊，控飞克减军粮，拿出告帖作证，也经飞驳复：朱仙镇上共有十三座大营，有三十余万人马，何独克减王俊一人之粮？要求王俊对质，似乎连王俊其人都没有。

《宰辅编年录》：谓飞尝自言，三十岁建节，与太祖相同。统兵十万，也与太祖相同。朝廷指为大逆不道，有不臣心。这样红帽子，加诸忠武头上，我想真是有冤伸不出。(按：陈桥兵变、黄袍加身一事，为赵宋太祖开国杰作，祖训相传，无时不以武臣强悍为虑。)忠武当时以能战名，而其部属多为草泽义勇之士，只知有忠武，而不知有其他。忠武解兵柄以后，此辈之失所与不安，可以想见，故三十建节，与太祖相同一语，虽不敢说真出忠武之口，而好事者争相传播之，忠武又安能人人而阻止之？此殆其疑谤所由来也。

第 37 章

“莫须有”“必须有”成定谳

《冤狱记》：谓忠武既入狱。秦桧公言于朝曰：“必须有，必须有。”高宗在殿上，相拒丈许，若无所闻者，听者皆默然。桧色厉而声颤动，重复言曰：“岳飞养子岳云与张宪书，其事体必须有。”言时，回顾西班诸将臣，高宗目光亦与桧同。四班中，独张俊点首示与桧同意。俊在班首，次为韩蕲王（世忠），又次为侍卫亲军马步都虞侯王德。德初目视殿上，闻桧言，微转首视蕲王，蕲王色变，趋前诣桧，相离不三尺，桧以笑容对之。蕲王向桧争曰：“必须有三字，何以服天下？何以使人甘心？”桧不答，亦无怒意。高宗仍若无所闻，传旨退朝，钟鼓声大鸣，蕲王首拂袖趋下殿陛，不悦而去。按：桧诬飞以“必须有”，与《中兴纪军》本来相同。今世所传播妇孺口中者，皆作“莫须有”。“必须有”与“莫须有”，皆使囿于忠君君思想者，沉冤海底。

《说岳传》第六十章：岳飞在狱中写了一张招状，其文如下：

武胜定国军节度使神武后军都统制湖北京西路宣抚使兼营田大使节制河北诸路招讨使开府仪同三司太尉武昌郡开国公岳飞招状：飞生居河北，长在汤阴，幼日攻读诗书，壮年掌握军兵，正值权奸板荡艺祖之鸿基，复遇靖康丧败皇都之大业。三千粉黛，一旦遭残；八百胭脂，霎时被掳。君臣北狩，百姓流离，万民切齿，群宰相依。幸而圣上龙飞淮甸，虎踞金陵，帝室未绝，乾坤再造。不思二帝埋没于沙漠，乃纵幸臣，弄权于庙廊。丞相虽主通和，将军必争用武。飞折矢为誓，与众会期，东连海岛，南及滇池；学李勣跨海征东，仿诸葛渡泸深入，羡班超关士开疆，慕平仲添城立堡。正欲直捣黄龙，迎回二圣，平吞鸭绿，一统中原，方满飞心，始全予志。昔者群雄并起，寇盗纵横，区区奋身田野，注籍戎行。戚方本国家大盗，鞭指狼烟顿息；王善乃太行巨寇，旗挥即便剿除。除刘豫一贼之功，缚苗刘二将之力，收杨虎何元庆军中之助，服曹成杨再兴帐下之雄，斩杨么于洞庭湖，败兀术于黄天荡。牛头山杀贼，尸积如山；汴水河创金，血深似海。北方闻我兵进，人人胆破；南岭见我旗至，个个心寒。朱仙镇上，百千铁甲奔逃；丞相奸谋，十二金牌召转。前则遵旨屯兵，今乃奉征见帝。有贼权奸，谋诛忠直，设计陷我谋反，将飞赚号监牢，千般拷打，并无抱怨，朝廷万种严刑，岂出自于圣主。飞今死去，阎罗殿下，知我忠心，速报司前，明无反意，天公无私，必诛权臣，以分皂白，地府有灵，定取奸党，共证是非。

右飞所供是实，如有虚伪，甘罪无辞。

初，忠武入大理寺狱，由正卿周三畏主审，诬以停兵不进，冀图叛国。因无佐证，又贿通王俊，控以克减军粮，而被飞驳得干干净净。三畏知飞为秦桧诬陷，为良心驱使，遂挂冠隐去。旋由秦党万俟、罗汝楫继续以前案罪名主审，鞭笞拷打，迫使招供。飞心胸坦白，本来其心无他，何能招供。上篇招状，系在狱中，根据罪名，加以陈述，以示反驳。至于三十岁建军与宋太祖同，目为大逆。还有岳云与张宪书函有谋叛逆迹，所谓“必须有”与“莫须有”云云，都系秦桧口述及桧党传播。飞在狱中，固不知也。因之招状中，没有反驳语气。后之人读此一篇，大义凛然，不禁使人对忠武忠烈，兴起无限之敬意。

岳飞养子岳云与副将张宪，均臂挽弓千斤，神勇无敌。当飞被十二道金牌召赴行在时，云与宪均回汤阴原籍。对飞入狱，尚不知也。一日，秦桧集党羽会商对飞案策略，阿谀者都以“斩草除根”为上策。桧妻王氏在旁插嘴曰：“缚虎容易纵虎难。”桧性机警，且有胆识，遂传一道“圣旨”到相州汤阴，敕岳云、张宪来临安，并命主审飞案之万俟，嘱飞加函促云宪迅速来行在。飞未悉用意何在，加以帝命不敢违，且过去高宗对飞倚畀甚殷，手书多至盈箧，本身连年征战有功，纵然权奸陷害，圣上英明，绝没料到演变到极不幸事件。遂慨然以书召云、宪来临安。三人见面，恍如隔世。最先合住一室，尚可互诉衷曲。不久，狱中造了雷、霓、施、号、令、星、斗、换、文、章十个牢房，飞与岳、云、张宪，各住一号，从此便不易见面了。濠梁总兵张保，是飞一手提拔的。一夕，有军校来报，打听岳元帅在朱仙镇上屯兵耕地，忽然被"圣旨"召回，不知何故？张保听了，当然心神不安，一面将印信挂在梁上，偕夫人洪氏带了三四名家将，悄悄地将夫人寄居汤阴岳元帅府中，自己轻车简从，晓行夜宿，来到临安，知道岳元帅下狱，接着又惊悉岳公子云及张将军宪均陷狱中。他换了便装，买了酒食，改名易姓，作为友朋探监。只见岳元帅青衣小帽，与狱官倪完（按：此人在飞死后即隐去）在谈话，神色若无事然。在另牢间，看见岳云、张宪却手镣脚铐，相对而坐，默不一语。张保说明来临安原委，二人始道："为臣尽忠，为子尽孝，爹爹既未出去，我二人如何出去？"回看飞牢，飞只叫他回去，未来吉凶，不必顾虑。张保原是岳飞马前侍卫，知道凶多吉少，厉声言曰："马后王横，既已尽忠先走了，我马前张保，又何必贪生？令元帅受屈，不如先到阴间等候！”说罢，以头猛撞围墙，脑浆迸裂而死。后人有诗以吊之：“拼将一死报东君，忠义原来是宪云，地下王横如聚首，马前马后总超群。”

《说岳传》：桧阴险毒辣，抱着斩草除根宗旨，颁旨命冯忠、冯孝带领校尉到汤阴岳元帅府来，将岳家全家解到临安。事先，岳夫人早有所闻，除嘱二子岳雷远走西陲，投靠宗留守方处（这是留后之意），一家男女老少静候接旨起解。等到冯忠捧着“圣旨”，由地方官备办车辆，一路向临安进发。据正史及诸家笔记，是秋末冬初。坊间小说，描述起解悲惨情况，不忍转述。但正史未细叙耳。

《老学庵笔记》：岳家眷属到临安，已是飞死后月余，桧的“斩草除根”毒计，拟颁圣旨将全家处死。事为韩世忠夫人梁红玉闻知，全身披挂，带领女兵二十名入都堂，面见秦桧，免以处死。不然，晋见圣上。桧良心发现，改为流徙云南，未受桧之最后一刀。

岳飞养子云及骁将张宪被鞫于大理狱中，在先是合住一监，未几，各住一监。飞青衣小帽，未加枷锁，尚能自由行动，狱官倪完知飞为权奸所陷害，又钦佩岳元帅忠君爱国，武功彪炳，常备酒小饮，牢中生涯，颇易打发过去。惟岳云与张宪少年气盛，自知无罪受刑，且驰骋战场，屡建奇功，个人含冤，留待后世自有评价。但对父帅蒙冤，终日恨恨不能自己，有时咆哮击柱，势欲越狱冲进朝廷，手刃权奸。事为禁子所悉，密奏丞相，因之云、宪均加脚镣手铐，行动不能自由，每日只有啜泣痛哭，以问苍天。

这时岳飞所部三十万大军，屯驻郾城朱仙镇一带，代理统帅职务的是施全、牛皋。飞奉“圣旨”诏去临安，满以为是酬庸封功，绝没料到下大狱，处死刑。在先，军中尚洋溢着一片欢腾气氛，两个月后没有收到元帅手札，及闻岳云、张宪又诏去京，官兵已呈不安现象。秦桧天天接有密奏，夜夜集合勾龙如渊、王次翁、王睽等密议，诚恐高宗念及岳飞之汗马功劳，命其将功赎罪，予以恩赦，那才是“缚虎容易纵虎难”。于是桧党造出许多中伤飞等谣言，说岳飞力主钦宗回行在复位（这是桧党陷害岳飞最毒辣一着），及岳家军要杀到临安来，以恫吓高宗，而坚定高宗杀飞之决心。同时命万俟卨以种种酷刑，逼飞口供。据《岳飞演义》描述飞所受毒刑，绘影绘形，无所不用其极，这是小说体裁，正史亦未详叙逼供情形，仅岳传及《朱晦庵笔记》所记，是用鱼胶敷上肉体，将麻皮搭上，要飞招供，飞咬牙切齿，大骂奸贼，遂吩咐左右“与我扯”，皮肉俱下。这种严刑，笔者对于我国所崇祀之武圣，也不忍加以详为描述。

第 38 章

风波亭岳飞父子被害

《说岳全传》：这是腊月廿九日傍晚，雨雪纷霏，天气阴沉沉，大理狱中，呈现着苍凉悲怆景象。早有皂隶武士数十人，排列两旁，一校尉吆喝道：圣旨到，岳飞、岳云、张宪接旨。岳飞道：“朝廷旨意下来，未知吉凶，可一同绑了，好去接旨。”岳云道：“接旨为什么自绑了去？”飞道：“犯官接旨，古例为然。”一校尉站在风波亭上，岳飞长叹 声：“前过金山时，道悦和尚偈言，现在验了。”云宪怒目大骂，想拼力打出去，飞喝道：“自古忠臣不怕死，大丈夫视死如归，何足惧哉。”遂大踏步走到风波亭上，两旁武士，遽分别以麻绳将飞父子勒死于亭上。时飞年三十九岁，云年二十三岁。读史至此，无不痛骂秦桧夫妇丧心病狂，为千秋万世之罪人。附记：道悦和尚偈言：岁底不足，提防天哭。奉下两点，将人周毒。老柑腾绑，缠人奈何。切记切记，谨防风波。注：腊月二十九日是岁底不足。是时雨雪，是天哭。奉下加两点是秦字。桧以柑挖空夹一纸条授万俟卨，限时处死。缠人是鱼胶敷身。末一句，更说得明白。

《朝野遗记》：岳飞毙于狱也，狱卒隗顺者，负其尸葬于北山之麓。及顺死时，谓其子曰：异时朝廷求而不获，必悬官赏，汝可告官曰：棺上有一铅筒，镌“棘寺勒”三字，吾埋殡之符也。后果购其瘗不得，诏以一班职官为赏。顺子上告官，悉如所言。又谓岳侯卒于大理寺狱，狱卒隗顺负尸，踰城至九曲丛祠中。故至今九曲有五显庙，常著灵异，香火甚盛。《宋史·岳侯传》谓侯中毒而死，葬临安菜园内。吴震撰《南宋相眼》，谓岳王坟在钱塘门外，当时号贾宜人坟，盖避桧也。《辍耕录》：郑元祐为武穆王撰修祠墓疏，祠在千秋观西，坟在西湖边。又据《说岳全传》：狱官倪完命差役王能、李直暗买棺木三口，置狱墙外，将三人尸骨从墙上吊出，入棺装殓，写了记号，抬出城到西湖边，扒开螺狮壳，将棺埋在里面。那倪完不等天亮，收拾行装，出城而去。上面几则盛殓忠武遗体记载，《宋史》未详记，兹将略有出入之处，并入记之，以待查证。西湖边之岳坟，至今巍然犹存，作者在战前曾拜谒过，旁为秦桧夫妇铁像，脸面手臂均被人剥刺，如斑麻状，可见人们恨奸贼心理之一班也。兹摘录墓前绝句与律诗各一首如下。七绝：金人铁骑荡征尘，南渡安危系此身，二帝不归天地老，可怜泉下泣孤臣。七律：十二牌来马首东，郾城憔悴哭相从，千年家社孤坟在，百战金兵寸铁空，草木有灵枝不北，江湖无恙水流东，堪嗟词客经年过，惆怅沉吟夕照中。又浙大徐应鹿撰骈文祭忠武云：呜呼，维王生焉义烈，死矣忠良。恒矢心以擒金虏，每锐志以复封疆。奇勋未入凌烟之阁，奸计先入偃月之堂。含冤泉坏，地久天长，中原涂炭，故国荒凉。叹狐奔而兔逃，恨狼竞以鸱张，王如在也，必能保全社稷，王今殁矣，伊谁力挽颓唐？鲰生才谫，事类参商。方徙薪乎曲突，忽祸起于萧墙。立身迥异于禽兽，舍污忍入于犬羊。舍生取义，扶纲植常，来今往古，人谁不伤？轰轰烈烈，万古流芳。呜呼，罄南山之竹，而书情无尽；决东海之波，而流恨无量，王之名与天地并大，王之德与日月争光。呜呼哀哉，伏维尚餐。其他感人之诗词联额甚多，限于篇幅，恕未罄录。

国剧有出《风波亭》，但不常演出，过去旧京贴此剧时，据说天必狂风骤雨，雷声隆隆。这当然是传说。家乡汉戏，亦有此剧。记得儿时，随先父母往观，飞父子就戮时，先母黯然泣下，先父亦眼眶红润，幼稚心灵，固不知也。今写此文，心为之酸，不免勾起了五十余年前先父母看汉戏《风波亭》之回忆。

第 39 章

天日昭昭，千秋同悲

《宰辅编年录》：谓岳鄂王狱辞，仅岳飞亲笔大书“天日昭昭，天日昭昭”八字。每字大二寸许，凤舞龙飞，与世所传飞书，笔意相同。

《挥尘新谭》：谓有请仙者，箕书一诗曰：“百战车关铁马雄，尚余壮气凛秋风，有时醉倚箕山望，肠断中原一梦中。”后大书为一“鄂”字，笔法生动，果如世所流传者。

《七修类稿》载：金陵一士人好召仙（即扶乩）。一日，坛上乩笔大动，振笔大书：我陈图南华山扶摇子也。继书诗云：风露凄凄雨过天，疏窗有月到床前，夜深不作红尘梦，注得南华四十篇。又书曰：我友相州精忠岳鹏举来矣。岳书有锺、王笔意，每字皆斗大，苍老遒劲，与图南潇洒脱尘者大异。诗曰：强金扰扰我提兵，血战中原恨未平，大厦已斜支一木，岂期长脚误苍生（按：长脚，秦桧也）。士人下拜奠酒，乩又书曰：恨未痛饮黄龙耳。续书恨，恨，恨……

《老学庵笔记》：杭州城外皋亭山，为元朝伯颜亡宋时屯兵之处。方伯颜兵至城下之夕，大雷雨闪电，逾数时不止。伯颜望见四山旌旗闪烁，皆作“精忠岳飞”字，伯颜大惊，乃宰牲为文告祭。祭讫，风雷始止。

《说岳全传》：岳元帅噩耗传到朱仙镇军中了，牛皋对众将校云：“元帅被奸臣陷害，我等杀到临安去，拿住奸贼，碎尸万段，为元帅报仇。”众人齐声道，有理有理，当赶造了白盔白甲，率领大军杀奔临安而来。大兵行至大江，乘着艨艟木船下驶。一日，正是风清日朗，万里无云，船至江心，忽然狂风大作，云雾迷漫，隐约间闻到鼓乐声，半空中出现两面绣旗，上有“尽忠报国”四个大字，但见岳元帅站在云端，左首岳云，右首张宪。众人见了，在船上哭拜道：元帅阴灵不远，兄弟们今日为元帅报仇雪恨，望元帅保佑。岳飞在云端挥手数摇，意是为国尽了忠，仿佛叫施全回兵。牛皋不听，只见岳飞怒容满面，将袍袖一拂，白浪滔天，连翻三四只船，余船不能前进。骁将余化龙大叫道：“元帅不许报仇，何颜立于人世间！”拔剑自刎。何元庆也怒吼一声，举起银锤，将自己头盖打碎而亡。牛皋见二人自尽，大哭一场，跃江而死。所有官兵，将船靠岸，一齐回乡去了。上面几则神话，虽不能尽信，然坊间笔记稗史，所载甚多。此不过录其重要之片断而已。人有性灵，遭受冤抑，自不免英灵一缕，魂兮归来。尤其岳忠武矢志尽忠，抱恨以殁，当然英灵未灭，神其来格。民国建立，崇为武圣，与关羽合祠，颜曰关岳庙，各省省会皆有，每届春秋两祀，由各地长官，斋戒沐浴以祭之。国民政府成立，亦照常奉祀。我们为崇拜武圣“精忠报国”伟大武德，择其值得有纪念性者，并志如上，用示默哀之意云耳。

《湖壖杂记》：忠武季女名银瓶，有贤名，事亲至孝，人皆呼为银瓶小姊。忠武遭难，与母偕全家由汤阴奉旨来临安，为其父重为安葬后，即仰天呼曰：“我是个女儿，不能为父兄报仇，在世何为？千休万休，不如死休。”遂抱着银瓶坠井而死。《绛雪楼》：武穆女银瓶小姊，丁父难，欲叩阙上书，逻卒拦阻之，悲愤不已。越日，投井死，人皆以烈女目之。

岳飞含冤被难后，所部三十万大军，原来扎成十三座大营，由朱仙镇连营至郾城郊外达数十里。大部分士卒，因军心涣散，各自回到两河家乡。另外一部分约五万人，皆系能征战之壮者，由牛皋、施全统率，沿大江东下，准备为忠武报仇。后来牛皋跃江身死，施全失踪，校尉士卒，多皆散去。还有背嵬军约万余人，散到河北，结寨自卫，屡创金兵。到孝宗时代才渐渐没落了。背嵬军，系背负大将之酒瓶者，嵬，酒瓶也。当时张俊、韩世忠、刘锜、岳飞四大将，皆置有背嵬军，名为背酒，实际是亲信军旅，犹之今日卫队也，后来韩、岳用以名其军，几成为军队番号。个个勇猛善战，每战皆能完成任务，胜利归来。金人甚惧之。对此辈背嵬军，曾发文告，戒其所部，遇背嵬蛮子，切不可轻敌。蛮子，为当时金人对南朝之称呼。

根据正史稗钞，忠武有二女三子，俱已长大成人，女即安孃及银瓶小姊，子为岳云、岳雷、岳霆。（按：忠武成仁时，只三十九岁，云雷等均已二十余岁，是否是亲生子，未敢作肯定，但岳云是养子，是毫无疑义的。）当秦桧假传“圣旨”捉拿全家，解到临安时，有老家人岳安、岳成、岳定、岳保四人也随同晋京。后来高宗恩赦死刑。这四名老家人，也随着岳夫人踏上遥远的路程，到达了滇池。不久，也相继死了。

统制张保，身经百战，原是忠武马前卒，后来以战功由统制而膺濠梁总兵。因探忠武监狱，撞墙而死。夫人洪氏，始终随着岳夫人。丈夫是忠武马前卒，夫人也是岳夫人陪伴，真是无独有偶。其子张英，当他父亲死难时，才只十三四岁，生得身长力大，满身尽是疙瘩，人皆称为“花斑小豹”。秦桧特务头子冯忠拿“圣旨”去汤阴，押解岳家全家晋京时，原是以囚车押解的，后经花斑小豹张英，少年气盛，要和冯忠拼命，当场表演手指弯铁棒如折柳，吓得冯忠着地方官改囚车为官眷车辆。又忠武有两句治国平天下的名言，这是任何人所知道的：“文官不爱钱，武官不怕死，天下太平矣。”今天我们栖仍应以他的几句名言，作为我们立身处世、治国安邦的座右铭。

第40章

武穆冤狱昭雪，复官赠谥

绍兴十四年，史浩登进士第。他是浙江鄞县人，初为建王府教授。建王，是孝宗未立为太子时之封号也。绍兴三十二年，高宗传位于太子，孝宗受禅，浩以建王府侍从故，遂入政府，以舍人知制诰参知政事，犹今之阁员兼秘书长也。他的第一项建议，是岳飞之狱久冤，宜复其官爵，禄其子孙，孝宗坦诚接受。于是含冤二十年的岳忠武遂得昭雪。史浩对恢复中原，持论颇主缓进。《湖滨杂录》一书，系史所撰，去南渡初期，盖已四十余年矣。

《金陀粹编》：孝宗初追复武穆原官，以礼改葬，访求其后，概予录用，襁褓以上皆官之，女少者，候嫁则官其夫。武穆有女名安孃者，女夫安祚，补承信郎。岳云女大孃，岳雷女三孃，候出嫁时，其夫补进武校尉。银瓶小姊是殉孝而死的，世人称为烈女，饬地方官立牌坊，以记其孝。

宋赠岳鄂王谥忠武，议谥之文云：李将军口不出辞，闻者出涕；蔺相如身虽已死，凛然犹生。又曰：易名之典虽行，议礼之言未一。始为忠武之号，旋更武穆之称，获睹中兴之旧章，灼知皇祖之本意。爰取危身奉上之实，仍采勘定祸乱之文。合此两言，节其一惠。按：今岳祠，皆称武穆。然此实未定之谥，当称忠武为宜。明成化《杭州府志》：宋少保鄂国武穆王，孝宗为雪其冤，初谥武穆。理宗宝庆二年，谥改忠武。元至正中，加谥保义。

忠武之冤昭雪后，赐给墓田，田在栖霞岭下。湛渊集《咏栖霞墓田》诗：岳鄂诸孙复墓田，清明寒食起新烟，道旁为我除苍桧，山下如今哭杜鹃，高庙神灵应悔此，中原父老尚凄然，西湖靡靡行人去，却望栖霞转可怜。

《金陀粹编》：谓先臣刺绣为袍，誓作中兴功臣。又谓上遣郑庄斋赐先臣金蕉酒器，如韩世忠礼。又续编谓：据江州申报，岳飞田产屋宇等，有人承佃田三顷，地九十一亩，水磨二所，廊房草瓦屋共一百五十一间，岳家至今只存六十间，其他尚有地基屋宇二百九十间，奉圣旨令给还。

《玉楮集载》：岳珂（武穆孙）初还故居，诗云：元是庐山莫逆交，官亭西郊着衡茅，盟鸥似觉经新浪，怨鹤还知宿故巢，一沼锺莲衣可制，万竿脱钟杖轻敲，不须海若犹然笑，乞与杯堂乐芥坳。又：岳侯昭雪后，其后嗣申奏谓：先臣前后被受御笔手诏，无虑数百章，不幸为权臣厚诬，悉被拘没。蒙谥太常议诏，欲望朝廷给付本家参考，庶使子孙永久珍藏。奉孝宗旨令左藏南库，搜检给还，以示忠盖。

当武穆荡平群盗，所向克捷，平六郡，除清远军节度使、湖北路荆襄潭州制置使，依前神武后军统制，特封武昌县开国子。武穆开府鄂州，练兵营田，为深入计，厥后虽因征讨杨么，一度移军潭州，及因经略中原，数次进驻襄阳，但其根据地，可谓始终未离沔鄂。身薨之日，武昌之屯，已至十万九百人，皆一可以当百，南宋赖其余威，得以勉维残局，故追封赠谥，以鄂为号。惟遗迹荡然，为可惜耳。

忠烈庙址，在今武昌县大东门外五里之岳王台。按武穆开府鄂渚，驻节最久，州人戴德，身薨之日，绘像私祀者十室有九。迨孝宗复官赠谥，州人首请立庙，得旨赠忠烈庙为额。庙创始于乾道六年七月，落成于淳熙六年十一月，副使张洸曾有记。此庙在当时灵爽昭然，据《宋史・罗汝檝传》：“汝檝子愿官于鄂，以父故不敢入岳飞庙。一日，自念为政善，姑往谒之，甫拜，就不能起，卒于像前。”明正德十年，布政使周季凤，即旧台驿址重建，大学士杨廷和为之记。厥后明清二代，屡加修葺。洪杨军兴，庙毁于兵。光绪初年，曾议重修，惜未实行。查始初在遗址，尚留有石刻武穆像一方，不意民国廿八年间，有人在其地射击，竟以武穆像为鹄，以致弹痕累累，像几被毁。邑人胡姓，目击心伤，爰请有司，于蛇山上建亭，移像保存其中，现像亭尚属完好。亭在蛇山南端山脊，翼然高耸，登眺可收武昌全景，形势颇为雄伟，额题曰“岳武穆遗像亭”。亭柱镌有一联，文为：“撼山抑何易，撼军抑何难，愿忠魂常镇荆湖，护持江汉雄风，大业先从三户起；文官不爱钱，武官不怕死，奉谠论复兴家国，留得乾坤正气，新猷端自四维张。”

此联作者失名，句句可诵。像石竖于亭中，高可八尺，阔约四尺，下部镌武穆着牡丹团花战袍半身武像，上端有明万历壬午张翼先所题像赞，文为：“于赫为王，英风万古。穆穆其文，桓桓其武。壮志吞胡，精忠报主。肃瞻遗像，如熊如虎。浩气堂堂，八方按堵，祤我邦家，有秩斯祐。”石上弹痕，虽已用泥灰填补，然尚隐约可辨。至原庙遗址，在抗战军兴、日寇窃据武汉时，竟遭改建为焚尸场，外围短垣，中建焚尸炉三座，烟囱高耸，怵人心目。希望将来规复庙宇，庶使遗爱之区，不致一无遗迹可寻。

岳公城，在嘉鱼县东北四十里之大蜀山。相传武穆征杨么，于此筑城屯兵，今呼为军寨。考杨么，鼎州锺相之余党，楚人谓幼为么，故称么云。自建炎末，相败死，么率其余部居楚南洞庭湖，其徒有杨钦、刘衡、周伦、黄佐、黄诚、夏城、高老虎等，数年间聚兵至数万。洞庭八百里沿湖州县，皆为其出没盘踞之地。立相之子仪为锺太子，与么俱称王，官属名号，车服仪卫，并拟王者，不仅蹂躏鼎沣，且思上寇川蜀。

第41章

韩世忠神勇与气度

《临安闻见录》：蕲王韩世忠，初随刘延庆防御西夏，迭著战功，由校尉而至裨将。迨平方腊之役，世忠胆大心细，率轻骑数人，单刀直入，斩杀无算，生擒方腊而归。这时荐膺至统制，始为各方所注视。苗刘叛乱，临安几陷于崩溃，世忠鼓其神勇，一身当先，与贼兵战于临平，指挥官兵，大呼突前，贼兵慑其声威，皆引缩而不敢抗，遂溃散。苗刘平定后，世忠趋谒高宗，高宗亲迎于宫门，握世忠手恸哭曰："逆贼党羽吴湛，尚留朕肘腋，能先诛之乎？"世忠立趋见吴湛，紧扣其手，湛指顿折，遂执而戮之于市。黄天荡之役，世忠屯兵焦山，以阻兀术大兵由北而南，连战数十余天，兀术终不得逞。一次以金兵乘虚而入，世忠疏于防堵，其妻梁红玉亲执桴鼓助战，遂大破金兵。岳飞冤狱，举朝无一人敢出一言以忤桧，独世忠抵排和议，容或劝阻，世忠答曰：“今日畏祸及身，与人苟同，他年在阴曹地府，其能免铁杖之刑乎？”世忠最为高宗所重，桧亦无可奈何之。当官枢密时，每在都堂与桧相值，一揖外，不交一语。视张俊、刘光世诸人，曲徇桧意以图苟全者，绝不相同。岳飞被冤下狱，秦桧与谏议大夫万俟卨二人罗织陷飞罪，谓飞起身行伍，至大职，子女玉帛，已极其所欲。责飞昔日临战逗留不进，并谓飞指使旧日所统之部在淮泗防边者，夸大金人侵犯探报，欺蒙朝廷，有岳云与张宪往来信为证，既而证无所获，乃以“必须有”三字陷之。惟世忠厉声曰“何以甘服天下人心”一语，岳飞死而有知，可谓得一知己矣。世忠探得治理本源，为古今中外不易之论。盖暴君污吏之终必败亡者，以其所作所为，往往不能使天下人甘心也。天下人安可尽欺哉？天下人既不甘心，则祸患无有不随之而起者，此实求为英雄豪杰者，不可不知。韩世忠一语中肯，真千古英豪矣。

宋正史：韩世忠有武功，尤轻财货。解除兵权时，以军中所积钱百万贯，米九十万石，酒库十五所，悉归于国家，世忠不取毫发，并宣于众曰：“此虽为军中历年公积，然实为国家所有，取之则与盗何异。”时论莫不交相誉之。当宋赵构南渡，以迄于岳忠武下狱时止，历时十有六七年，临安几度濒于危险边缘，其能巩固如金城汤池者，厥赖许多武将，拼命杀敌，有以致之。韩世忠为当时武将中最特出的一人，以他的神勇、气度、仗义执言以及不图自私之种种武德，实足垂为军人典型。以观后世统领师干者，往往将公家所储尽纳入私囊，其贤与不肖，相去之远，盖已难言之矣。

绍兴十一、十二两年间，是南宋国运一个转捩点。这个关键，政治：与金人和议成功。军事：随着政治而休战、撤退、废置各地守备区。这时候的方面将帅有吴璘、张俊、韩世忠、岳飞、刘锜、刘光世等七员大将。吴璘远在西陲，光世畏战享乐，刘锜昏庸，只知保全禄位。秦桧最重视而兵力又最强的，只有张、韩、岳三氏。和议将要成功时，深恐三大将领不赞成和议，出兵抗金。乃以非常手段，挟圣上之命，罢黜张、韩、岳三氏兵权，内调枢密正副使。他就看定了张、韩易于对付，只有岳飞个性刚强，恐不易受命，遂用迅雷不及掩耳之手段，派冯忠捧圣旨，在中途诬飞以停兵不进、克扣军粮等罪名，将岳飞押解进京，这一来，秦桧摧毁了最大障碍。果然不出所料，张俊奉旨后，愿将所部改编为御前军。韩世忠武功盖世，满腹韬略，对政治行情亦看得很清楚，加之其妻梁红玉娴于内助，对秦桧之擅作威福，了然于胸中，表示遵奉朝廷意旨。八百年前君权第一，而君权又被权奸所挟持，言官御史，都是一丘之貉，本身又不愿甘冒大不韪，称兵作乱，只有听命旨意，明哲保身了。韩世忠确是高于一班将帅一筹。

《临安见闻录》：绍兴十一年，桧收三大将兵权。是年冬，岳飞被害。世忠抗疏，言桧误国。十二年，世忠将所有兵柄，遵旨解除。自此徜徉湖上，寄情山水，杜门谢客。绝口不谈兵事，每日跨驴携酒，从一二蹊童，纵游自乐。平时将佐，鲜有能见其面者。这说明了世忠意在避嫌，而对当时之环境，确有深切体验与微妙会心。世忠虽力挽强弓，驰生马而起家，未暇读书，然其风度，实与岳忠武一味刚劲，与张循王（俊）之依违权贵以自全禄位者不同。方之范大夫五湖泛舟，张子房从赤松子游，有异曲同工之美妙。但其用心之苦，可谓难能可贵矣。

《庆应居士集》：岳飞死后，诸将皆罢，朝廷笼罩着乌烟瘴气。独张俊以一部改编为御前军，其余一部仍由张氏任元帅，许多人讶之。十二年冬，俊怡然自得，毫无去意，最后卒被论罢。十二年，奉敕为张俊造营甲第，地点即今杭州城内最繁盛之街市清和坊也，盖俊曾封清和郡王之故。其后赐宴侑乐，荣显其子弟，凡所以示尊荣者，无不备至，独不欲久统兵权。此见高宗对当时将臣之顾忌深远而且周密。是以秦桧之谋议，得以独断独行，毫无忌惮，把好好的一个南宋朝廷，撤除了堤防，搞到一蹶不振，终至没落播迁以亡，不亦悲夫。

《北狩见闻录》：蕲王韩世忠尝议买新淦县官田，论价未成。高宗闻之，特赐御札云：“卿遇敌必克，克且无扰。闻卿买新淦官田，为子孙计。今以赐卿，聊旌卿之忠。”后因名其庄曰“御赐旌忠”。当时诸将，各以姓号冠其所后，如张家军、岳家军等。朝廷鉴于太祖以武臣强悍割据，颇引以为疑虑。高宗闻世忠买田，窃以为喜，故特赐之。《鹤林玉露》记此备详。足见世忠颇知所以自处自全之道，岂真求田问舍为子孙计耶？

韩世忠勇力绝人，好骑生马驹，嗜酒尚气，骨相亦伟岸，双目光锐如电。家贫，年十八，应募为兵卒。斩关杀将，往往喜割其首而掷之，使同伍乘其勇而冲锋陷阵。某术士相韩面，谓世忠三十岁后，将出将入相，位至三公。同列因而讪笑之。世忠怒以为术者有意侮辱，挥拳与之斗，术士曰：“来日自知。即殴我死，我乃许汝为三公，否则日日饮我醉，我亦不过奖也。”世忠怒解，因取酒共饮。术者详曰：“为大将者，能不读书乎？”因略教世忠以孙、吴、司马兵法。既而别去，至世忠解兵柄，骑驴湖上时，术者复再与世忠同游。当世忠被任为朝廷枢密使，乃自制“一字巾”包其头，入都堂则裹之，出则以便衣一名相随，盖恐妨不测也。有人告秦桧，桧颇不喜。又世忠在军中时，尝使“一把云”，执信字旗以从之。甲铠鲜明，风姿壮甚。“一把云”者，乃世忠兵曹之号，盖矫捷善走之意也。世忠自卒伍积功至大将，历时最久，在楚州防金十余年。楚州，今之苏北淮泗等处，山阳为其重镇，所部兵仅三万，而金人相戒不敢犯。兀术素称骁勇，然与世忠战，连战皆北，所部校尉兵卒，临战皆能不避矢石，冲锋陷阵，因之身被千余创，犹鏖战不退者，初不以为奇。有时被敌所困，亦能奋勇一跃，杀出重围，且往往不遗一镞。其好整以暇之气概，当时一班将帅，皆所不及也。

绍兴十二年三月，世忠解兵柄后，逍遥湖上，因建小亭于湖山之间，颜曰翠微，亭在飞来峰之半。盖当时世忠忆及岳飞忠武《登池州翠微亭》一诗，故以翠微名亭，而亦寓有隐痛之意也。忠武诗句云："经年尘土满征衣，特地寻芳上翠微，好山好水看未足，马蹄催趁月明归。"

《成化杭州志》：翠微亭，绍兴十三年，韩蕲王建造。是年诏改岳飞第为国子太学，堂曰崇化，在杭州前洋街，有斋舍凡十间。

第 42 章

和议后临安一派歌舞升平

高宗南渡后，以临安府为行在，改国号为绍兴。初期，戎马仓皇，喘息甫定，所有护驾人员，武文官吏，虽然栖息苟安，有时不无寻找刺激，酒食征逐。但是离乡背井，心情沉重，人人还以恢复中原，驱逐金人为职志，亦即今日所谓娱乐不忘爱国是也。迨后削平苗刘内乱，同时两淮流域及荆襄汴淮一带，又打了几次绝对胜利性的硬战，吓得金人不敢冒险南侵好几年。大宋潜力，骎骎乎弥漫到燕云、河朔。这时候，秦桧当权，金人厌战，高宗只要迎回徽宗梓宫及生还太后，任何屈辱条件均可敬谨接受，因之罢黜三帅兵权，和议顺利告成。斯时也，临安行在，包括游宴场合，绝对禁止谈论金宋敌我事。宫内都堂，更为忌讳。举世滔滔，更无一人谈及兵事矣。“却把杭州当汴州”，十足地反映出当时人心士气颓废、消沉、腐化。“迎接中兴”、

“恢复中原”之几句美丽口号，徒成历史上之名词了。宴安鸩毒，促成南宋之再度播迁、没落，乃至覆亡。以今视昔，曷胜浩叹。

以安顿护跸从龙之文武百官，十余年来，在杭州营造不少第宅廊房。其营造形式，均仿汴京之各种样式，门前均有系马铜圈，一对石狮子，黄瓦朱门，颇为壮观。南来百官之眷属差役，最先颇有“居无所”之感，后由地方官秉承内务府示意，营造护驾人员房屋，发动民力十余万，日积月累，居然把从涌金门内之几条街衢，变成华厦连云，尽是护跸人员之官邸，每户房屋，都筑有车房马厩。宇宙升平，不复知有金虏二字矣。

《弘简录》：枢密院授意临安府，速建一座“太平楼”酒肆。临安为京华，冠盖云集，尤其有金国方面之驿使，无一合理想之酒肆，殊有失国体，遂有建筑“太平楼”之提议。太平楼，顾名思义，就可知当时秉国政者，陶醉于粉饰太平之一途。太平楼地点，在西子湖滨，占地近百亩，内有亭台楼榭和翡葱花木，精美宿舍二百间，庖人皆系南北名手。入驻其中，都有宾至如归之感。营造此楼，人手还嫌不够，乃命花腿军协助完成。花腿军者，系张俊所部。最初，俊择兵卒之壮健者，自臀而下，文刺至足。汴京旧日，浮浪者以此夸耀一时，今效之。防不使逃逸于他军，用为验也。然颇苦楚，兵卒亦有怨者。当时营造太平楼，凡搬运花石诸劳役，皆令花腿军役之。众卒因为之作有歌谣，歌曰：“张家寨内没来由，使他花腿运石头，二圣犹是归不得，行在盖起太平楼。”按此俱见当时军心满腹牢骚，不以粉饰太平为然也。

杭州气候和煦，有湖山之胜，六桥三竺，景物宜人。在隋唐时已负盛名，后经诗圣白居易、苏轼，西湖点缀得多采多姿，召来各地游客，四季不辍。谚语中有所谓“上有天堂，下有苏杭”。高宗南渡，避处临安，即今之杭州。景物可以陶情，习俗可以移人，临安就是软玉温香之地，女人多半就是一副美人胎子。临安又是鱼水之乡，商贾辐辏，仕宦云集，管子所谓“无娼不成镇”，在高宗未建都临安以前，临安繁华，已成不夜之城。临安改为帝王行在后，更是天天游宴，夜夜笙歌，真是宴安鸩毒，却把杭州当汴州。

《湖滨杂录》：钱塘名妓有名意真者，绍兴初年，归大将刘光世。知书善画，无骄奢气，每有盛会，意真颇能周旋于诸太尉间，而调和其意见（按：太尉，总领师干的武将，可见当日官吏竞尚游乐，将帅意见不协调），一时无讥评之者。《鹤林玉露》是罗大经所编撰，谓：严州乌石寺，在高山之上，有岳忠武飞、张循王俊、刘太尉光世题名，刘不能书，令侍儿意真代书。姜尧章题诗云：“诸老凋零极可哀，尚留名姓压崔嵬，刘郎可是疏文墨，几点胭脂污绿苔。”

陈继儒《太平清话》：大将刘光世侍妾意真，与韩世忠妻安国夫人、张循王妾张侬，尤为亲密云云。安国夫人者，即梁红玉也。以韩平苗刘叛乱有功受封者。

《云麓漫钞》：谓中兴诸大将，如张俊、韩世忠、刘光世，以至刘锜、吴玠、吴璘、王德、王彦、杨存忠、曲端、解元、刘子羽、吕祉、牛皋诸人，因经常由营地来临安谒枢密使与丞相，有时亦奉召见圣上，与秦楼楚馆之乐伎相酬和，流连忘返。美其名曰，留爱湖光山色。上面诸大将帅，个个皆拥名姬，筑别馆以居之，往往宴无虚夕。独岳侯飞而无所恋，只有义子多人，而无侍妾。又《湖滨杂录》所载相同。《湖滨杂录》，是史浩所撰，史是孝宗时中书舍人，亲眼目击，比较可靠。又对意真才慧，推崇备至，对诸将微有讽词。对一般官吏荒淫奢靡，力为痛斥。时人嘉之。

御林军副将陈正及校尉冯忠，共恋一妓，妓名乐孃。陈是秦丞相亲信，冯忠接近圣上，各恃有极坚强后台。两不相让，互派军士百余名，由妓院闹到街衢，演成残杀。《朱晦庵笔记》载有此故事。

强敌在前，国耻未雪，而宴安享乐，相习成风，不以为怪。此其精神，去卧薪尝胆之越国君臣固甚远矣。独忠武不同流俗，不为习俗所染，此殆忠武之所以为忠武也。

高宗御医王继先，随侍御前多年，精岐黄，在宫诊视皇太后及皇太子等疾病，往往药到病除。加之继先年虽六十，而丰姿不减当年，性情也非常柔和，又能迎合上意。有时于诊病之余，高宗留于寝宫，闲话天宝遗事，博得高宗乐而不倦，因之宠信，在一般权贵之上。继先有子名悦道，美仪容，风流潇洒，在临安要算贵公子之一。每日在湖中划艇，湖滨驰马，气势之盛，不可一世。父畜有临安名妓刘荣奴，别筑一馆，饮食起居，奢过王侯。子悦道亦畜一妓名金盼盼，与父所筑之别馆相比邻。荣奴、盼盼固相识者，荣奴爱悦道之少艾，继先又悦盼盼之娇艳，父子聚麀，道路侧目。王氏别馆，每天由薄暮至深夜，乐声大作，遇有国丧，乃令所畜之荣奴、盼盼及外面召来者，舞而不歌，举手顿足为戏，名为哑乐。宫内举行盛大宴会时，荣奴、盼盼常随召入宫，高宗顾而乐之。且向王御医云，荣奴太美了。由是继先恃圣上宠爱，骄恣日甚，无形中的权势而益大。丞相秦桧，位臻极品，其权势炙手可热，固为人人所知，然桧自认不及继先，密使妻王氏，日夕诣继先别馆，阴为结纳，与继先叙拜兄妹。朝士多依附继先，大将中亦有结继先以固禄位者，承顺下风，莫敢少忤。张俊帐下都统制王胜，原系一微末士官，因夤缘继先之女佣，得识继先，并拜继先为父，自认为义子。一日，继先与高宗谈天，谈到用人之道，用人之难，才难之叹。

继先乃举荐王胜，谓王有天才，且富韬略，历述历次战役之经过，越日，上迁王胜为都统。王胜，又名王进，又名王黑龙，为张俊背印，后由稗官升任此官，军中呼为背印王。但胜不恤士卒，军中常有怨声。而胜唯一本领，是厚结权要，狐挟虎威，欺凌弱民。谏议大夫王通，尝把王胜与继先父子之丑史，编谱纠举，文进后，终如石沉大海。宋金和议既成，可说是秦桧一手包办，他的权力，可谓登峰造极，然而还要交结继先，订交兰谱，王继先之权能与潜力，可想而知。绍兴十年，高宗眷念刘荣奴之风骚，又慑于吴后之阃规，不敢作非非想，最后嘱继先令荣奴入宫，为吴后磨墨随侍，吴后工书善画，高宗亦书宗米芾。议和后，兵氛收敛，粉饰太平，宫中显得一片升平景象。高宗、吴后、荣奴在宫中作书作画，竟夕不辍。此种韵事，传至宫外，不免为一般忧国者，恒念前途大难，方兴未艾。

第 43 章

宫中太平戏，宴安鸩毒

宋金和议达成后，临安顿成一片升平气象。高宗虽有隐忧，惟一希望，是梓宫能返，太后能归。他强作欢颜，自己订有课程，每日在内殿作书，有《御石经》、《张征墓石》。高宗本爱书画，因兵氛已销，尝在宫中仰天自语，祥和之气到来。识者皆以“粉饰太平”、“自我陶醉”目之。又在内殿作书，尝自恨不能与黄太史、米南宫同时。他御书《车攻》诗，以赐辅臣曰：“当与卿等勉励，以修政事”。又书《郭子仪传》赐韩世忠，《裴度传》赐张俊，以示天下无事，与臣民共享太平。高宗书法，初学黄庭坚，后以刘豫亦能黄庭坚书为，遂改从右军。高宗自言：“学书惟视笔法精神，朕得王献之《洛神赋》六行，置之几间，日阅数十遍，自觉于书有所得。”婢之婢，世谓之重台，羊欣书似婢学夫人，米芾书学羊欣，故高宗谓米字为重台。高宗妙悟八法，颇喜访求法书名画，故绍兴内府所藏，不减宣和（徽宗年号）。高宗御书《心经》，刻石藏下天竺灵山塔下。又高宗自谓自魏晋至六朝笔法，无不临摹，至若禊帖，则测之愈深，拟之益严，姿态横生，莫造其原。详观点画，以至成诵，不少去怀也。又高宗以御书正草《孝经》赐秦桧，桧请刻石，高宗曰："岂足传后世耶？"高宗谓士于书法，必先学正书，以八法皆备，不相附丽，盖篆隶之余风也。读《书谱》谓高宗书法，出入锺、王，更辅以六朝风骨，自成一家。王献之《洛神赋》十三行，二百五十字，人间只有一本，是晋时麻笺。绍兴间，高宗力购求，得一百七十六字，至贾似道时复得七十六字。

《朱子语录》：高宗吴皇后，亲翰墨，尤爱《兰亭》，作小楷一本，流传内外。绍兴十三年，吴后题御书云："机政之暇，择锺、王而下三十帖，亲御毫素，并加临写，龙蟠凤翥，稀世伟迹也。"绍兴十五年，韩世忠得吴后所临兰亭帖上之，验玺文，知为宫中临，赐保康军节度使吴益，刊于右。又后有手抄《金刚经》，价值连城。

《太平清话》：和议成，各地守备兵撤销，临安行在，行人熙攘，肩摩于道，管弦歌舞，随处可闻可见。宫中搭起戏台，演太平戏，皇上以至文武百官，且有携官眷者，均往观赏。高宗以往，例行早朝，早朝鸣钟击鼓，后来钟鼓也不鸣了。高宗每日仅与吴后研习书画，有时召医官王继先乐伎刘荣奴磨墨伸纸侍候，怡情陶然，诚不知大江以北千万人在铁蹄下辗转哀号也。

建炎初，高宗在建康，忽有大赤鹦鹉自江北来，集行在承尘上，口呼万岁万岁。取之下，亦不畏避人，足系有小金牌，镌宣和二字，宣和者，徽宗最后之年号。知为当年宫中禁物，因仍索架置之。比上膳，行在草草无乐，鹦鹉大呼卜尚乐起方响。久之曰，卜娘子不敬万岁。卜娘子者，宣和时，宫人司卜尚乐也。方响者，尚乐指挥之道具也。盖道君时，掌乐宫人以方响引乐，故鹦鹉犹以旧格相呼。高宗为罢膳泣下，累日不欢。后此鸟持至临安，忽死去，正值和议成功，高宗闲情逸致，亲为文以祭之，文曰："金距绛囊，何意朱紫。乖轩骇散，缠罪斗死。不远长江，来自汴水。匪饥则附，曰忠自矢。谢迹云端，投身禁里。每呼旧人，以励近侍。禽言若斯，鸟官谁似。云胡委羽，归魂鹈尾。借号有鸟，来朝无雉。渐肯为仪，历仍辉纪。尚飨。"沉痛典雅，尤其"匪饥则附"一联，使今世附逆诸君读之，当自惭比鹦鹉之不若矣。

《古杭杂记》：旧传三岁拜郊，或明堂大礼，所有在前误国奸臣，首级在大理寺者，必以文祭之如礼。民间讹传，谓以污秽之物祭之，其实乃少年也。高宗以时方祥和，特为祭之，文云："国祭于三年恩霈，汝虽误国，然今亦不忘汝之旧，特用以祭。"云云。《行朝纪痛》谓：国家每值郊天，必遣枢密使诣大理寺祭得罪诸臣首级，中书亦遣员为襄助。按致祭得罪旧臣一点，实斟酌于情法之中，而为更有意义之惩劝，此乃治理也。

按褚仁获所撰《坚匏集》，谓显肃皇后从徽宗蒙尘，绍兴五年，讣音自金虏燕山来，彻州指挥使休宁尉陈之茂撰疏文云："十年罹难，终弗返乎苍梧；万国衔冤，人尽簪乎白奈。"此殆即《行朝纪痛》所谓祭文也。当时大臣中，又有曹勋撰《迎銮七赋》，传诵于宫中。三帅罢兵权后，金人亦偃旗休兵，宫中上下，均喜上眉梢。高宗对外来歌颂中兴文件，亦喜细为推敲。阅曹勋迎銮赋，非常激赏。曹勋于靖康中随扈北行，建炎中传徽宗密诏，潜归江南。高宗对曹勋其人，亦颇嘉奖之。绍兴十三年，曹勋又撰《中兴论》，阿腴逢迎，极尽其能事，且四六骈偶，对仗亦工稳，高宗顾而乐之。此讯传出，许多人默认为麻木不仁，但不敢言。

《宋史》：天下兵氛既销，朝廷乃重视文治。首先制定诗赋经义试士法，科举以经义诗赋兼取，至是参酌元祐科举制定试士法，以抡拔人才。顷敕诏：修太上皇帝日历。东观凡例：将各州所有文字，分年编类，缮写进呈，以便修日历官采择。

又以范冲直史馆，重修《神宗实录》。旧文以墨书，去者以黄书，新修者以朱书，世谓朱墨史。绍兴十四年三月，太学孔子庙成，司业高闶表请临视，帝从之。遂视太学，止辇于圣毅门外，步趋升降，退御敦化堂，命礼部侍郎秦熺执经，商闳讲《易·泰卦》。

十六年春正月，帝亲飨先农于东郊，行籍田礼。诏曰："朕惟兵兴以来，田亩多荒，故不惮卑躬，与民休息。今疆场罢惊，流徙复业，朕亲耕籍田，以先黎庶。三推复进，劳赐耆老，嘉与世跻于富厚。昔汉文帝频年下诏，首推农事之本，至于上下给足，减免田租，光于史册，朕心庶几焉。"

南渡后，书籍散失。朝廷偃武修文，颁诏献书者有赏，鬻者即市之，官有家藏者，命抄录。据报：有贺方回子孙，鬻故书于道上者，上命有司市之。芜湖僧某，有蔡京所寄存书籍，高宗命取之，以实三馆。又大理寺评事诸葛行仁献书万卷。监本书籍，绍兴末年所刊也。又书贵宋版，不惟点画无讹，亦且笺刻精好，若法帖然。凡宋刻有肥瘦二种，肥者学颜，瘦者学欧，行款疏密，任意不一，而字势生动，笺古色而极薄不蛀。高宗又以己常用之砚，赐綦崇礼，砚上刻御书铭曰："操觚濡墨兮，中有杀生；造次必思兮，令世可行。"

临安改为圣上行在后，过去所有印信，均已散失，诸司往往借用旧印，有以不便相请者，又因铸造费昂贵而止。《朱子语录》：以前奏状，可借用县印，有时尉印亦可。县丞也借用漕使印，诸司旧印，上下彼此，皆所不计。现在天下太平，枢密院监制州、府、县、漕以及武将大小印信与官章甚多。

《太平清话》：唐太宗《兰亭》，用玉石刻之。文宗刻《牡丹赋》于玉石碑阴。熙宁间（宋神宗年号），薛绍彭闻公厨有石，用以镇肉。取视之，乃刻《牡丹赋》于碑阴者，遂易之以归长安。大观中（徽宗初期年号）诏取，置宣和殿，或云艮岳玛瑙亭；靖康之难，上方珍宝，悉归金有，独此石金人不识，保管弃而不取。建炎初，高宗驻跸广陵，宗泽守东都见之，遣骑疾驰进行在。未逾月，金兵南侵，车驾渡幸浙，仓卒失之。和议成功，枢密院及都堂奉帝命，密旨寻访，且拨专款以求之。按玉石《兰亭》与会稽石《兰亭》，其值相伯仲。《兰亭考》谓定武者，乃江左所传，晋人会稽石也。

《临安闻见录》：秦桧逢迎高宗，取媚金人，达成金宋和议，对于以往诸将帅打击金人，驱逐虏人，统一中原等词句，均分饬各州郡有司，力为避免述及。更不可在坊间谈论，罢黜三帅，岳飞在狱冤死，违者拘办。只能谈谈休养生息，可徐图恢复，不复以靖康蒙尘为喋喋不休。

《行朝纪痛》：秦丞相以休兵息民为安邦大功，力戒百僚，勿言徽钦二帝北狩事。有言者，亦只能言北朝善视羁人，居之非常安宁云云。

《朝野杂记》：会稽士人有钱唐休者，有名于时。朝廷正拟除擢。宰相秦桧怒目视其姓名，厉声曰：钱唐遂休乎？因置不用。如此可见当时秦桧忌讳之一般。

《说岳传》：一日，高宗扮作客商，与秦桧改妆，佯游临安市衢。行至龙吟庵门首，见一市招："成都谢润夫触机折字。"高宗随手拈一个"春"字，谢道：好一个"春"字，常言道，"春"为一岁首，足下决非常人，况百物皆春，包藏四时八节，请问所问何事？高宗道，终身好否？谢愀然作色道，秦头太重，压日无光。若有姓秦的人，要注意注意。后秦桧也拈了一"幽"字，便道：我也是问终身运道。谢道："幽"字，虽有泰山之安，但中间两个糸字缠住，这叫做"双龙锁骨，尸体无存"，目下虽好，恐老运不佳，以早寻退步最好。桧返都堂，叫校尉按址拘谢，早已不知去向矣。按润夫，即谢石，徽宗时，补承信郎，以星相之术，闻名都下。

宋时极重庙讳。绍兴十二年初，休兵事，更为重视。凡嫌名皆避，如勾姓本避高宗讳（构）故改音钩，或加丝，或加革，或增为勾龙，实则同为勾。《吹剑录》：高宗策进士，有犯御名者，卷当被废，使落选。有言于上者，上命取卷阅之，论收复中原之策甚详，指摘朝政之议亦多，高宗击节称赏曰："朕岂以己意，妨人进取，且所言甚是。”卷遂入选。此亦可见高宗颇能重视选政，亦体恤臣工，可谓能得君人之道。后秦桧以策中恢复中原、指摘朝政有触宋金和议之处，遂保留试卷，留待查看。

《历代臣鉴》：韩蕲王世忠得疾，弥留间，召家人曰：吾名世忠，汝毋讳“忠”字，讳而不言，是忘忠也。此与《宋史》本传所载相同。观以所记，则韩蕲王之忠，高宗重视选政，秦桧专横跋扈，跃然纸上。绍兴初期，支持危局，以江淮为障，而抗阻金兵，不使再南也。秦桧当国，其罪实不仅在力持和议，而在斥逐忠良，粉饰太平，欺君罔上，使复国精神，日见低沉，不亦可悲也夫。

第 44 章

临安市上贵公子群

史载高宗三十二年，传位于子孝宗。《宋史纪事本末》：高宗本来无子，建炎初，明受太子属疾，宫人触地上金香炉有声，明受惊悸，疾转剧，遂不起，年才三岁。高宗在江都宫中，方有所御幸，张俊所遣告变者适至，瞿然警惕，遂病薰腐。故自明受殂后之二宫皆绝孕。《朝野遗记》谓：当时江伯彦、黄潜善柄政，外传前军失利，而伯彦、潜善傲然谓无事，故上亦甚忧虑。又谓明受之殇，在临安铁塔下，父老皆能言之。盖当时并乳妪皆斩之云。《朝野杂记》谓：误触金炉之宫人，当时亦斩于庑下，少顷，明受方殂云。按此与《宋史纪事本末》所载者有出入。高宗仁慈恤刑，或不如是残忍。初，高宗一子名勇，封魁国公，建炎三年立为太子，旋殂，即明受也，苗、傅挟太子叛变时之年号也。高宗既病薰腐，思立嗣。绍兴中，诏访求宗室伯字号七岁以下者十人入宫。伯字号者，高宗之侄辈行也。十人中择一肥一癯，肥留而遗癯，尚未出。高宗曰：更予细看，令二子叉手立。忽一猫由后屏跄踉外奔，肥者足踢之，而癯者不为之动。上曰：”此猫偶过，何踢之？安能胜重任？“遂留癯而遗肥，皇储之事，决于瞬息间。癯者，后封建王，即孝宗也，系出太祖，为南渡后第二任皇帝。自宋与金和议后，建王府设临安月白场，即今杭垣小板儿巷。建王有智慧，对国事亦惄焉忧之。但为一般侍监所诱惑，亦常常涉足歌伎场所。秦桧有孙二，名埙，名堪，长埙，次堪，埙、堪之父系桧养子。此二孙恒陪侍建王左右。《老学庵笔记》，载有未来秉国政者，行径若是，恢复中原，徒托空名也。

《鸿庆居士集》：临安有贵公子群，约数十人，大者二十七八，幼者亦有十八九。著锦衣，戴方巾，风度翩翩，每人一马，也有一预备马匹，每天于夕阳西下时，驰骋于西湖湖滨及虎跑、天竺间。马仆数十人，执鞭以侍。主人游骋时，此辈马侍，均麇集于茶肆酒楼，纵酒狂饮，俟主人返，扬长而去，茶肆酒楼多苦之。此辈肥马轻裘少年群，拥建王为首领，内有大将刘光世次子火耀，张俊养子方，王德义子有道，秦桧长次孙秦埙、秦堪，赵鼎妻弟范杰生，吕颐浩幼孙吕学士，名歌伎张侬弟张昌言。这是最著名者，其他尚有受宠信之内侍宫监长兄长弟，合计不下数十人。还有借此辈名义，标榜为贵公子群者，招摇撞骗，为害闾阎，路人皆为侧目。又谓建王尝入宫侍读，高宗不时召唤，公子群是拥戴当首领，其实并不经常参加云云。

《北狩闻见录》：绍兴十三年，是和议告成后第二年，景灵宫建筑完成，祖宗神御，自温州来，至是达于行在。乃诣天章阁行告迁礼。按此即洪皓所谓太庙土木。金人传来之信云："南朝已无意于中原也。"建炎中，高宗由建康南奔，避兵海上，南至温台。见金兵不再进，始由浙水渡钱塘江而至临安，其行踪所经之路，由平江至秀州，越太湖而至杭州。平江为今苏州，秀州为今嘉兴，是以神御由温州北来。神御者，神主与祖宗画像也。

《汴京记》：靖康以前，汴中显宦巨宅之门神，类多描绘番样，头戴虎盔，身着甲胄，手执戈矛，其面酷似金人。还有王公大门，甚至以浑金饰之。识者谓虎头金盔，便是金人在门也。

《临安见闻录》：帝都临安，新营宅第甚多，所有建造，多仿汴京式样，惟门神则非是，盖预兆防金人接踵而至也。大门均漆以珠红色，一对铜圈，有黄白二色，颇壮观。"居有所"，真宴安也。

《太平清话》：后宫原有著名女流，分门别类；如棋侍上宫夫人，演史朱玉娘，说经陆氏姐妹妙慧、妙龄，小说史蕙英，队戏李端侬，影戏王润卿。近十余年来，主持人嬗递与增添部门亦不少。原来鼓板潘小奴改为李苹卿，傀儡戏张逢春改为刘劳奴之手帕姐刘慧卿，击球萧鹧巴，为建王所宠爱，改为踢躂子。增添的，有弄花戏、敲冰灯、扑蝶戏、舞剑等，所有主持的，均由内务府于各州郡色艺俱佳之青春少艾女人承充之。到临安后，施以短期教习。吴皇后擅翰墨，尤爱《兰亭》，高宗宠信之。和议告成，宇宙升平，吴后在宫中设一“濡沈阁”，晨夕与高宗亲临碑帖，悬腕作书。绍兴十三年上元节，吴后与高宗同临濡沈阁力凭栏远眺，见天际虹光一道，由东南而西北，高宗凝视良久，吴后正色拜曰：此主祥瑞也，我们将还都汴京，高宗额手称庆。时人诗句“只知有杭州，不知有汴州”。系讽刺吴后还都“汴京”云。

御膳房蓄有南北庖人二百余人，专伺候皇上、皇太后、皇后及皇储等。一饔人煮馄饨不熟，高宗下于大理狱。会宫中演戏，优人扮两士人，各问年龄。一曰甲子生，一曰丙子生，另一优曰：此二皆合乎下之于大理寺，治以重刑。高宗问故，优人曰：“夹子”、“并子”（谐音）皆生，应与煮馄饨不熟者同罪耳。上大笑，遂赦原下狱之饔人，自承过失。故当时一般人认为高宗尚不失为宽厚仁慈。

绍兴十二年春，宋金和议，宣告成立，各自撤兵，海疆顿成一片升平气象。双方派人划淮水为界，北者属金，南者为宋，自此敌人占据中原，俨然成为两国。当时一般攀龙附凤者，多陶然于国殇气氛中而不知自觉，及今视之，可鄙孰甚。然而尚有西北士大夫流亡于江南者，因为秦丞相禁语“金虏”及“恢复中原”之事；多皆敢怒而不敢言，栖息江南，咸作诗词以示寄意。

《行朝纪痛》谓：都中盛传《无忧馆小楼春尽旅怀》诗二首，里巷坊肆，皆能唱之，几成一种流行民谣。入暮，一车歌声，悲恻动人。亦有歌《菩萨蛮》及《玉楼春》词至泣下簌簌者。按：杨万里《朝天集》载都下无忧馆小楼春尽旅怀诗二首曰：“病眼逢书不敢开，春泥谢客亦鲜来，更无短计消长日，且绕阑干一百回。”“不关老去愿春迟，只恨春归我未归，最是杨花欺客子，向人乙乙作西飞。”

《时综》载：南渡李御史粹伯填有《菩萨蛮》词云：“杜鹃只管催归去，知渠教我归何处？”《词品》：南渡后，有题《闻笛玉楼春》词于杭州者云：“玉楼十二春寒恻，楼角暮寒吹玉笛。天津桥上旧曾听，三十六宫秋草碧。

韶华楼去消息，江上青山空晚色。一声落尽短亭花，无数行人归未得。”词句缠绵，流离之痛，至今读之，犹心悸恻恻也。

南渡之初，中原文武百僚之落荒南走，流离失所，情极可悯。高宗特手诏，凡西北士大夫随驾南来，一时无房屋可居者，准许占据寺院庵刹。一时士大夫每自标榜其所居曰：某某随龙之居，上面冠以数行全衔，盖以其护跸南来之功也。《云楼寺志》载：随龙余知阁诗曰："几年魂绕浙城西，十里荷花漾锦陂。踏遍两峰三竺路，又随青障入云楼。洛邑名园歌舞沉，乱鸦啼破几深林。何人学得香山老，千载精庐有梵音。万里旌旗拥六飞，投簪欲钓鱼上矶。无端忽被闲云引，回耀峰前掩竹扉。"《寺志》又谓：余知阁护跸南来，因家于此，后复舍宅为寺云。按此"随龙"二字，是当时文武百官相互标榜，有引以自豪之陶醉意味，因此想见当时士大夫之意志消沉。

《行朝记痛》：临安夜市，有出售大内旧物者，并有吴后及高宗书画，道路耳语，皆谓官吏不肖，秽德彰闻，远不若齐（刘豫）楚（张邦昌）僭窃之官员。甚有戟指在通衢狂詈，谓朝廷未收复寸土，今日苟安偷生，还要窃盗古物御宝，其肉可食，其心可诛。绍兴十年五月，金人一度渝盟，兀术檄文，诋斥临安，谓南朝所遣官吏，偷盗官物，有如饿鬼，且谓北朝占有汴京，从未残虐掠夺，亦未准人擅动宫物，或移改收庋位置。今南朝官吏，如此不肖，贪天之功，犹云光复故物，真不知人间有羞耻云云。

第45章

忠义志士出没敌前敌后

南渡名将，初期时以韩世忠、岳飞、刘锜、吴玠、吴璘、曲端诸人为一时之选。外抗金齐，内戢贼盗，干戈铁马，历十五六载。始及岳侯冤死，韩、张罢帅，军心沮丧，士气颓矣。玠侯璘昆季，虽始终统率大军，巩固西陲，夹辅临安，支持危局，然以远在川陕，其影响仅及一方。刘昌叔（锜）顺昌、柘皋两役，建立声威，屹然重镇，奈朝廷上下，力主和议，遂亦持重偷安，避讥畏难，此实中原豪杰所以冲冠裂眦也。

独李世辅者，奋起边陲，输情宋室。万死一生，忠义归朝。于是偏安半壁之南宋，沉闷气氛，又为之一振。李氏行事之壮烈，声势之纵横，实不仅起疲励懦，亦且可歌可泣，千载以下，犹使人兴欣慕之忱。

世辅，陕北绥德人，即今延安。先世由唐以来迄宋宣和间，世为边巡检，殆即所谓土司也。父名永奇，出入行阵，西夏及金边兵，皆相戒不犯其境。世辅初生时，其母当产，数日不能分娩。有番僧会过其门，自云来自西域佛国，求见永奇曰：“夫人所孕，乃奇男子，三十年后，当立功江淮间，苏解百万生灵之倒悬，为东南一大屏障。请以剑矢置夫人旁，即可生。”因自袖中出竹剑及蒲矢各一授永奇，已而果生世辅。生七日，能自立于蓐，周岁能言语。诵诗书，勇力过人，年十七，随永奇谒鄜经略使庶，庶一见奇之。世辅自请间关入河东，侦金兵虚实，庶命随亲将张琦行。琦疑世辅等少无经历，欲阻之。世辅夜入帐白庶曰：“世辅年少，然胆略不小，必不致累公也。”既而乔饰渡河，遇金兵一小队于陶穴。世辅突入穴中，独力堵穴门，得女真人十七名，皆击杀之，取其首级二及马二匹而归，余马悉数折其足，并取金兵所有文书，与琦驰归报庶。庶大可之，补承信郎充队将，由是知名，转武翼郎，儿充副将。

金将撒里曷攻陷延安，永奇迫于环境，遂降。金授永奇世辅官，但仍为延安、绥德数百里土官魁渠，而心常怏怏。父子往往聚众而泣曰：“我辈皆宋臣也，安能臣事北胡？且世受国恩，岂能为彼久用耶？”会金人以收取关陕地尽赐刘豫，于是永奇父子遂隶刘麟指挥。麟至关陕巡边，见世辅大喜，命率马军三万赴汴京，抚世辅臂而谓之曰：“当与卿共定东南，裂土分茅，以成功名。”世辅默然唯唯。临行，永奇密戒世辅曰：“汝若得乘机，即归南朝，此去临江淮近矣，勿以我故，贰其志。事成，我亦不朽矣。”

世辅至汴，密遣雷灿以蜡书赴临安，约为内应，以覆刘齐。高宗大喜，引见灿，顾谓侍臣曰：“人言金齐多诈谋，不可轻信，朕以为宁信其真，勿疑其伪。”雷灿自临安以蜡书还报谓：上意方谋与虏议和，忍耻辱以求喘息，戒勿轻举，以图快意云云。世辅就灯下读蜡书，叹曰：“谋定而动，策之上也，然非常之事，赖有所以倡道，安能守株以待兔？”大思拟就围场中，计取兀术，谓其亲将崔臯曰：“金兵不过百万，乃粘罕、兀术、撒离曷等酋，挟其铁骑强弩，蹂躏中国，所驱使者，皆中国人，而和战进退，皆凭其一时之喜怒。倘能擒其巨憝，则大之可以复兴国家，小之亦可迎回二圣，事败我独当之，事成则机运在南朝矣。”崔击掌称是。按世辅所云，深合军事原理，所谓争取主动是也。谋大事，负大任，而一味俯仰由人者，策之下也。《宋史》及诸家笔记，皆谓世辅与兀术并马立国场前，世辅密遣亲将吴俊，往探淮水涉渡处，欲生擒兀术归朝。俊驰骋上下游二十余里，淮河水皆湍急，非舟楫不可。世辅纵马逆之，马足为围场所布竹刺所伤，乃止。不久，兀术令世辅知同州。永奇谓世辅曰：“前者，汝兵至淮甸，乃不一举归朝，助朝廷诸将，杀尽金人，可谓大失时机。此其故，盖由于慑惧金人之声威，自感微末，持重则近乎苟安，此不知胜负之机，决于俄顷也。今以同州属汝，此天夺彼魄也。同州，乃金人往来驿路，可于此擒其酋，渡洛、渭，由商、虢归朝。我当以兵取延安，此机不可失也。”又谓世辅曰：“金人暴政如虎，其大臣则争权夺势，皆同舟敌国，其势无久安之理，若谓待其自亡，则违天也，违天者不祥。”世辅泣拜曰：“必如父命。”即遣亲将黄士成持书至蜀谒吴玠、吴璘，约其夹击。玠谓士成曰：“李世辅为关西好男子，能不惜生死，以纾国家之急难。倘果生俘敌酋，则我当一举定三晋，尽逐女真出燕云，中原万里河山，重归朝廷。此自石晋以来，未有之盛事也。”吴帅遣亲将李师颜护士成入临安，报世辅归朝部署，此为绍兴八年事。

金元帅撒离曷果至蒲州，渡河至同州。世辅邀饮于同州州署，撒离曷大醉，世辅挟之出城渡洛河。适大风雨，洛河水涨，舟船不得渡，撒部发骑三路追世辅，乃西北行，拟趋延安，世辅见人少数众，知难为敌。撒允不杀同州人，不害郑州世辅家族，自取箭折之曰：“背者有如此箭。”世辅推撒离曷堕山崖，门牙尽脱。世辅遣将告其父永奇，急携眷二百余人出城，悉数遇害。是日天昏，大风雪，延安人闻之皆泣下，世辅仅以二十六名兵卒奔夏国。后高宗闻之，赐名显忠。显忠忠勇，事虽败于垂成，而忠义磅礴，直冲霄汉，史家比为方叔、吉甫。至今读之，犹使人感慨万千。

世辅投奔西夏，借兵二十万，向金人索还家仇国恨之血债。世辅与其亲将雷灿、吴俊、崔臬、黄士成等至陕西凤县，吴玠迎于宝鸡。抚世辅肩曰："忠义归朝，惟君第一。"世辅沿途所遇敌兵，大小不下数十战，只余兵员四万，由夏口经江州屯驻浙西。高宗命简精锐三千，隶枢密院，临轩阅之，酌酒表勋，赐田镇江。东南人心，因之振奋。

绍兴二十九年，金人再渝盟。命世辅领旧日西兵，由浙西移屯淮甸。自世辅归朝至此，已二十余年，盖已垂垂老矣，所统西兵，年事长者近六旬，多以子侄替代。世辅喟然曰："朝廷不及用我等于壮年，今老矣。虽然，我等报国有心，何惧老为？"旋与金悍将小韩将军遭遇，世辅亲以大刀砍金兵马足，金兵不能支，被世辅军追入淮河者不可计，金兵遁走。捷闻，高宗谓虞允文（后来允文在采石矶获大捷）曰："自刘锜柘皋至今日，始获一李显忠，使边防诸将皆如显忠，则安见南方之强不及北方耶？"旋语兵部侍郎陈俊卿曰："朕屈辱三十年，方求喘息耳，岂肯与金共戴天哉？"

宋金划淮河分守已廿年，朝廷虽鸩于宴安，而四方豪杰，草泽英雄，纷起抗暴。其最著者，为河北忠义之士王友直起兵敌后，使金人无所措手足。友直字圣益，博州高平人，别号王九。《江淮义军琐记》谓：王友直自称忠义王九郎，父王佐为岳侯都统制，以材武为岳侯所重，曾自断一臂，以计给金元帅兀术云云。按此即平剧所演“王佐断臂”之故事。友直年十二，随父游，谙兵法。绍兴三十一年，金人渝盟，友直结豪杰曹王任、冯憙、张昇、牛汝霖曰：“我等男儿，眼见金人蹂躏华夏，讵可畏死偷生？今日朝廷远，百姓日夜望王师，倘能聚众为先驱，不更愈于翘首企足耶？”以绍兴年号，遍谕州郡，号称勤王兵。未几，得众数万，制为十三军，统一指挥权，以抗金兵。会金人完颜亮，号称大军百万，进至淮南，谓老将刘锜病危，小将李世辅不足畏，临安指日可下云云。友直率众乘金兵空隙攻大名，一鼓而克，河北山东响应者十数州郡。太行山忠义之士耿京、王世隆、辛弃疾（著名词人），亦与友直联成一起。时金兵在扬州、和州间，淮南道梗，久始得通。高宗闻报大喜，朝臣有以友直矫命为言者，高宗怒曰：“是何伤？今日之事，但能抗金，矫命何伤？”遂除友直检校少保天雄节度使，余皆从旧，得便利行事云云。按此为绍兴三十二年正月初一日事。高宗之不责友直矫命，而以抗金为第一者，现在始恍然大悟，觉今是而昨非，所谓不见棺材不流泪是也。

第46章

李宝、魏胜纷起抗金

《江淮义军琐记》：山东忠义人士李宝，初陷于金，为金人练舟师于蓬莱。既而率战舰三十艘，壮健二千五百人，拔队从海道归于临安。高宗临轩阅宝所部，询以北事，宝对答如流，遂署以带御器械云云。按带御器械，圣上亲信官也。蓬莱，即今山东登州。盖燕鲁溯海数千里，海防重要，旋升李宝为浙西路马步军副总管，驻扎平江（今苏州）。此时宝部有帆航一百二十艘，水兵三千，大部分系闽浙弓弩手。绍兴三十一年，完颜亮渝盟，以苏保衡为水军都统制，完颜郑家奴为副统制，集所造舟师，由海道南侵，谋袭临安，与由淮泗窥大江之大军百万，配合作战。高宗召李宝询问迎敌之策。宝力主迎敌海上，争取主动。并曰："今事急矣，臣愿早发，倘或待敌人入我大江，则舍舟登陆，如水银泻地，将何以拒之？"宝遂进屯江阴，并谓其子公佐曰："克敌制胜，首在耳目，汝偕亲将边士宁由海州赴胶沂，潜伺敌之动静，知其虚实，破之必矣。"不久，士宁自山东胶西、密州各地侦敌还报，且言过海州时，公佐助魏胜攻取海州。宝喜曰："吾儿不负乃翁矣。"乃自率所部北驶。甫过盐城海面，大风忽起，海涛如山，宝神色不稍动。抵东海，闻金兵云集，围海州，旌麾数十里，宝挥兵登陆。《宋史·李宝传》谓李宝登岸，以剑画地："此非复吾境，力战与否在汝等。"因握戈前行，遇敌奋击。将士贾勇，无不以一当十，大胜金兵。魏胜与公佐出城迎，宝奖其忠义，胜感泣。遂扬帆北进，抵石臼岛，即今山东日照县之石臼所，声威所播，金人心为之慑。金水军苏保衡自胶西出海，与宝舟距仅一山，迨宝舟逼近，金舟不及举帆掣缆，宝命以火箭环射金船，硝烟四起，延贯数百艘。宝舟壮士，跃舟击杀，金水兵皆系女真人，被殪殆尽。中原旧民，皆呼归命，宝命勿妄杀一人，集众语曰："此皆我中原弟兄也，朝廷弃之久矣，安得以金人签军为其罪哉？"生俘副都郑家奴，郑是完颜近支王族，斩之。自日照传其首至胶西，示告天下："诸州豪杰，急起驰驱，王师不日可北来也。"捷闻，高宗大喜曰："朕独用李宝，果立功为天下倡矣。"诏奖谕，亲书"忠勇李宝"四字，表其旗帜，除静海军节度使沿海制置使。据闻李宝胶西大捷，《金史》大书谓苏郑全军尽墨。金主完颜亮采石大败，则不及虞允文、李世辅只字。《宋史》谓无李宝，完颜亮未必即死，钱塘之危可忧也，宝之功大矣云云。此可见一个人可以扭转整个全局。

《江淮义军琐记》：山东忠义士魏胜，随父避寇南徙，居宿迁，遂为宿迁人。绍兴七八年间，应曹州李宝（非前述胶州大捷的李宝）募充亲兵，与金将兀术苦战于淮河西北。宝为岳忠武别将，忠武冤死，将卒散去，胜亦回宿迁省母，移家上阳，与其同伴亡命洪泽湖。尝语众曰："临安受绐言和，金人终必南侵，吾侪且待时，将为朝廷效命。"同伴百余人，皆淮东少年，皆从之不散。不久，聚义士三百人，北渡淮，取涟水军，尽戮金戍军百余，宣布朝廷德意。涟水民众，翕然以听，出榜募众，一日夜得三千人。胜命进取海州，与金守将高文富遭遇，在海州以南八十里大战，文富溃退。胜追至城下，责完颜亮避信弃盟，军民闻之，皆弃械开城。胜军涌入，莫有御者。与文富父子战于谯门内，擒文富，杀其子安仁，攻占海州。胜传檄而定沭阳诸县，分忠义士为五军，胜自兼都统制，远近闻之皆响应，声势达淮南。

《宋史》：魏胜智勇双全，究其行事实，足与王友直、李宝、李世辅相伯仲。其战功亦不让同时之王德、杨存中。所率部伍，纪律严明，地方民众，皆亲若兄弟。雄据海州，鲁南义民，坚壁自固以抗金者数逾十万。胜善用大刀，能左右射，旗帜所揭曰“山东魏胜”。金人望见胜旗，即卷甲而退。胜命为旗十数书其姓名，密付诸将，遇鏖战不能解时，即揭胜旗，金军虽数倍，无不望风而溃败者。

胜初起义时，无州郡粮饷之给，无府军仓廪之储。胜经画市场，课酒榷盐，劝粜豪族，策马环海州巡视，在军未尝一日弛懈，恒如寇至。又四遣辩士，纠集鲁南义民，谓寇来必互相策应，誓不相欺。金人是其敌人，凡我义民，皆属同舟，我无兼并之心，我无谋人之意，则何患人之尔虞我诈耶？以是声威直达两河。两河忠义，始知抗金复国重心，实在临安。

隆兴（孝宗年号）元年，张浚再起用，白发银髯，人人呼为老将。都督府设建康，召胜咨询军事。临别还海州时，浚祖饯胜于镇江之金山江楼，谓胜曰：“朝廷知公忠勇，愿公勿沮壮志。老夫自秦桧用事以来，废弃已二十年，朝廷鉴其愚忠，重起督师。老夫深知收复中原，重任艰巨，惟有以诚信相共，庶几万一，愿公勿沮。”言罢，亲为胜酌。胜感慨泪如雨下，曰：“敢不如都督所命。”四座执戟之士，皆肃然起敬，而朝廷声威，远及北方边陲。

自秦桧与金人达成和议后，南北兵氛销靖约十四年。在这十四年中，彼此派使者往还，相安无事。淮河北金人防区，总不免发生虐民暴政。河北、山东、河南各地之义民，纷纷起而抗暴，结寨而居，随时打击胡虏，最突出的有李世辅、王友直、李宝、魏胜诸人，每人拥兵多者十余万，少亦数万人。金人因地形与民心关系，尚常弃甲曳兵。这时秦桧已死，各地豪杰英雄均以蜡丸密奏，派专人到临安报捷，或要求予以正式名义。高宗经过多年所谓忍辱含垢，内心亦非常痛苦，忠贞大将，或死或散，正在感到静极思动之时，接北方各地义民捷报频传，当然予以奖励或给以正式名义。金人之怒，亦正欲发泄之时，加之内部争权夺利，互相排斥，已呈不安现象，乃借宋室收编各地义民为罪名，乘机南侵，借以安定内部。如是金主完颜亮选择精锐步骑，浩浩荡荡，再度南侵，号称百万，并狂言投鞭可以断采石，由淮河出正阳关以迄合肥，另以水师沿海道，直扑浙海，欲以水陆两军，一鼓而下临安。这就是史书所谓金人“背信渝盟”是也。

绍兴三十一年九月，金主亮大举入寇，分兵为三十二军，置左右大都督及三道都统制府，以奔睹为左大都督，李通副之，纥石烈良弼为右大都督，乌延蒲卢浑副之，直薄建康。苏保衡为浙东水军都统制，迳取临安。刘萼为汉南道行营兵马都统制，以瞰荆襄。徒单合喜为西蜀行营兵马都统制，由凤翔趋大散关牵制蜀军。左监军徒单贞别将兵二万人，入淮阴为先锋。

命后及太子先英居守。亮御驾亲征，戎服乘马，妃嫔皆从，众六十万，号称百万，毡帐相望，钲鼓之声不绝，远近大震。亮率中军踰庐州而迫和州，此是高宗起用张浚为部督，以杨存中为相，知金背盟南侵，形势严重，亲次平江，以叶义问督视江淮军马，中书舍人虞允文参赞军事。金主亮临江筑台，自披金甲，杀黑马以祭天，以一羊一豕，投于江中，乃挥军渡江。虞允文立召诸将，勉以忠义，金帛告命，皆在此待有功。众曰：今既有主，请死战。乃命诸将列大阵不动，另藏精兵，以逸待劳。亮操小红旗，麾数百船，绝江而来，瞬息之间，抵南岸者七十艘。允文以儒将披挂入阵中，统制魏俊挥双刀出，与敌作殊死战。李显忠亦奋勇力战，中流官军，以海鳅船冲敌舟，皆沉。允文授金鼓，从山后转出。敌疑援兵至，阵形乱，允文命劲弩尾击追射，金军北遁。这时亮又闻海州被魏胜攻占，王友直攻陷大名，李宝以水师击败进攻临安之苏保衡部。最使亮心慌的，是他的帝位已被曹国公乌禄所篡。乌禄是许王之子，金太祖之孙也，改元大定，下诏揭发亮罪十事。亮手足无所措。各路大败，宋军获绝大胜利。史称虞允文采石大战，为南渡后有名战绩。后金主亮中箭仆地，部将手刃之，手足犹动，缢之死。

高宗在位三十二年，传位建王，是为孝宗，改元隆兴。孝宗英明，对偏安东南，认为奇耻大辱。乃专心信任主战老相张浚，倚为左右手。对力主和议之汤思退，亲而远之。时金纥石烈志宁自睢阳引兵攻宿州，李显忠击却之。金索撒复自汴京率步骑十万，会攻宿州，晨薄城下，列大阵。显忠请宏渊并力出击，宏渊按兵不动，显忠独以所部力战，俄而敌大至，显忠用克敌弓射却之。宏渊顾众曰："当此盛夏，摇扇清凉且不堪，况烈日披甲苦战乎？"人心遂摇动，无斗志。至夜，中军统制周宏鸣金鼓大噪，阳为敌兵至，与邵世雍、刘侁以所部兵遁，继而统制左师渊、李彦孚亦遁。显忠移军入城。统制张师、颜荔泽、张渊等以显忠与宏渊不协，各遁去。金人乘虚，复来攻城。显忠取军士所执斧斫之，敌始退却。显忠叹曰："若使诸军相与犄角，自城外掩击，则敌兵可尽，敌师可擒，河南之地可复矣。"不料宏渊又扬言金添生力军二十万来。显忠知渊无斗志，势不可孤立，叹曰："天未欲平中原耶？何阻挠如此。"遂夜引还，至符离集，遇金伏兵，师大溃，是役所丧失军资器械殆尽。宋正史上所认为是南渡后最大败绩。时张浚在盱眙，显忠纳印待罪，张浚亦上疏自劾，并乞致仕。由采石、海州、石臼岛之胜利，到此又一大转变。

《宋史纪事本末》：金人在符离集获胜，亦不敢深入，只求索还已失去之州郡，岁贡仍照旧。金主复书孝宗云："和好再成，界河山而如旧。缄音遽至，指巩洛以为言，至云废祀，欲伸追远之怀，止可奉迁。即俟刻期之报，至若未归之族榇，亦当并行发于行途。”至是，和议又告成功。史称“隆兴和议”。并不光荣。

史家张溥曰：世疑孝宗任张浚不专，去汤思退不力，致和议滋而国事败。今以时考之，浚以隆兴春二月，开府建康，夏有符离之溃，六月而贬，八月复都督江淮军马，二年夏四月始罢判福州，其任浚未尝不专也。汤思退（桧党）以元年秋七月同平章事，二年十月窜永州。其去思退，未尝不力也。孝宗任贤既专，去邪亦力，功无一成者何？是由于立志不坚，而广听多惑也。帝初立位，手书召浚，属以大事，浚使李显忠、邵宏渊分道伐金，灵壁密虹，疾驱收复，金国将士，接袵来降，成效见矣。而宏渊忌成，挠师大溃。孝宗此时若奋英断，分别赏罚，诛宏渊以励显忠，倚浚如故，战守并设，敌人虽强，犹可挫也。乃闻溃而惧，下诏罪己，群小窥间，和议遂兴。浚不久留，准备尽弛，思退之罪，可胜诛乎？建炎、绍兴，有臣无君；隆兴、乾道，有君无臣。悲夫。

第47章

韩侂胄招来最后一次和议

南渡后，宋金和议前后计凡三次。第一次是高宗时代，金知不易灭宋，将被虏宋臣秦桧释回，进行和议，划淮水为界，对金称臣，纳献银绢，名义上宋已成为金的属邦。二十年后，孝宗时代，命将北伐，符离集一战惨败，和约再成，宋呼金为叔父，是为第二次和议。本篇所纪，是第三次和议，也就是宋金最后一次和议。这次和议以后，蒙古崛起（即元朝），首先灭金，接着挥戈亡宋。

宁宗嘉泰年间，金为北鄙鞑靼等部所扰，无岁无不兴师讨伐，兵连祸结，士卒疲惫，府库空虚，群盗蜂起，国势日弱，民不堪命。这时韩侂胄秉政，韩系韩皇后之族兄，小有才，私心特重，是南宋三大权奸之一。有人知金国内部形势严重，劝韩立盖世功名，出兵北伐。在现在来说，韩是一位风头人物，深以出兵伐金为然，恢复中原之议遂起，聚财募卒，出封桩库黄金万两，以待赏功。命吴曦练兵西蜀，收集淮北流民。浙东安抚使辛弃疾，力陈金国势穷必亡。会邓友龙使金还，俱言金国困弱，王师若来，势如拉朽，因之北伐之意益决。乃追封岳飞为鄂王，飞先已赐谥武穆，韩欲风励诸将，故追封之。又追论秦桧主误国之罪，削夺王爵，改谥缪丑。

直学士院李璧草北伐之诏，文云："天道好还，中国有必伸之理；人心效顺，匹夫无不报之仇。蠢兹丑虏，犹托要盟。朘生灵之资，奉溪壑之欲，此非出于得已，彼乃谓之当然。军入塞而公肆创残，使来庭而敢为桀骜。洎行李之继遣，复嫚词之见加。含垢纳污，在人情而已极；声罪致讨，属胡运之将倾。言乎远，言乎近，孰无忠义之心；为人子，为人臣，当念祖宗之愤。"

镇江都统制陈孝庆复泗州，江州统制许进复新息县，光州忠义人孙成复褒信县，陈孝先复虹县。不一月，因各路军无联系，饷糈亦接济不上，李汝翼攻宿州败还至蕲，金人追而围之。建康都统李爽攻涛州，亦败。皇甫斌败绩于唐州。江州都统王大节攻蔡州，亦不克而溃。韩以邓友龙师出无功，罢之，以丘宗为两淮宣抚使，驻扬州。韩遣人招收溃卒，谋求自解之计。金人以南朝无故出兵，乃分兵九道南下；揆兵三万出颖寿，完颜匡兵二万五千出唐卯，纥石烈子仁兵三万出涡口，胡沙虎二万出清河口，完颜充兵一万出陈仓，蒲查员兵一万出成纪，完颜纲兵一万出临潭，石抹仲兵五千出盐州，完颜瞵兵五千出来远，声势汹汹，大有席卷宇内之势。宋室大震，遣使求和，金提五事如下：一割两淮。二增岁币。三索归正人。四犒师银。五取肇事者之首级。几经磋商，依靖康成例，世为伯侄之国，增岁币为三十万，犒军钱三百万贯，此时韩已死，掘棺枭首，悬于两淮。小人偾事，误国害民，可恶。

宋金达成第三次和议后。金国因内部争权，弑杀金主亮，内哄频仍，外患因之迭来。北鄙、鞑靼、蒙古相继入侵，山东、河北群盗蜂起。金人为镇压内部，反守为攻，于是不顾金宋和议盟约，分兵南侵，冀以覆宋而拓展疆土。这时宋室由孝宗、光宗、世宗、宁宗以迄理宗，六七十年来，虽然掩有江淮以南小康局面，但中间发生不少叛逆，变乱，权奸专横，重大变故。这几位皇帝，除孝宗比较英明外，其余皆庸儒无能，也只好归之于国运式微罢了。兹略记几起大变故如后：

吴曦之叛：光宗绍熙四年，利州安抚使吴挺卒，上以挺子吴曦为带御器械（官名）。宁宗嘉泰元年秋七月，曦被命为兴州都统制，曦时为殿前副都指挥使，郁郁不得志，乃贿赂宰辅，规求还蜀，向首相韩侂胄陈自强之言。曦至兴州，副统制节王大，罢其官，由是兵权悉归于曦，异志遂成矣。开禧二年三月，吴曦叛，阴遣其客姚淮源献阶、成、和、凤四册于金，求封蜀王，许之。曦以兴州为行宫，改元，在成都治宫殿，称臣于金，声言约金人夹攻襄阳。监兴州合江仓杨巨谋讨吴曦，刃之，曦僭位四十一天。影响朝廷内忧外患匪轻。

李全之战：宁宗嘉定七年，潍州北海农家子李全，弓马矫捷，能运铁枪，拥众衣红衲袄，时人目为红袄贼，与巨盗杨安儿妹四娘子结为夫妻，四娘子姣悍善骑射，人皆呼姑姑，打草劫舍，为害闾阎。朝廷诏以全为京东路总管。理宗时，全拥众二十余万，不听朝廷命，且挟朝廷以疑蒙古，北剽山东，降蒙古。全与妻四娘子纵横两河数千里，地方受其害者，无可估计。前后近二十年，最后全被群盗碎其尸，而分其鞍马器甲。四娘子仰天呼曰：二十年的梨花枪，天下无敌手，今事势已去，我去矣。此乱源为史弥远所孕育而成，史书谓弥远之罪，浮于侂胄、桧。

史弥远废立：史弥远相宁宗十七年，专权横暴，时人莫敢谁何。进封皇子竑为济国公，以贵诚为邵州防御使。竑好鼓琴，弥远买美人善鼓琴者纳于竑，美人慧黠，竑嬖之。旋帝疾笃，弥远称诏又以贵诚为皇子，封成国公。对皇储任意废立，乘机伺间，权臣睥睨，贻患后日，其他擅专可知也。

董丁之奸：理宗时，董宋臣、丁大全相辅。宋臣居中，大全居外，表里作奸，忠言摈弃，文天祥等累疏请诛，帝终不省，同时贾似道以权术起而专国，黜宋臣于远州，杀大全于新州。董、丁虽去，而继之者较董、丁一蟹不如一蟹。董丁日夜用帝，而犹以独断之名奉君；似道用帝，直以独断之名自予。小人日盛，天子日微也。

南宋偏安一百五十一年，中间历八九君，贤相虽辈出，但为时甚短，终被权奸挤去。奸险毒辣，擅作威福，把南宋弄到覆亡的，世人只知道高宗时代的秦桧，到后来还有韩侂胄、贾似道。二人为害更烈，今分别述之：

光宗五年秋七月，立皇后韩氏。后系北宋名相韩琦六世孙女，父名同卿，侂胄是其季父也。侂胄夤缘幸进，初为汝州防御使，然而欲望日增，处心积虑，欲直薄节钺。时赵汝愚为枢密使，甚廉介，有政声，谓韩曰："吾宗室，汝外戚也，岂可言功干进？"侂胄失望，怨赵益甚。方然以传达诏旨，浸见亲幸，时时乘间，窃弄威福。临安府徐谊告汝愚曰："侂胄异时，必为国患。"左丞相留正不纳韩之意见，侂胄遂间于帝，手诏罢正。日夜与京镗刘密谋，乃出入内宫，用御批评拜谢深甫为中丞，同党刘德秀、刘三杰、李流等弹冠相庆，言路以塞。排斥正士，夙儒彭龟年、谏官黄度、讲官朱熹皆奉内批逐去。赵汝愚贬于衡州，侂胄援意衡守钱鍪，窘辱备至，汝愚遂卒，天下冤之。至此枢院都堂皆是侂胄之党羽，内有皇后之助，侂胄专权，放逐诛辱，听其所欲。后宁宗还加韩为少傅，赐玉带，权倾天下，朝野侧目。

侂胄有爱妾张、谭、王、陈四人，皆封郡国夫人，其次有名位者又十人。有人献北珠冠四枚于韩，韩分别遣之，后十人亦欲之，未有以应，内阃哄然。工部侍郎赵师睪市北珠制十冠以献，皆大欢喜。一日，侂胄与众客饮于郊区南园，过山庄，顾竹篱草舍曰："此真田舍气象，但欠犬吠鸡鸣耳。"俄闻学犬嗥丛薄，视之，乃赵侍郎也。侂胄大笑。

韩童子师陈自强，欲目之，无以自通，僦居主人处，出入佗胄家，为人言之。一日，侂胄甚欢，召自强，比至，则群官毕集。侂胄设褥于堂，延自强升坐，再拜，次召同官同坐。从官踧踖。侂胄曰：陈先生老儒也，汩没可念。明日，交章荐其才，即除太学，三迁秘书郎，月余，拜谏议大夫、御史中丞，再旬日，秉国政，侂胄扬言谓系众官之意也。侂胄生辰，百官争贡珍异，枢密院直省官蔡璧最后至，出小盒，愿献少果核侑觞。启之，乃粟金蒲桃小架，上缀大珠百余颗。侂胄笑而纳之，不以为惭。

嘉泰元年八月，和松寿谄事侂胄，自知钱塘县，不二年，迁谏议大夫，乃市一妾，献之，名曰松寿。侂胄曰："奈何与大谏同名？”答曰：“欲使贱名常达钧听耳。”遂知枢密院。

宋史评韩侂胄是凶人，因入内，得传道诏旨，亲幸窃权，群奸助成，由来渐矣。后登平章军国事，立班丞相上，假作御笔，升黜将帅，天子孤立，权震宇内。其嬖妾皆封郡国夫人，与妃嫔杂坐，恃势骄倨，掖庭皆恶之。后伏诛，籍其家，多乘舆服御之饰，其僭紊极矣。

第48章

贾似道以国事为儿戏

贾似道与吴潜同任理宗左右相。度宗立，以贾建储之策有功，吴潜被逐，似道遂独相。加太师衔，封魏国公。每朝，帝必答拜，称之曰师臣而不名。朝臣尊呼周公，这是历朝以来所鲜有的事。似道任职不任事，常常弃职而去，不知其踪。同时又密令吕文德，诈报蒙古兵攻下边区，帝与太后大骇，手诏起之，似道始至。咸淳二年春正月，贾似道以去就向帝要胁，帝至拜留之。三年二月，贾似道上疏乞归养，帝命大臣侍从传旨固留，日四五至，诏使加赐，日十数至，夜即交卧宅外以守之。特授平章军国重任，三日一朝，治事都堂，赐第西湖之葛岭，使迎养其中。似道更骄恣，儿戏朝政，五日一乘湖船，入朝不赴都堂治事。吏抱文书，就第呈署，大小朝政，一决于馆客廖莹中及堂吏翁应龙。正人端士，罢斥殆尽，吏争纳贿求美职，图为帅阃、监司、郡守者，贡献不可胜计。兵丧于外，匿不以闻。民怨于下，诛责无艺。太府寺主簿陈蒙尝入对，极言似道为相，国政阙失，似道诬以贪污，安置于建昌军，没其家。六年八月癸巳，似道又称疾求去，度宗涕泣留之，不从诏。六日一朝，一月两赴经筵，寻又诏入朝，不拜，朝退，帝必起避席，目送之出殿廷，始坐。继复诏，十日一朝，狂妄已极，百官皆默默不敢言。

《宋史纪事本末》：似道在西湖葛岭，起楼阁亭树，筑一别墅，名“半闲堂”。延羽流，塑己像，终日游乐其中。取宫人叶氏及娼尼有美色者为妾，日肆淫乐。似道自幼嗜博如命，与故博徒纵博，人无敢窥其第者。尝在半闲堂与群妾踞地斗蟋蟀，竟日不疲，有狎客戏之曰，此军国重事耶？酷嗜宝玩，建“多宝阁”，一日一登临。闻余玠有玉带，求之，已殉葬矣，发其冢，取之。人有物，求不得，辄得罪。至是或累月不朝，虽朝享景灵宫，亦不从驾。有言边事者，恒加贬斥。一日，帝问曰：“襄阳已围三年矣，奈何？”似道对曰：“北兵已退，陛下何从得此信？”帝曰：“适有女嫔言之。”似道诘其人，诬以他事赐死。由是边事虽日益紧，但无敢言者。八年九月辛未，帝有事于明堂，以贾似道为大礼使。礼成，幸景灵宫，将返，遇大雨，似道期帝雨止升辂。胡贵嫔之兄显祖为带御器械，请却辂，乘直遥辇返宫。帝曰：“平章得无不可？”显祖始曰：“平章已允。”帝遂归。似道大怒曰：“我为大礼使，陛下举动，不得预闻？”乞罢政。即日出嘉会门，帝固留之，不得。乃罢显祖，涕泣出贵嫔为尼，似道始还。似道专恣日甚，畏人议己，务以权术，驾驭上下，以故言路断绝，威福肆行。尤其蒙蔽圣上，较秦桧侂胄不相下。

理宗开庆元年春正月己酉，蒙古兵对四川发动大攻势，进攻忠州、涪州，渐渐直薄夔门境地。朝廷诏蒲择之马光祖战守调遣，便利行事。这时候，贾似道为京西湖南湖北四川宣抚大使兼督江西二广军马，移马光祖为治江制置使。蒙古兵乘胜利之锋利，破利州、隆庆、顺庆诸郡。又破横山、宾州，入静江府，连破湘西、辰沅。四川制置副使吕文德帅兵攻涪梁，力战，入重庆，遂率艨艟千余，溯嘉陵江而上。蒙将史天泽分军为两翼，顺流纵击，文德败绩。蒙帅忽必烈由大胜关，张柔由虎头关分道并进，宋军皆遁。又会同董文炳、文用、文忠三弟兄在长江上游，鼓棹疾趋，搏岸会战，宋军大败。明日率军渡江，进围鄂州，中外大震。理宗除似道为右丞相兼枢密院，军汉阳以援鄂。时边报日急，临安团结义勇，招募新兵，增筑城壁，朝野震恐。内侍董宋臣请帝迁都四明，以避敌锋，皇后请留跸以安民心。宁海节度使文天祥，以大臣不能担当国事，贻害天下，请降旨乞斩贾似道，未报。蒙兵突又围鄂州，焚城外民房，会高达引兵至，贾似道亦驻汉阳为援，蒙兵仍复进攻，达恃其武勇，殊难似道，每见其督战，即戏之曰：“巍巾者，何能为哉？”将战，必须似道亲劳始出，否则使兵士哗于其门。吕文德谄事似道，使人诃曰：“宣抚在此，何敢汝耶？”时蒙兵又一支由永州、金州至泽州，江西大震。吴潜用御史饶应子言，移贾似道于黄州。孙虎臣以精骑七百送之，至苹草坪，谍报谓前有北兵，似道大惧，顾左右曰：奈何？虎臣匿似道，出战，似道叹曰：“死矣，惜不光明俊伟耳。”及闻系老弱及所掠金帛子女，呼啸而过，似道侧目睨视，额汗涔涔，仰天吁嗟曰：速入黄州。贾似道此时身负军事重任，朝廷倚畀甚殷，只知道蒙兵各路军马围攻甚急，无法抗敌，乃遣宋京趋蒙兵帅营谒忽必烈请和，愿称臣纳币。忽必烈不允，适逢蒙主死亡讣到，又经重臣郝经说以大义，遂许宋京所请。条件是宋朝向蒙古称臣，割江南为界，岁奉银绢匹两各二十万。忽必烈拔寨而去，以张杰、阎旺率编留守。贾似道见忽必烈北去，乃向朝廷奏明鄂州解围，并将所杀获俘卒殿兵呈献朝廷，上表云：“诸路大捷，鄂围始解，江汉肃清，宗社危而复安，实万世无疆之庥。”帝以似道有再造之功，诏入朝，百官郊迎宣劳。进少师，封卫国公。诸将士悉进官，吕文德检校少傅，高远宁江军承宣使，刘整知温州，夏贵知淮安州，孙虎臣和州防御使，范文虎黄州都统制等，一榜名单近百人。军国大事，私自议和，制造捷报，蒙蔽圣上，居然进秩封爵，将士加官，似道儿戏国事，理宗又何庸懦至于此极乎?

第49章

蒙古联宋攻金

蒙古这个民族，为一混血部族。其祖先，真是源远流长，与具有悠久历史的突厥、东胡、吐蕃等部族，均有血统关联。它的地域，就是今天的外蒙古东部。南宋前期，蒙古分为许多单位，不相统率，名义上各部族大都属于金。迨后据在肯特山的乞颜部族与金失和，酋长奇握温铁木真英勇善战，连破诸族，中间也经过了不少悲欢离合，才完成了蒙古统一，并受各部族拥戴为所谓强成皇帝，也就是他们蒙文为成吉思可汗，大漠南北，悉为所有。这时候，是南宋宁宗开禧年间。

先是，绍兴中，金人屡击蒙古，不能克，遂与之和。但铁木真衔恨之。嘉定元二年间，蒙古征脱脱，斡亦剌不战而降，灭蔑里乞部，畏吾儿国降，西夏主安全纳女请降。此时金主亮没，允济立，称卫王。

第49章

蒙古联宋攻金

嘉定三年至十二年，蒙古崛起，俨成一国。原与金有世仇，挟其雄厚兵力，开始侵掠金境。当允济嗣位，有诏到蒙古，传言应受拜。蒙古主谓金使曰：“新天子为谁？”曰：“允济卫王也。”蒙古主遽南面唾曰：“我以为中原皇帝，是天上人做，此等庸懦，亦为之耶？何以拜为？”金主闻之大怒。蒙古乘势数侵掠金之西北境，金人屡为所败，国势亦因之日蹙。旋蒙古派大军侵扰云中九原，连岁不休，金主恐惧。不久，蒙古主破白登城，进攻金国西京，并取之。复遣其子窝阔台（此人武功盖世，西取欧陆莫斯科，后来庙谥为元朝太祖）取云内、东胜、武朔等州，由是金国之德兴、宏州、昌平、怀来、缙山、丰润、密云、抚宁、集宁，东过平栾，南至清沧，由临黄过辽河，西南至忻代，皆降于蒙古。接着蒙兵乘胜薄宣平，克晋安县，前锋到达居庸关。这时金主被宦者李思中所弑，国势更凌乱不堪。蒙古兵长驱至古北口，与金兵在居庸关相互对峙。另一路蒙兵趋紫荆关，败金兵于五回岭，据涿、易二州，反自南口攻居庸关，破之。由嘉定三年至七年，金军真是败兵如山倒，蒙兵所到之处，势如破竹，郡邑望风而下，破金国九十余郡，两河、山东数千里之人民、金帛、牛马羊畜，皆席卷而去。金兵仅守大名、真定、青郓及通州。蒙兵乃直薄中都（即北京，今之北平），金兵几无所措手足，撤退至芦沟以守之。蒙兵围燕京数月不能下，因城坚外有护城河。但是援绝，内外不通，卒至城破。蒙兵辇金府库北去，金祖宗神御及妃嫔皆没焉。金主迁汴京，以图最后挣扎。

《宋史》严正评曰：金主徙汴，蒙兵乘虚破燕。此皆金以前愚宋之术而复自愚。无汴则宋弱，无燕则金危。书曰：与乱同道，此之谓也。

宋宁宗嘉定二年至七年，蒙古兵击溃金兵，囊括大漠南北。自嘉定八年起，以燕京为大本营，九年克潼关，十一年取河东州郡，十二年下河北郡县，十三年入济南，陷东平，十五年取河中同州，十六年金主限卒，国困，固无岁不被兵灾也。到宋理宗宝庆三年，蒙古兵灭四夏。大军入京兆，关中大震，复以兵破关外诸隘。时金人尽弃河北、山东、关陕，惟并力守河南，保潼关，可以说是时倒运衰的时期了。这时候，蒙古主铁木真殂于六盘山，临卒谓左右曰："金精兵在潼关，南据连山，北珣大河，难以遽破。若假道于宋，宋与世仇，必能许我。则下兵唐邓，直捣大梁，破之必矣。"言讫而卒。理宗绍定三年冬十月，蒙古大将窝阔台率众入陕西，趋凤翔府，遂以其胜利之师，出宝鸡以侵汉中，一月后，达到唐邓，攻破秦州，迳趋华阳，渡嘉陵江，入葭萌。先是，铁木真于临终时，嘱以联宋攻金，是利用金宋世仇，这政略是成功的。窝阔台挥军入关陕，出川之东北，就是遵照铁木真的遗嘱，因为上面这些地域，是南宋所控制，以往金人屡欲攻取，均为关陕主将曲端、吴玠、吴璘所击溃，此次蒙古兵走关陕入川北，就是得宋室默许，准以假道，助蒙兵提早灭金，以报世仇。按，联宋亡金，蒙古是成功了，金是灭亡了。到后来，南宋未获其利，本身先遭其害，随着金亡，也被蒙兵覆灭了，这是后话。

蒙古大将窝阔台，派拖雷挥军由金州而东，直薄汴京。金主太息曰："南徙已廿年，所在之民，破田宅，鬻妻子，以养军士，今敌至不能迎战，天下其谓我何？"乃诏诸将退屯襄邓。蒙古军势如潮湧，出光化进入河南，直扼汴京之咽喉，金军无斗志，大溃，势如崩山。同时潼关守将李平降于蒙。另一部蒙兵围归德，因为金主离汴以商丘为第一步。（按：宋高宗被金兵追击，离汴京时，也是以商丘为第一步。今金主反被蒙兵所迫，也是以商丘为第一步，真是太巧合了。）至是，蒙古攻汴日急，历三月余未克。内外死者以百万计，金主母明惠陵被废。金主遣使请和，愿称臣进奉，以独子为质，金帛酒炙，犒饫军士，上书不再称圣旨。（按：宋与金第一次和议时，称臣纳贡，第二次和议，以侄国自称。事隔数十年，前后如出一辙，可谓因果不爽。）蒙将佯许之，复攻城益急，城内死亡枕藉，疠疫漫延。金主突围出汴京开阳门，与太后分别，大恸，并诏谕留守兵士曰："宗庙社稷在此，汝等壮士，勿以不与进发之数，便为无功，将来功赏，岂在将士下？"闻者皆洒泪。金主遂与将帅等夜登舟，潜渡河、走归德，汴京城破。《弘简录》：临安闻金人弃汴京，因前允蒙兵假道攻金之请，特遣武将王升率同校尉十余人星夜至汴，蒙将拖雷不理，王升悻悻然南归。

第 50 章

金亡，宋危！

蒙古主联宋以亡金，其政略系请假道关陕川邓，实行大迂回以扼汴京。战略方面，约宋议夹合攻金。这是理宗绍定五年冬事。假道计划是实现了，蒙兵攻破金人最后据点汴京。而夹攻金兵一举，临安朝廷，皆以为可遂复仇之耻，帝从之，遣邹仲之往报，俟成功，以河南地来归。

绍定六年三月，金主在归德，随驾亲军及溃卒渐集，就粮于徐、陈、宿三州，留元帅蒲察官奴忠孝马军四百五十人，马用军七百人于城中。时蒙古忒木解围亳州，且日遣兵薄归德，民心摇摇，草木皆兵。随侍请金主迁海州，不从，语近侍曰："自古无不亡之国，不色之君，幸沉着以应战。"乃留元帅玉璧守归德，遂如蔡州。时久雨，朝士扈从者徒行泥水中，掇青枣如粮，足胫尽肿。至亳州，金主黄衣皂笠，金免鸡带，以青黄旗二导前，黄伞拥后，从者二三百人，马五十匹而已。行次城中，父老拜伏道左，金主遣近侍谕以国家育养汝等百有余年，今朕无德，令汝涂炭，朕亦无足言者，汝辈无忘祖宗之德可矣。皆呼万岁，泣下。留一日，进次亳南六十里，避雨双沟寺中，蒿艾满目，无一人迹，仰天太息曰："生灵涂炭，为之一恸。"父老罗拜于道，见金主仪卫萧条，以前纵横天下，不可一世，均凄然泪下，金主欷歔不已。复谕之曰："宋人负朕深矣，朕自即位以来，戒饬边将，无犯南界，边臣有请征讨者，未尝不切责之，向得宋一州，随即付与。近淮阴来归，彼多以金币为赎，朕若受财，是货之也，付之全城，秋毫无犯。清口临阵，生获数千人，悉以资粮遣之。今乘我疲惫，据我邓州，又攻我唐州，彼可谋亦深矣。蒙古灭国四十，以及西夏，夏亡，及于我，我亡，必及于宋，唇亡齿寒，自然之理。若与我连和，所以为我者，亦为彼也。"意义深长，闻者凄然。

端平元年春戊申，宋将孟珙同蒙古围攻蔡州。城中饥窘，降者言城中绝粮已三月，鞍靴败鼓皆糜煮，且有老弱互食，人畜之骨和芹泥拌食之，又往往斩败军全队，拘其肉以食。金自破围以来，将帅战没者甚多。金主守绪，集百官，传位于东面元帅承麟。承麟是金世祖之后，拜泣不敢受，金主曰："朕所以付卿者，以朕肌体肥重，难以驰驱。卿平日矫捷，有将略，金祚不绝，此朕志也。”时宋将孟珙之师，登向南门，招蒙兵江海搭察儿之师以入。金主守绪知事急，取宝玉实于幽兰轩，环之以草，命近侍曰，死便火我，遂自经死。孟珙与搭察儿分金主骨及宝玉法物，是日承麟亦为乱兵所杀。金亡。

《宋史》：蒙古与宋合力灭金。蒙古窝阔台雄才大略，阴分十六路兵遣南下，不顾盟约，凡宋所有辖区，铁骑所至，十室九空，金亡，宋亦危矣。

金自宣宗之世，为宰相枢密者往往临事推让，低言缓语，每有四方兵革灾异，辄以圣主心困，或俟再议，因循苟且，以度时日。及出兵，则以近侍监战，临事多所牵制，故师出无功，国乱不断，以底于亡。金亡之前夕，宋遣使以孟珙所获金主遗骨及宝玉法物，并俘囚金之将帅，献于临安。监察御史洪咨夔上言曰：“此朽骨也，葬大理寺可也。第当以金亡告九庙，归诸祖宗德泽。”越日，备礼告于太庙，藏金之遗骨于大理寺狱库，加孟珙带御器械。江海以下，论功行赏。知临安府薛琼问俘将张天纲曰：“有何面目到此？”纲曰：“国之兴亡，何代益之。我金之亡，比汝二帝如何？”宋臣意满志得，闻此语后，面有惭色。

临安行在，正预备遣使贺蒙古胜利，要求履行归还河南土地之约，但闻各州郡被蒙古兵蹂躏羽书，纷至沓来，急得理宗及枢密院无所措手足。乃诏孟珙屯兵万州。珙留襄阳，招中原精锐之士万五千余，分屯漅北、樊城、新野、唐邓间，以防御蒙兵，名镇北军，以襄阳为都统制。

端平二年六月，蒙古主命子阔端、海将塔等侵蜀，忒木觞张柔等侵汉，口温不花及察罕等侵江淮。秋七月，口温不花转寇唐州。十二月，阔端入沔州。三年春正月，蒙古兵攻洪山，寇江陵。襄阳为南宋屏障，自岳飞攻复以来百三十年，生聚繁庶，城高池深，甲于西陲。制置使赵范驻襄阳，范失于抚驭，主将王旻、伯渊，焚襄阳城郭仓库，相继降于蒙古。城中官民尚有四万九千有奇，财粟在仓库者无虑三千万，军器二十四库，皆为蒙古所有，金银盐钞不预焉。时襄、汉、淮、蜀日急，帝命学士吴冰草诏罪己，略云："数年之间，多难已甚。金之入侵，而蒙古之与邻。逮合谋成破蔡之功，恐假道有灭虞之势。心之忧矣，脐可噬乎？"又曰："兵民之死战斗，户口之困流离，室庐靡存，骼胔相望，是皆朕明不能烛，德有未孚，上无以格天心，下无以定民志，如瘠痍之满目，如疾病之在身。"此时蒙兵陷随州、郢州及荆门，枣阳及德安府均陷落。又御前诸军统制曹友闻与蒙古兵战于大安阳平关，败绩，死之。是年十一月，蒙兵入淮西、蕲、舒、光州，守臣皆遁，蒙将口温不花直趋黄州，游骑自信阳趋合肥。蒙将忒木真攻江陵，破之。嘉熙二年九月，蒙将察罕帅兵号称八十万，围庐州，越巢湖，以窥江左。冬十月，蒙兵陷通州，屠其民，守将杜霆弃城遁。四年五月，蒙兵围寿春。六年十一月，蒙古兵寇荆湖江淮之境。从理宗端平嘉熙之际，蒙古侵宋亟矣，沔州、成都、随、郢、荆门、德安、唐州、襄阳、临平、淮西诸大州郡，相继陷落，整个华夏，所至风靡。宋帝助蒙以灭金，祸延本身。所谓螳螂捕蝉，安知黄雀又蹑其后。危乎殆哉。

第 51 章

蒙主忽必烈大举南下

理宗末期，贾似道任京西湖南北四川宣抚大使兼督江西二广并援应汉阳。因蒙古统帅忽必烈重兵迫鄂州，贾代表朝廷称臣纳币，请解重围。忽必烈不允，适蒙主智囊郝经力陈征战三十年，兵疲粮竭，应允与宋言和。忽帅遂允其请，解鄂州围。但是似道却自己丑表功，自说指挥若定，会合诸路兵马，解决蒙兵之围，谎报朝廷。而理宗也不察，反加官封爵，自我陶醉。蒙兵北撤后，蒙主以郝经为国信使来告改元即位，且征前年讲和之议。景定元年秋七月，郝经行至真州，似道阴使人将郝拘捕，囚于真州忠勇营次，以塞其口。景定三年二月，蒙主蒙哥殁，忽必烈立，知郝经无故被拘，几经遣使详问，均不报。蒙主及诸王公气急，征诸路兵，大战遂爆发矣。这是度宗咸淳三年十一月事。

第51章

蒙主忽必烈大举南下

蒙主忽必烈大举侵宋，颁有诏曰：“朕即位之后，深以戢兵为念，故前年遣使于宋，以通和好。宋人不务远图，伺我小隙，反启边衅，东摽西掠，曾无宁日。朕今春还宫，诸大臣皆以举兵南伐为请。朕重以两国生灵之故，犹待信使还归，庶有悛心，以成和议。留而不至者，今又半载矣。往还之礼遽绝，侵扰之暴不已。彼尝以衣冠礼乐之国自居，理当如是乎？曲直之分，灼然可见。今遣王道员往谕，卿等约会诸将，秋高马肥，水陆并道而进，以为问罪之举。”乃以阿术与宋降将刘整率大军进攻宋朝屏障之襄阳。时吕文焕驻守襄阳，虽经过去岳忠武增添城池，但众寡悬殊，乃以蜡书告急吕文德。吕不理，并辱骂之。四年九月，造船五十艘，日练水军，筑白城河，以逼襄阳。五年三月，京都统制张世杰，将兵拒蒙古围樊城之军，战于赤滩圃，败绩。六年正月，李庭芝为京湖制置大使，督师援襄樊。范文虎将卫卒及两淮舟师十万进至鹿门，时汉水溢，文虎迎战不利，弃旗鼓铠仗，乘夜遁去。蒙古俘其军，获战船甲仗，不可胜计。这时襄阳城被围已整整五年，援兵不至，吕文焕竭力拒守。张汉英守樊城，内外困窘，邓郢之路亦绝。九年春正月乙丑，襄阳对岸之樊城陷落，时樊城被围亦四年，守将范天顺力战不屈，自缢死。似道时任右相，接边事告急蜡书，乃授意台谏留己，阻似道出巡。天天说着援襄，实朝廷中并无援襄事也。统帅阿里海涯于城下宣读元主降诏云："尔等拒守孤城，于今五年，宣力于主，固其宜也，然势穷援绝，如数万生灵何？若能纳款，悉赦勿罪，并加迁擢。"守将吕文焕遂出城降。阿述入襄阳城，阿里海涯偕吕文焕至燕，元主忽必烈深为嘉许。襄阳失陷后，经数月传至临安，似道不能一手掩尽天下人耳目，乃言于度宗曰："臣始屡请行边，陛下听台谏言，不之许，向使早听臣言，当不至此。"复上书云："事势如此，非臣上下驱驰，联络气势，将有大可虑者。"帝曰："师相岂可一日离左右？"似道并力斥枢密院漏泄兵事、稽迟边报之弊。

度宗咸淳十年春正月，蒙将阿里海涯言："荆襄自古为用武之地，汉水上流，已为我有，顺流而下，宋必可平。"阿术又言："臣略地江淮，备见宋兵之弱，今不取之，时不能再。"元主趣君天泽同议，天泽对曰："此国家大事，可命重臣一，如安重伯颜都督诸军，则四海混同，可计日而待矣。"元主谕诸将率兵南伐，且数贾似道违约执郝经之罪；诏曰："爰自太祖皇帝以来，与宋使介交通。宪宗之世，朕以藩职，奉命南伐，彼贾似道复遣宋京诣我，请罢兵息民。朕即位之后，追忆是言，命郝经等奉书往聘，盖为生灵计也。而乃执之，以致师出连年，死伤枕藉，系累相属，皆彼宋自祸其民也。襄樊既降之后，冀宋悔祸，或起企图，而乃执迷，罔有悛心，所以问罪之师有不能已者。今遣汝等水陆并进，布告遐迩，使咸知之，无辜之民，初无与焉。将士勿得妄加杀掠，有去逆效顺、别立奇功者，验等第迁赏，其或固拒不从及逆敌者，俘戮可也。”这时朝廷贾似道任右相，群小包围，度宗亦庸愚无能，处处仰赖右相，并以“师相”相称谓，经再三考虑，乃诏贾似道督诸路军马，以黄万石等参赞军事，所辟官属，皆命先命后奏，发黄金十万两，银五千万两，关子一千万贯，拨充都督府公用，诏天下勤王。帝㬎德诏元年春正月壬午，元兵入蕲州。己酉，吕师夔以江州降。元兵大军，自襄樊东下，宋悉力西拒，知安庆府花文虎以城降于伯颜。贾似道进驻芜湖，知形势恶劣，仍派宋京入元军，愿称臣奉岁币，如开平废约。统帅伯颜答书曰：“未渡江时，议和入贡则可，今沿江州郡，皆已内属，欲和似不能。”元兵分南北岸，乘胜东下，如同破竹。薄池州，知州王起宗遁去。元游骑至季阳河，居民焚香以迎。林帅兵巡江阴，守将献城。似道以精锐七万，责孙虎臣于池州下流之丁家州，夏贵以战舰二千五百艘，横亘江中，似道自将后军。伯颜分步骑夹岸而进，举巨炮击中虎臣中坚，元兵以划船数千艘乘风直追，呼声动天地。夏贵掠似道船，呼曰：“彼众我寡，势不支矣。”似道闻之，错愕失措，元兵以步骑左右倚之，杀溺死者，不可胜计，水为之赤，军资器械，尽为元所获。江汉守臣皆弃城逃。太平、和州、无为相继降元，从此由金陵以上皆为元兵所有。似道乃与虎臣单舸走扬州，预备招溃兵迎驾海上，另令夏贵等死守淮西。时方危急，征诸将勤王，多不至，惟郢州守将张世杰（最后在崖山随幼帝昺坠水死）率兵入卫，江西安抚副使文天祥（最后在粤东被俘，囚赴北平处死）发郡中豪杰万余人，连夜入卫。

第 52 章

元伯颜观潮钱塘江

《宋史纪事本末》：德祐二年秋七月，元主召平宋统帅伯颜还上都，伯颜面陈形势，乞即进兵。遂拜为右丞相，阿术任左丞相，并命伯颜即日扫平江南，直趋临安。吕师夔、李恒等取江西。这时张世杰、文天祥虽起兵勤王，将校兵尉多非制军，仓卒成军，悍御无能，当然不能担当大事。同时二大军由伯颜统率，进驻建康，又加之江东大疫，居民乏食。伯颜怀柔民间，开仓赈济，且遣医治疾，民心大悦。朝廷士气民心，为之大变。此时阿术在扬州，博羊欢塔渗入淮南，镇江统制石祖忠降。元兵侵入无锡，知县阮应得兵败赴水死。乙亥，常州传警，知常州赵与鉴遁，州人钱訔以城降。甲申，元兵至西海州，安抚丁顺降。庚寅，元大兵如水银泻地，前锋已接近临安，行在颁布戒严。同知枢密院曾渊子、左司谏潘文卿、右正言季可、两浙转运副吏许自、浙东安抚王霖龙，侍从阵坚、何梦桂、曾希颜等数十人皆逃亡一空，朝中为之萧然。佥书枢密院事文及翁，同佥书事倪普，讽台谏劾己，章未上，亟出关遁。太皇太后睹此情景，榜诏朝堂曰："我朝三百余年，待士大夫以礼，吾与嗣君，遭家多难。尔大小臣工，未尝有出一言以救国者，内而庶僚，畔官离次，外而守令，委却弃城。耳目之司既不能为吾纠集二三执政，又不能倡率群工，方且表里合谋，接踵宵遁。平日读圣贤书，自许谓何？乃于此时，作此举措，生何面目对人？死亦何以见先帝？天命未改，国法尚在，其在文武，并转二资，其负国弃予者，令御史台觉察以闻，勉之凛遵。"这时文天祥入行在，见形势危殆，上疏云："本朝惩五季之乱，削藩镇，建都邑，一时虽足以矫尾大之弊，然兵力因以浸弱。故敌至一州，则一州降，至一县，则一县残，中原陆沉，痛悔何及？今宜聚朝廷英俊义勇之士，合力以抗敌，约日齐奋，有进无退，日夜以图之。彼备多力，疲于奔命，胜利远播，必有闻风勤王者，顽敌虽强，必不难却也。"疏上，都堂枢院无人负责，越三日，仍搁置桌上，天祥气极。己丑，元兵破独松关，此地为临安屏障，守将张濡遁，关吏冯骥死之。独松关既破，邻邑望风披靡，临安人心浮动。圣上冲龄，右丞相贾似道早已离行在，外出御敌，宫内只太皇太后比较镇定，然而内外扞格，不能运用。勤王师文天祥、张世杰议，以淮东坚壁，闽广全城，若与敌血战，万一得捷，则命淮师以截其后，国事犹可为也。陈宜中白太后降诏，以王师务宜持重，议遂止。是年元月，湖南、江西诸郡县尽入元军掌握中，大局逆转，形势岌岌，可不可终日。

《临安闻见录》：帝㬎幼冲，右相贾似道以兵马大元帅资格出外御敌，久无音讯。左相陈宜中因循敷衍。太皇太后知道元兵愈逼愈近，大局逆转，乃临朝问政，百僚到者寥寥，降诏御敌，朝臣班中，无一人应者。太后涕泣曰："苟存社稷，称臣非所较也。"遂遣使向元兵奉表称臣，上尊号，岁贡银绢二十五万两匹，乞存境土，以奉蒸尝，约元兵统帅会于长安镇。陈宜中率三五群臣入宫，请迁都，太后不许，宜中旋恸哭以请，太后命具装以俟，宜中旋又不时。太后怒曰："吾初不欲迁，而数以为请，顾欺我耶？"脱簪珥投之地，闭阁，群臣请见，皆不纳。其实宜中预以翌日他行，仓卒失于奏耳。甲申，元伯颜至长安镇，而陈宜中又违约未到。伯颜乃进皇亭山，阿剌罕、董文炳两师皆会，游骑至临安府北阙。太后无法应付，乃以帝名义向元上表曰："宋国主㬎仅百拜表言，渺然幼冲，遭家多难，权奸贾似道，背盟误国，至劳兴师问罪，㬎非不能趋避，以求苟全，今天命有归，将焉往？谨奉太皇太后命，削去帝号，以两浙、福建、江东西、湖南、二广、四川、西淮见存州郡，悉上圣朝。为社稷生灵，祈哀请死。望圣慈垂念，不忍縻三百余年宗社，遽至殄绝，令赵氏子孙，世世有赖，不敢弭忘。”伯颜受之，遣使诏宜中出议降事，一面遣使奉宋玺表至上都请示。

但是夜陈宜中已遁温州，太后只有命文天祥、吴坚、谢堂、贾余庆使元军，见元伯颜于明因寺。伯颜见天祥言语与众不同，羁縻之。伯颜进驻湖州，令张惠、阿刺罕、董文炳、张宏范、唆都等封府库，收史馆秘省图书及百司符印告敕，罢官府侍卫军。太后以帝命以贾余庆、吴坚、谢堂，充祈请使。伯颜引天祥与坚等同坐，天祥面斥余庆卖国，且责伯颜失信，并斥吕文焕及侄师孟父子兄弟受国厚恩，不能以死报国，合族为逆，尚何言？文焕等惭恚，伯颜遂拘天祥。是日元兵屯钱塘江沙滩上，临安人方幸波涛大作，一洗而空之，但潮三日不至。丁未，元诏谕临安新附府州司县官吏军民曰：“间者行中书令右丞相伯颜遣使来奏，宋母后幼主暨诸大臣百官，赍玺绶奏表附降。朕惟自古降王，必有朝觐之礼，已遣使特往迎致，尔等各守职业，其勿妄生疑畏。”仍命伯颜就遣内侍王楚入宫，收宋国衮冕圭璧符玺及宫中城，观潮于钱塘江，又登狮子峰，看临安形势。太皇太后及帝欲与相见，不果。当随元兵北行至燕，元主忽必烈废帝为瀛国公，寻又命帝为僧，命太后亦为尼于燕都正智寺，封太皇太后为寿春郡夫人，留燕七年而终。福王被封为平原郡公。

第53章

临安陷落时凌乱情形

南宋偏安临安，到被元帅伯颜占领时止，中间历高宗、孝宗、光宗、宁宗、理宗、度宗及帝㬎凡七君，时间约一百四十余年。人口版籍增多，馆舍殿宫建筑，栉屋鳞比，美仑美奂。虽然烽火连年，警讯频传，但都在两河以北。临安繁华，固未因之减色，且畸形发达，或有过之。当元兵逼近临安之前夕，据宋正史及诸家笔记所记，狼狈情景，较之高宗由扬州过江奔建康时凌乱情景，尤其是官吏差役，可说是有过之无不及。爰摘述简略，介绍于读者。

《宋史纪事本末》：上谪贾似道高州团练副使，会稽县尉郑虎臣押往。郑以父为似道所配，舟次南剑州黯淡滩，郑曰："水清甚，何不死于此？"似道曰："太皇许我不死，俟有诏，即死。"到漳州木绵庵，郑拘其子与其妾于别馆。似道正入厕，郑絜其领刃之。消息传到临安，正值元兵屯驻长安镇，城内秩序混乱，有人谓蒙古兵是来捉贾似道的，贾被杀，蒙古兵即退，因此一谣传，临定秩序又宁静了一天一夜。

《宋史》：元统帅伯颜，屯兵距临安九十里长安镇，太皇太后请降，称臣纳币，并嘱左丞相陈宜中与伯颜再会晤于长安镇。宜中先允前往，后闻蒙古人善熬人油点灯，宜中化装，夜遁温州之清澳。

《金陀粹编》：班荆馆，系招待金使者，占地百余亩，亭台楼榭，应有尽有。元兵游骑至北阙，未三日，屋板门窗，拆卸为之一空，有司打算潜逃，视若无睹。

《老学庵笔记》：临安秦楼楚馆，平日皆为红袍绿袍及方巾纱帽者所盘踞，今鞑靼攻城，歌伎均以锅底烟和泥土敷面，预备逃乡。红袍绿袍，不见影踪了。

《宋稗类钞》：一武校，恃内宠，平时横行闾阎，腰缠累累。闻将迁都，不愿随行，与妻以黄金三百两拜伎寨老鸨为义母，随人潮逃。

《朝野杂记》：鞑子兵临城上，圣上幼冲无智，太皇太后降诏，无人应。榜朝堂，也无人入宫。亭午，太皇太后乘辇至景行宫出大殿，杳无一人。连哨者已更换便衣了。廊庑下之宦官嫔妃，均在喁喁私语，准备潜逃乡里。

《南渡录》：帝都将迁，祖宗牌位画像先行，出涌金门，以温州为第一站，即为变兵所劫。首者面黑多髭，有姘妇住附近，大部分赵氏祖宗牌位，均被某姘妇劈作烧饭之用。

《临安闻见录》：蒙兵压境，逃难者如潮涌，官吏更甚，马匹驴车均搜索一空。有由水路逃弋者，一帆船甫出钱塘江口，即翻沉。西湖舫，也权充救命渡船。

《鸿庆居士集》：伯颜入城，索宫女内侍及诸乐官，宫女赴水死者以百计。

恭帝（㬎）德祐三年二月，元伯颜进驻长安镇，文天祥被留军中。贾余庆、吴坚等充祈请使，伯颜引天祥与坚等同坐。天祥面斥余庆卖国，受国厚恩，不能以死报国，乃合族为逆，尚何言？贾等俯首无言。伯颜面露不悦，而心存敬服。

夏贵叛，被任淮西安抚使。贵家僮洪福，以积劳知镇巢军。贵降招福，不听，使从子往，福斩之。元兵攻城，久不拔。贵至城下，好语语福，愿单骑入城。福信，门前伏兵突入，执福父子。福大骂贵，数不忠，请南向死，以示忠，闻者流涕。

三月，元伯颜自湖舟入临安城，建大将旗鼓，率左右翼万户巡城，观潮于钱塘江，又登狮子峰，一览临安形势，威风凛凛，不可一世。大学生徐应镳与其二子琦、崧及一女同投井，痛骂奸臣误国。

闰月，帝及太后随元兵北行。至瓜州，副将姜才散金帛犒兵，以四万人夜捣瓜州。战三时，元兵拥帝避去。才追至浦子市，元将阿木使人招之，才曰："吾宁死，岂作降将军耶？"追战至最后，刺数兵，疽发，被执，自刎死。

秋七月，李庭芝赴召至泰州。扬州守将朱焕、泰州裨将孙贵等皆降于元。元将以太皇太后手诏谕庭芝降，庭芝登城谓使者曰："奉诏守城，未闻以诏谕降也。"及帝次瓜州，太皇太后复赐庭芝诏曰："比诏卿纳款，日久未报，岂未悉吾意，尚欲固吾圉耶？今吾与嗣君既已臣元，卿尚为谁守之？"庭芝不答，发弩射使者，毙一人，余皆奔去。元将复遣使者，持元主诏招庭芝，庭芝开壁纳使者，斩之，焚诏于陴上。旋阿术请元主降诏，赦焚诏杀使之罪，命归款。庭芝乃率军入泰州，阿术围之，且驱其妻子至陴下招降。庭芝知大势已去，赴莲池中，水泄不死。遂被执，不屈杀之。扬民闻者，莫不泣下。

泰州咨议官宋应龙，系良臣之弟舜臣，自军中来说降，应龙力陈国家恩泽，君臣大义，令杀舜臣，以戒恃二心者。良臣大义灭亲，手刃之。及泰州降，应龙夫妇自刎死。

湖南安抚兼知州事李芾守潭州。知事不可为，因留宾佐会饮，夜传令，手书尽忠字为号，饮达旦，诸佐出。参议杨震赴园池，芾坐熊湘阁，召帐下沈忠遗之金，曰："吾力竭，分当死，吾家人亦不可辱于俘，汝尽杀之，而后杀我。”忠伏地叩头，辞以不能。芾固命之，妻子，复至火所，恸哭，自刎死。又衡州尹谷，时寓潭城，事急，命二子行冠礼，或曰：“此何时，行此迂阔事？”谷曰：“正欲令儿曹冠带见先人于地下耳。”礼毕，与家人自焚。潭州百姓闻之，多举家自尽，城无虚井，缢于林者比比。上面几则忠臣义士之临难不苟，系摘录于《宋史》，其他各地，慷慨赴义者太多，不述焉。

第 54 章

二王逃难，各地豪杰勤王

度宗生有三子，长名昰，次名㬎，三子名昺。贾似道任度宗相，力主立次子㬎为皇储，庙谥恭帝。在位不久，遭逢元兵压境，时方十一岁，被元帅伯颜与太后等被押赴燕，元帝忽必烈逼令帝与太后入空门为僧尼，了此一生，这也是历朝亡国之君稀有的悲剧。德祐二年春正月，元兵攻陷了镇江、苏州及淮泗各州郡，太皇太后知道未来局势严重，封昰为益王，判福州、昺为广王，判泉州。文天祥知临安府，福王秀王判临安。旋天祥为朝廷预下一着伏棋，请命昰（益王）昺（广王）镇闽广，以图复兴。宗室环请，太后许之。并命驸马都尉杨镇及杨淑妃弟亮节、俞充容弟如圭，由统制张全以兵数十人护走温州，此为皇子逃亡第一站。也就是后来在福州称帝的端宗。另一皇子在崖山继位，称卫王，最后投海死，就是广王昺。南宋悠悠一百五十一年，至此灭亡。

先是，文天祥原被伯颜软禁，诱令降元，不从。于一个风雨之夜，与其客杜浒等十二人由镇江逃亡入真州。是时外传文丞相降元，忠义者亟欲捕文泄愤。天祥乃变更姓名为清江刘洙，经泰州入海如温州，以求二王。这时陆秀夫、苏刘义、张世杰分别以所部兵集中，陈宜中亦于清澳来，均先后到温州。江心寺，为温州最大宝刹，旧有高宗南奔时御座，众相率环哭座下，奉益王（昰）为天下兵马都元帅，广王（昺）副之。发兵除吏，以秀王与择为福建察访使，先闽中，抚吏民，檄召诸路忠义，同奖王室。五月，益王即位于福州，改元景炎，上帝尊号为孝恭懿圣皇帝，又上太皇太后尊号，册杨贵妃为皇太妃，同听政，升福州为福安府，以大都督府为垂拱殿，便厅为延和殿，进封昺为卫王，以陈宜中为左丞相兼枢密院都督诸路军马，张世杰为枢密副使，陆秀夫为直学士，苏刘义主管殿前司，王刚中知福州府。诏赵潜为江西招谕使，毛统由海道至淮，约兵会合，仍诏傅卓、翟国秀等，分道出师，兴复帝室。文天祥至行都，拜右丞相都督诸路兵马，天祥以国事皆决于左相陈宜中，固辞不受，乃为枢密使同都督开府南剑，并招豪杰于江淮，杜浒募兵于温州。五路勤王之师，分道入闽，听候周遣。临安陷后，播迁到温州而至福州，逆转局势，为之稍振。冬十月，文天祥帅师次于汀州，赵时赏一军趋赣州取宁都，吴浚将一军取雩都，刘洙自泗西起兵来会。四方英雄豪杰及忠义之士，多有间关南来。但有许多中道被元兵所阻，因此而遭牺牲的无名英雄，其数不可胜计。

端宗景炎元年六月，元兵入广州，蒙将阿里海牙及唆都与汉将董文炳分别攻取石门、新会、东莞、韶州、平乐及赣边南丰、南雄等州郡，另以一军进取福州。陈宜中、张世杰备海船，奉帝及杨太妃登舟，再度播迁。时尚有军十七万人，兵民三十万人，淮兵万人。论其力量，相当强大，只以兵无训练，且在伤败之余，处处被截拦，不要说兴复帝室，就是仅图一苏喘息，都不可能。帝抵泉州，严令招抚使薄寿庚备船舶，因操之过激，寿庚怒，杀宗室及随行士大夫与淮兵之在泉州者。宜中乃奉帝播迁到广东湖州，旋迁惠州，驻于甲子门。遣倪宙奉表诣元军请降，唆都命其子百家奴偕宙赴燕京请示。这时北方有警，元主颁诏令诸将班师，因之端宗所统率之文武百僚及将尉兵卒，借此暂时苟安。此时文天祥率一军由漳州入广，规复梅州。陈瓒复兴化。广东制置使张镇孙复广州。张世杰亦恢复潮州。文天祥自梅州出江西恢复会昌县。不数月，元主以二王南迁，扈从人众，诚恐再谋复兴，决议用“斩草除根”

之计划，一网打尽。乃用汉人张宏范、李恒为大将，深入广南，务必歼灭宋室。因之已恢复之广东各州郡县，遂又重入元军掌握中。时播越海滨，庶事疏略，随带金帛用罄，粮糈已感缺乏。端宗年幼，由杨太妃垂帘听政，陆秀夫同签书枢密院事，张世杰、陈宜中随侍左右。杨妃虽听政，但颇谦虚，与群臣语，犹自称奴。每逢朝会，或在行中，间尝有文武百官之嬉笑怨言声。独秀夫俨然正笏，不时凄然泣下，以朝衣拭泪，衣尽湿，忠诚者无不悲恸。三年夏四月，帝病崩，年十一岁。群臣多欲散去，陆秀夫曰："度宗皇帝一子尚在，古人有以一旅一城中兴者，今百官有司皆备，士卒数万，天若未欲绝宋，此岂不可为国耶？"乃与众共立卫王昺为帝，年仅八龄，杨太妃仍同听政，由张世杰秉政。秀夫协助之，外筹军旅，内调工役，凡有述作，尽出其手，虽在流离播迁中，犹日书《大学》章句以劝讲。改元为祥兴元年，升惠州为翔龙县。这时各路虽有豪杰义士，不时出兵，号称勤王，然终系乌合之众，且有巨盗趁火打劫，抵挡不住元人大军。只有文天祥一军，东讨西征，文人将兵，多无计划，加之元兵节节进逼，于一个薄暮夕，天祥在五坡岭（属今广东海丰）造饭，李恒兵突至，众不及战，天祥遂被执。吞脑子（毒药）不死，解至潮阳，见元帅张宏范。左右命之拜，天祥不屈，宏范释其缚，以客礼之，天祥固请死，宏范不许。

李恒囚解天祥妻子家属于燕都，二子死于道。随从天祥有年之患难将领赵时赏、杜浒、刘洙等百十余人，被执不屈，均壮烈成仁。

第 55 章

文天祥被俘解燕，慷慨成仁

帝昺祥兴元年冬十二月，元汉军统帅张宏范率大军纵横广东，所至披靡。驻节潮阳，闻文天祥在五坡岭被执，解大营，乃置酒大会，谓天祥曰：“宋帝迁居海峡（指崖山），国亡无日，丞相忠孝尽矣，能致心以事宋者事今，将不失为宰相矣。”天祥泣然出涕曰：“国将亡不能救，为人臣者，死有余罪，况敢逆其死而贰其心乎？”宏范义之，乃遣使护送天祥赴燕都。道经吉州，痛恨不食，八日犹生，经劝仍复食。天祥事母至孝，此时闻帝加爵为少保，封信国公。又闻母在广病殁，长子复夭，身处囚室，终日以泪洗面。抵燕都客馆，馆人供张甚盛，天祥不寝，盘膝以坐，夜以达旦。遂移兵司马，设卒守之。既而元丞相孛罗等召见于枢密院，天祥入，长揖，欲使跪，天祥曰：“南之揖，北之跪，予南人，行南礼，焉可跪乎？”孛罗叱左右曳之地，或抑项，或扼其背，天祥不屈，仰首言曰：“天下事有兴有废，自古帝王以及将相，灭亡诛戮，何代无之。天祥今日忠于宋室，以至于此，愿早求死。”孛罗曰：“汝谓有兴有废，且问盘古帝王至今日，几帝几王？一一为我言之。”天祥曰：“一部十七史，从何处说起？吾今日非应博学宏词神童科，何暇泛论？”孛罗又曰：“汝不肯说兴废事，且道自古以来，有以宗土庙地与人而复逃者乎？”天祥曰：“奉国与人，是卖国之臣也。卖国者，有所利而为之必不去，去者必非卖国者也。予前辞宰相不拜，奉使军前，寻被拘执。已而有贼臣献国，国亡当死。所以不死者，以度宗二子在浙东，老母在广故耳。”孛罗曰：“弃德祐嗣君而主二王，忠乎？”天祥曰：“当此之时，社稷为重君为轻，吾立别君，为宗庙社稷计也。从怀愍而北者非忠，从元帝为忠。从徽钦而北者非忠，从高宗为忠。”孛罗语塞，忽又曰：“晋元帝、宋高宗有所受命，二王立不必正，篡也。”天祥又答曰：“景炎乃度宗长子，德祐亲弟，不可谓不正。登极于德祐去位之后，不可谓篡。陈丞相（指宜中）以太皇命奉二王出宫，不可谓无受命。”孛罗等皆无辞，但以无受命为解。天祥曰：“天与之，人与之，虽无传受之命，推戴拥立，亦何不可。”孛罗怒曰：“尔立二王，竟成何功”？天祥曰：“立君以存宗社，有一日，则尽臣子一日之责，何功之有？”孛罗反承云："既知其不可，何必为？"天祥曰："父母有疾，虽不可为，然无不有下药之理，尽吾心焉。不救，则天命也。今日天祥至此，有死而已，何必多言。"言时声音呜喑，侍从孛罗左右人员，均为之凄然，眼眶湿润。时正傍晚，燕都多风沙，尤其冬季，黄沙蔽天，日月无光，枢密院笼罩着一种肃穆萧杀气氛。孛罗欲杀之，而元主及许多大臣均不可，宏范适卧病，亦表奏天祥忠于所事，欲释勿杀，元帝乃囚之。

文天祥留燕都四年，坐卧一小楼，足不履地。狱卒送饭，初不食，后经人劝解，始啜一小皿，日饮白水数碗而已。因之身体消瘦，但两眼目光炯炯，精神并不因此而疲惫。每天读书吟诗，写字作赋，狱中吏卒，求诗赋联对者，每人均积箱盈箧。时元帝求南人有才者甚急，王积翁（宋降官）荐之，帝即遣积翁谕旨，欲用之。天祥曰："国亡，吾分一死耳。傥缘宽假，得一黄冠归故乡，他日以方外备顾问可也，若遽官之，非直亡国之大夫，不可与图存，举其平生而尽弃之，将焉用我？"积翁欲令宋官谢昌言等十人请释为道士，独留梦炎不可曰："天祥出，复号名江南，置吾十人于何地？"事遂寝。元帝忽必烈知其不可屈，议将释之，以示元朝混一宇内，表示宽大，时有以天祥起兵江西事为言，释放之议，复又遽变。至是，有闽僧言土星犯帝座，疑有变，未几，山中狂人自称宋主，有众千人，欲取文丞相。京城亦有中山薛保住上匿名书，言某日烧蓑城苇，率两翼兵为乱，丞相可无忧者，朝廷疑之。遂撤蓑城苇，迁瀛国公及宋宗室于燕云，疑丞相为天祥。乃召天祥入，谕之曰：“汝移所以事宋者事我，当以汝为相矣。”天祥曰：“天祥为宰相，安事二姓？愿赐以一死，足矣。”元帝犹不忍，遽挥之退。左右宰辅及文武百官，以天祥忠义激末世，值得表扬，以励世俗，然恐释出后，兴兵作乱，将无颜以慰圣上，更无词以对国家，遂一致赞同天祥所请，遂求元帝下诏，杀于燕都之柴市。天祥临刑，从容谓吏卒曰：“吾事毕矣。”在袖中出《正气歌》一篇交狱吏云：“此篇文字，系我四年来心血，可传之于后世。”语毕，遂南向再拜，请用刑。时年四十有七，时元至正十九年冬十二月。其衣带中有赞曰：“孔曰成仁，孟曰取义，惟其义尽，所以仁至。读圣贤书，所学何事？而今而后，庶几无愧。”其妻欧阳氏收其尸，面目如生，狱吏卒环立涕泗，一直送葬于燕都之山麓。天祥为人丰颐，两目炯然，博学善论事，作文未尝取草，尤长于诗，居狱四年，忠义之气，一著于诗歌，累至数十百篇。至是，兵马司籍所存上之，观者无不流泪悲恸。有得其一履或一手帕者，亦珍藏之。适有义士张毅甫者，出其棺，集其骨，归葬于吉州，恰值家人自广东奉其母曾太夫人之柩，同日至城下，如此巧合，论者均以为忠孝所感。

庐陵郑光荐曰：天祥奉诏勤王，屡踬而愈奋，故其军日败，势日蹙，而归附者日众，从之者沉家族而不悔。天祥之神气意度，足以感人也。

史臣曰：文天祥奉两孱主，崎岖岭海，以图复兴。兵败被执，终不屈，视死如归，是其欲所有甚于生者，可不谓之仁哉？宋之亡，守节不屈者有之，未有若天祥之大义凛然，碧血丹心贯日月，真古今奇男子也。

元主混一宇内，求才甚急。宋江西招谕使谢枋得遁入建阳。时程钜夫至江南访求人才，荐宋遗士三十人，枋得名在列。枋得方居母丧，遗书钜夫曰："大元制世，民物一新，宋室孤臣，只欠一死。枋得所以不死者，九十三岁之母在堂耳。罪大恶极，天不憖厥命，而夺其所恃以为命，枋得至今无意人间事矣。当执事荐士时，岂知枋得有母之丧，衰绖之服，不可入公门。稽之古礼，子有父母之丧，君命三年，不过其门，为人臣不尽孝于家，而能忠于国者，未之有也。枋得亲丧未克葬，持服未三年。若违礼背法，从郡县之令，顺执事之意，其为不孝莫大焉。语曰：人岂不自知，枋得自知不才久矣。亡国之大夫，不可以图存。天子当国家扶纲常，为天地立人极。夺情非令典，起复非美名，人心天理，不可泯灭。咸淳甲戌而后，不复有礼法矣。号似道起复为平章，三纲四维，一朝断绝生灵，此宋之所以为肉为血也，岂非后车之明鉴乎？忠臣论事，必识大体，君子取人，先观大节。执事不可称匪其人，而孤大元求才之意。枋得不可进不以礼，而误执事知人之明。”

不久，福建参知政事魏天祐执枋得至燕，不屈死之。初，天祐见时，方以求才为急，欲荐枋得邀功，使其友诱枋得入城，与之言，坐而不对。天祐讽曰：“封疆之臣，当死封疆，安仁之败何不死？”枋得答曰：“程婴、公孙杵臼二人，皆忠于赵，一死于十五年之前，一死于十五年之后，万世之下，皆不失为忠耳。王莽篡汉十四年，龚胜乃饿死，亦不失为忠臣，司马子长云：死有重于泰山，有轻于鸿毛。参政岂足知此？”天祐怒，逼之北行，枋得以死自誓，自离嘉兴，不食二十余日，不死，乃复食。既渡采石，惟茹少许蔬果，积数月，困殆。到燕都，疾甚，居悯忠寺，见壁间曹娥碑，泣曰：“小女子犹尔，我岂不汝若哉？”元宠臣留梦炎使医持药杂米饮进之，枋得怒，掷之于地，不食五日死。死前向南再拜，气绝，犹屹立不倒，死时年六十有二。子定之获骨，归葬信州。枋得天资聪颖，雅负奇气，风岸孤峭，不能于世轩轾，而以天时人事，推宋必亡于二十年后，每论乐毅、申包胥、张良、诸葛亮事，尝若有千古之愤者，而以植世教、立民彝为己任，富贵贫贱，不动于中。当枋得之北行也，贫苦甚，衣结履穿，有人赒以金帛，辞不受。

读其诗，慷慨激昂，真可使顽夫廉懦夫志。《宋史纪事本末》，将枋得之死，并入文天祥，题为“文谢之死”。其对枋得之尊重，可见一斑。

第56章

梁山泊忠义长存

“忠义堂”梁山英豪，最盛时是北宋中叶。到南宋末期，其后辈多不仕元朝，相获隐去。据《中兴杂记》谓：南渡初，江西、湖南群盗如毛，杨么、李成、翟兴、曹成辈蹂躏数十州郡，各镇抚使及张俊、韩世忠、岳飞诸大将，讨抚达七八年始次第荡平。

绍兴卅四年间，梁山水寨悍寇董平，拥众万数，盘踞楚南，自攸县至衡阳十余州郡，皆为平有。平命其徒党助民耕种，而取谷什之二，因以饷军。士饱马肥，积聚如山，商旅云集，纳规例者，无所侵犯，远近多为耳目，不以为盗境也。其所居帅府，榜曰“忠义堂”如水寨，声言日夜希望朝廷招安，以抗金人。

按董平在梁山水寇中，以双枪知名。建炎初，聚众攻德安府，当时守臣陈规击走之。遁至潭州，重行啸聚，以不附杨么，故窜据湘南。《宋史·胡交修传》谓：高宗手诏交修，饬以弭盗保民、丰财裕国、强兵御戎三要，交修疏曰：“昔人谓甑有麦饭，床有败絮，虽仪、秦说之，不能使为盗。惟其冻饿无聊，日与死迫，然后忍以身弃之于盗贼。陛下宽大之诏，开其自新之路，禁苛匿之政，丰其衣食之源，则悔悟者，党羽削弱，必为吏获，盗可弭而民可保矣。沃野千里，残为盗区，皆吾粳稻之地。操弓矢，带刀剑，椎牛发冢，白昼为贼，皆吾南亩之民。陛下抚而纳之，反其田里，无急征暴敛，收其不肖之心，耕桑以时，各安其业，帛谷不可胜用，而财丰国裕矣。日者，翟兴连西路，董平据南楚，什五其人，为农为兵，不数年，积聚充盈，雄踞一方，盗贼犹能尔，况以中兴二百郡地，收强兵以御，不能如翟兴、董平之所为乎？”读交修此疏，可知董平虽以盗贼啸聚，窃占一方，而能发政施仁，获得衡阳数百里民众之爱戴。临安君臣，自愧不如。交修所述，既形诸疏章，当非为董平藻饰之辞。《行朝纪痛》谓：江淮巨寇宋江羽党董平、阮氏二雄及柴进、花荣、燕青、张清、朱武等十余人，据楚南十数县，历九载至绍兴六年，始以所部万人归岳飞。平等既弃军，以不满朝政，请辞官，飞留之不可，遂入天台山为黄冠，后不知所终。

按梁山人物，见诸《宋史》者有：李逵、彭玘、李忠及董平四人；见宋人私家记载者有：关胜、三阮、柴进、花荣、燕青、张清、朱武等十余人。至李成则为当时以官兵进攻梁山之大名守将，非山寨头领。成及逵等三人皆降金齐，独董平等逃于黄冠，而笔记所谓“不满朝政”一语，必非无因也。交修，常州晋陵人，崇宁进士，亦为南宋儒臣。绍兴中，关陕帅臣胡世将，交修从子也。世将以交修荐帅蜀，号称西蜀名帅。《宋史》亦称交修一门为文武兼俱云。《朝野杂记》：李逵、关胜、花荣、李成、柴进乃至宋江以及醉打山门之蒋门神等，均有后辈，到南宋覆亡时，都不仕元朝，隐居于山寨湖乡间。

《水浒传》小说，相传为元末明初罗贯中作，又有题施耐庵撰，罗贯中篡修者。明朝金圣叹断定七十回以后，乃贯中所续，此书叙北宋末叶大盗宋江等三十六人，横行齐魏之间事迹，及南宋至明中叶，民间流传水浒传故事。人数亦由卅六人增至一百零八人，故本颇多，有一百回者，有一百一十回者，有一百一十五回者，有一百廿回者，坊间通行为金圣叹删定之七十一回本。清初又有《水浒后传》，题古宋遗民著，雁宕石樵评，叙宋江服毒后，水浒英雄助宋抗金失败，李俊等一行渡海至暹罗，立李氏王朝。又有《金瓶梅》，假《水浒传》中之西门庆为线索，叙述庆悦潘金莲，通金莲婢春梅，复私李瓶儿诸事，古本《金瓶梅》，得之者视同拱璧，珍藏不易示人。回忆北大某教授离职后，被图书馆追还古本《金瓶梅》，盖北大图书馆向藏有此书，为某教授借阅，逾期仍未归赵，若刘备之借荆州，迨离职后，馆长以其无赖若此，公开追纳也。报章竞载，一时成为美谈。

《水浒传》官阶地理，皆本宋代，然桃花山既为鲁达由代郡之汴京路，何以三山聚义时，反在青州？北京之汴，不过数程，杨志奚急行数十日尚未至，又纡至山东郓城，何也？此皆地理未明之故。一百零八人，原难铺排，然亦必各见圭角，始为著书体裁，如太史公汉兴诸王侯是也。今于林冲、鲁达详为铺叙，至卢俊义、关胜辈，乃天罡著名者，反草率成章，初无一见长者。又于马麟、蒋敬等四五人，层见叠出，不能辨其眉目，太史公之笔，固如是乎？三打祝家庄后，文字益卑鄙，直与续传无异。《金瓶梅》其淫亵不待言，至述宋代事，除水浒所有外，但不能得其要领，以宋明二代官名羼乱其间，最属可笑。是人尚未读商辂之《宋元通鉴》者，无论宋金正史耳。世人于古今经史，略不过目，而津津于淫邪庸鄙之书，称赞不已，甚无谓也。

宋江故事流传到南宋中叶，又有了改变，可能是“说话人”为了方便起见，竟替宋江安排了一个根据地，故事也就更为完整。

如没遮拦穆弘赞：“出没太行，茫无畔岸”；玉麒麟卢俊义赞：“风尘太行，皮毛终坏”；神行太保戴宗赞：“汝行何之？敢离太行”；浪子燕青赞：“太行春色，有一丈青”；船火儿张横赞："太行好汉，三十有六"。可以说明当时一般人想象中宋江根据地是太行山。

宋江何以会同太行山连在一起，自有其历史背景。大概自金兵攻进汴京之后，北方的抗敌力量，皆集聚于太行山，人民并不知道太行山的真实情况，但是却都相信太行山有一股抗敌力量存在。

事实上在宋朝南渡之后，太行山也确实发挥了抗敌作用，不甘受异族统治的人民，纷纷进入太行山结寨自保。熊克《中兴小纪》："自靖康以来，中原不从金者，于太行山相保聚。"《宋史·岳飞传》："高宗六年，太行山忠义禄号梁兴等百余人，慕飞义，率众来归。十年，又命梁兴渡河，纠合忠义社，取河东北州县。"又云："兀术遁去，梁兴会太行忠义及两河豪杰等，累战皆捷，中原大震。"又《宋史·韩世忠传》："高宗七年，世忠移屯山阳，遣间结山东豪杰，约以缓急为应。宿州马泰，及太行群盗，多愿奉约束。"

此外又如《建炎以来繁年要录》卷一，卷一百三十三，均分别记有王彦，聚兵太行山，号八字军，及太行义军王忠植抗金的经过。

太行山的情况，既如上述，再看这位作宋江三十六人赞的龚开（圣与）的生平，据程敏政《宋遗民录》卷十引《姑苏志》，及吴莱《桑海遗录序》（载渊颖集卷十二）又汤垕《画鉴》云：“近世龚圣与先生名开，淮阴人，读书为文，能成一家，画马专师曹霸，得神骏之意，画人物亦师曹韩，画山水师米元晖，画梅菊花卉杂师古作。卷后必题诗，或赞跋，皆新奇。”

由上文可知龚氏是宋朝遗民，宋亡后未曾仕元，其家乡淮阴，又是宋与金、宋与元战争时的交兵之地，龚氏遭亡国之痛，自较一般人深刻，所以在他笔下，就把宋江及一批人的形象，更描绘具体化了。

第 57 章

杨老令公有后

孝宗隆兴元年，王师溃于符离集。三年，弃地求和之议，嚣然尘上。都督江淮军事张浚引咎去职，左相汤思退代浚。诏起绍兴宿将杨存中，以御营使同都督。于是南渡建炎至此凡三十有八年。力主抗金之朝野人望，日夜以恢复中原为志，绝口不言和议之张魏公，不复再用矣。

前敌诸将及四方来归之忠义民兵，集南北岸者，自镇江、建康抵淮泗千里间，号称数十万，各守分地，不相统一。初皆震于张浚声威，而人人图自奋。浚被黜，众皆恐惧。思退后进，且为秦桧余党，实不能镇服。存中既受命，集诸将于合肥而调护之。存中曰："吾自起兵以来，周旋于张、韩、刘、岳诸大帅左右，每遇战役，如柘皋、顺昌之捷，皆由于互相援助，而不猜疑，愿与三军将士共勉之。"众皆悦服。事闻于临安，孝宗亲札赐之曰："诸帅协和，互相应策，卿之力也。"会金兵又深入，朝议欲舍淮保江，存中持不可，乃已。愤激者，或请调江南精锐，分道北渡，与金决战。存中曰："和战大计，出自朝廷。且宜临江固垒，以老金师。"金人寻乞和，乾道元年，和议告成，始正敌国之礼，存中奉诏班师。按存中本名沂中，字正甫，为庆历皇祐间名将杨文广之孙，而《宋史·杨存中传》谓：存中代州人，祖宗闵。

按：庆历、皇祐是北宋仁宗年号。杨文广者，仁宗时从范仲淹御西夏，又从狄青南平侬智高诸战役之名将也。文广父杨延朗，延朗后改名延昭，《延昭本传》亦谓契丹边军惮畏延昭，呼为六郎。《宋史》虽未叙明宗闵与文广为一人。然世传杨六郎，有子名宗保，则文广殆即为宗闵。《江淮军事纪要》可谓信而有征矣。六郎父杨继业，即国剧中《杨家将》之杨老令公。太宗雍熙三年，以防御契丹，战死云代间，妇孺老幼人人所乐道之忠贞故事也。

《临安闻见录》谓：杨存中先世，为并州太原人，熙宁初，始徙居代州。按此则与《宋史》所记杨继业里居，甚相吻合矣。存中世代为将，故其调护诸将，能见其大，而扼其要，师克在和一语，非老生常谈也。

宋故事：益王由温州入闽至广，有名杨大同者，年五十余，代州人，充端宗带御器械，随侍圣上，一步不离。后辗转播迁，端宗病崩，大同守灵如同孝子孝孙，后卫王在厓继位，大同扶柩到崖山归葬，犹未离去，忠义耿耿，人感敬之。有人谓大同为存中四世孙，也就是杨令公八世孙。名将后裔，毕竟不凡。

第58章

学术文化及诗词

理学在北宋时代，由于濂溪周敦颐、洛阳二程、关中张载的提倡发展，已有很辉煌的成果。及至南宋初期，更有婺源朱熹及金溪陆象山的提倡，使此一称道学的理学，成为两宋最盛的学术思想。

魏晋以后，中国思想有了很大的转变，主要的由于佛教输入和道教的产生，而道教也受着佛教的影响。截至唐代，正统的儒家，虽仍在对佛教竭力攻击，但其势不可遏，许多聪明才智之士，成了佛教信徒，自创新的宗派和新的体系。甚至卫道最力的人如韩愈，亦杂有佛教的意识。迨后禅宗之说兴起（禅宗为佛教革新运动，使佛教简易化、中国化），谓顿悟可以成佛；儒、释、道三种思想，融合为一，成为理学。史传讲述两宋性理之学，以濂溪周子《太极图易通》（通书）为宗，邵康节之先天易衍为皇极经世，张构渠正蒙太和之气，西铭仁爱之理继之，是为理学之启蒙期（所谓建始期）。由上观之，可知理学之开山祖师，为北宋仁宗时周敦颐（其太极图说以明天理之根源，究万物之终始），他在理学上的主张，是以静（无欲）达到明心见性；静即不动，寂然不动则为诚。与他同时的有张载，稍后有程明道及程伊川兄弟。张载主张变化气质，使归于理。二程认为理须以诚敬存之，诚敬在身体力行，致知在格物（知事物真理），尽性，性即是理，以忠恕、诚敬为涵养之本。真正集理学大成者，则为南宋的朱熹了。

朱熹，字元晦，婺源（安徽婺源）人。他以英迈刚明之资，上承周程遗风，以太极理气立形上思想，以理欲性情阐道德精微，详疏格致之章，总摄知行之义，高文衍论，旧典昌明，原始要终，流传盛业，主张格物致知为先，明善诚心为要，穷理以致其知，反躬以践其实，而居敬为主。于是理学四派，濂（周敦颐）、洛（程灏、程颐）、关（张载）、闽（朱熹）中，朱熹为最重要的一派。同时陆九渊（象山）崛起，陆字子静，号存齐，抚州金溪人（江西金溪），在理学上与朱熹抗衡，分捧珠盘，主持讲会，本孟子先生立乎大者之教，倡吾心即理之说。吾心即道，任其自然，此心自能应物无穷，此为与朱子同时而所见与他相异之“心学”一派，后为明代王阳明导其先路，发扬而光大之。上面理学之四大派系，北宋时期即已形成，到南宋初期，几成为思想之中心。南宋虽外患入侵，群盗如毛，而文风之盛，并不逊魏晋。有人说，战火蔓延于淮河黄河两岸，南方未受兵燹，反而益趋繁荣，文物随之而盛。其然，岂其然乎？

由于北宋之教育制度发达，故书院很多，著名的有庐山白鹿洞书院、长沙岳麓书院、商丘应天书院及嵩山（河南登封）的嵩阳书院，合称为四大书院，均为官立。山长（主讲人）均可自订教条，讲明义理，教者确能躬行示范感化；中心原则，为做人重于求知，崇尚实践，而以自觉启发为主。此外尚有汴京太学一所，规模历史，尤为宏大。

到南宋时，书院多为私立，惟有杭州之太学为官立。杭州国立太学，是继北宋汴京太学南迁而成。高宗绍兴元年，定都杭州，十二年筹备国学，次年成立。即1143年至德祐二年（1276）宋亡，太学遂废，前后共经一百三十四年。南宋太学，地址于岳飞第宅，按绍兴十一年，岳飞为秦桧所害，私产归国；至孝宗即位，赐谥武穆，宁宗追封鄂王，岳飞故宅，即改为太学地址，位于杭州纪家桥东，前洋街北。（今校舍变迁，已不复见，惟御书石经八十余块尚存，存杭州师范。此外尚有岳王庙中一井，相传岳飞被害时，有女尚幼，挟银瓶投井，世称银瓶井。）

以现代眼光而论，南宋太学（太学始于汉代，隋以后，改称国子监，然国学及太学之名亦所通），仅可称为文科，而含有一部分法科。在北宋晚年，虽曾先后置律学、算学、画学、医学等科，但至南宋，仍自太学分出，并于专门研究机关，如算学并入太史局，医学并入太医局。南宋又设武学，其性质如今之中央军校。太学中之组织，有祭酒一人（校长），下设司业与丞（即教务长及秘书），博士十人（教授），学录、学正各五人（副教授及讲师），学谕（助教）二十人，皆由上舍生成绩良者升充之。（太学学生分外舍、内舍、上舍等生，依次升级。）由于太学日供饮膳，为礼甚丰，平均每生国家所费约十贯（每贯十钱），故投考踊跃。宁宗嘉泰三年投考者，有三万七千人之众。

南宋太学，由于势众力大，具有深厚的影响力，我国古代无报纸，惟太学生常代表民意“伏阙上书”，有时公然与宰相挑战，自居反对党地位，动以扫课（罢课）要挟朝廷，宰相屡为去职。然太学生因外交问题，时为个人败类所乘，其流弊也大，颇为史家所诟病。故公正之士，如陆放翁诗云：“往岁淮虏未得归，诸生合疏论危机，人材衰靡方当虑，士气峥嵘未可非，万事不如公论久，诸贤莫于众心违。”此为公正之评语也。

南宋太学另一贡献是印刷出版业。五代时，冯道为相，始在国子监（即太学）刻书，两宋沿用之。我国古籍印刷之精，首推宋版，而监本尤可贵，其形式、字迹、纸质墨色，一一精雅古朴，真是动人美感。

吾人常谓“唐诗、宋词、元曲”，可见宋之文学，词占重要位置。诚然如此，词发达到宋，可谓已登峰造极。唐及五代之词，多为小令。宋仁宗时，始有长词。然小令、中调、长调之名，亦始于宋，见词综发凡。宋人作词，尤能独抒胸怀，不若前代之多为惜别伤时之作也。

宋词发达之原因有二：一、宋乃一苟安时代，君臣鸩于逸乐，南渡后之高宗、孝宗，亦均能词。三大奸相秦桧、韩侂胄、贾似道俱有词人依附于门下。二、为理学盛行，影响文学，压抑太甚，词乃文人唯一抒情之作，无怪乎趋之若鹜矣。

南宋之初，有儒将辛弃疾，女词人李清照、朱淑真等人，俱有名于时。辛弃疾为一民族词人，词意悲壮激昂，缠绵悱恻，著作甚丰，流传至今，有六百余首。李清照，这位继汉代曹大姑及蔡文姬两位女文学家而后的大词人，号易安居士，生于济南，时神宗元丰六年。夫为金石校勘家太学生赵明诚，早卒，孤身漂泊江南，工诗文，尤擅词，所著有《漱玉词》，是时已多有摹拟其词体者，辙注曰“效易安体”，论者谓可抗周（邦彦）柳（永），当非溢美之词。朱淑真与李同称“朱李”者是也，其作《断肠集》，以所适非偶，故词多凄惋。沉周颐《蕙风词话》曰："淑真清空婉约，纯乎北宋，易安之笔，情景至浓，意境较沉博，下开南宋风气。"实名言也。

其后有姜夔，为词中好手。王国维《人间词话》称："古今词人词之高，无如白石。"但亦评曰："惜不能于意境上用力，故觉无言外之味，弦外之响。"姜字白石，对同时及后进词人，影响甚大，自成姜派，以吴文英、张炎最著名，吴字君特，有《梦窗词》四卷，（故又号吴梦窗），张炎评曰："如七宝楼台，眩人眼目，碎拆下来，不成片段。"二人颇不相容。张字叔夏，有《玉田词》及《山中白雪词》，意度超远，以生当宋元之际，国破家亡，词多凄怨，宋词至此，已走末运。其他如史达祖、高观国、周密（有《绝妙好词》）等人，皆无足论矣。

两宋继唐以后，宋诗亦占重要地位，惟北宋较南宋为盛。北宋苏东坡、黄庭坚、王安石诸人，有的以浩瀚广阔，传诵一时，有的以抒情之调，力追李杜。南宋以范成大、陆游为极负盛名，范寄情山水，自号田园诗人；陆满怀愤激，呼为爱国诗人，字务观，别号放翁，山阴人，年十二，能诗文，荫补登仕郎，销厅荐第一，秦桧孙埙居其次。桧怒，黜簿主司。明年，试福部主事，名列前茅，桧又黜之。游才气距逸，长于诗。通判夔州，由绍兴溯江而上，半年始达，成诗千余首，传诵一时。晚年为韩侂胄撰《南园阅古泉记》，见讥清议。朱熹尝言其能太高，迹太近，恐为有力者所牵挽，不得全其晚节，盖有先见之明焉。宁宗嘉定二年卒，年八十有五。

第 59 章

柴窑、哥窑与三大发明

汉以前仅有陶器。晋以后始有瓷器，至隋制造渐精。唐代瓷器的出产地，为河南洛阳、河北邢台、江西豫章等处。浙江绍兴的青瓷，尤为上品。至五代仍为供奉之物，后周世宗时，柴窑（河南禹县）的产品，更精美绝伦。宋代陶瓷器之盛，可谓空前。在北方有定州的定窑、汝州的汝窑、钧州的钧窑。在南方有龙泉窑、处州的哥窑，及江西的景德镇窑。景德窑所产瓷器，有假玉之称。宋真宗修造官窑，改名景德镇。

《行朝纪痛》："南渡后，初极草草，宫中御用器物，亦多取办民间，简朴而已。和议既成，始以珍玩作陈饰，而一应瓶供杯盘，以柴窑最为称旨，其次为定汝官哥窑。"

按柴窑为陶瓷之宝贵者，世传周世宗时烧造，所司请其色，世宗曰："雨过天青云破处，这般颜色做将来。"今瓷器之雨过天青色者皆柴窑，或谓制器者姓柴，故名柴窑。柴窑之外有定、汝、官、哥四种，皆宋器也。传至今者，惟哥窑稍易得，盖其质厚颇奈藏耳。

《四部稿》谓：南宋时，处州章生兄弟皆作窑，兄所作者，视弟稍白而断纹多，号曰笈碎。又《考古遗芳》称兄所作为哥窑。《五杂俎》谓定汝白玉，难于完璧，宋时宫中所用，率钤其口，以是损价。《稗编》谓：南渡后，修内司造青器名内窑，澄泥为范，极有精致，釉色莹洁，为世所珍。后郊坛下别立新窑。余如乌泥窑、余杭窑、续窑，皆非官窑，此所谓旧越窑，不复见矣。《六研斋笔记》谓："南宋时，余姚有秘色磁，粗朴而耐久，今人率以官窑目之，不能别也。"当时去柴周仅二百余年，如《行朝纪痛》，则柴窑已成珍器矣。或者其意谓和议未成前，不堪简陋耶?

《宋史》：北宋时，我国有三大发明，即火药、指南针、印刷术。指南针发明最早，而罗盘制造和普遍使用，约在北宋末期与南宋初期。印刷术北宋仁宗时，毕昇发明活字厂，南宋时更普遍使用以至于今。火药，在汉唐时，用硫磺炭制成爆仗，霹雳炮击溃金，霹雳炮就是当时所发明。其他木棉、轻纱、薄缣、织帛等，至南宋时，其精美又跃进一步。因之对内对外商业，亦日趋繁盛。印度以东航权，都操于中国人之手。南渡以后，互市尤为重视，国家岁出，以官卖赢利及关税为最大浥注。

第60章

帝幼臣孤——南宋亡

度宗三子卫王昺，在广东潮州即帝位，年甫八岁，是南宋最后一任君王。此时在戎马仓皇流离播迁之中，一切官制都谈不上了。由张世杰秉政，陆秀夫助之，杨太妃听政，也无帘可垂。改年号为祥兴，行宫暂设在当地都司衙门，杨太妃伴帝居于年久失修之都司老爷签押房内。因所随来官吏兵民尚有二十余万，把一个小城镇，闹得乌烟瘴气。

祥兴元年六月，世杰秀夫奉帝迁居崖山。崖山距新会县南八十华里之海中，濒临珠江三角洲之滨，隔江就是顺德，迤南是中山县。所谓三角洲，把珠江形成一个三角形势，岛屿罗列，港汊交错，不熟习地形的人们，身临其境，几乎陷仿八阵图之迷网。大概张世杰、陆秀夫有鉴于当时元兵追逼甚紧，利用这种自以为“天险”之崖山，作为背水抗敌复兴朝廷之伟大计划。

到后来敌兵三面包围，水以艨艟战舰由水路而来，退路绝望，只有投水溺死之一途。文人将兵，愚昧孰甚。

《宋史纪事本末》：祥兴元年乙酉六月，帝迁居新会之崖山，六军所泊居雷化犬牙处。崖山位于巨海中，与奇石山相对立，形如两扉，潮泛之出入也，故有镇戍。张世杰以为天险，可扼以自固，乃奉帝移驻。遣人入山伐木，造行宫三十间，单屋三千间，正殿曰慈元，杨太妃居之，升广州为祥兴府，所带来官兵民甚多，居于舟，资粮取办于广右诸州郡及海外四州。复刷人匠，造舟楫，制器仗。又《行朝记痛》谓：带来乐器，令乐官晨晚谱奏，行在宫殿，均漆有红黄绿各种颜色，瓦覆以琉璃，新编之御林军亦照旧手执戈矛轮班，每日早朝，大小随来臣官，一如往昔纱帽袍靴，执笏列班，固俨然一小朝廷也。

时元军张宏范奏云：张世杰复立广王（指昺），闽广响应，宜进取之。元主乃以宏范为蒙古汉军都元帅，赐宝剑，专决军事；宏范荐李恒自副，从之。宏范至扬州，选将校，发水陆之师二万，分道而南。元主复命塔出留后（经理之谓），供军费，又命阿里海牙殿后（预备队）。此时崖山朝廷命张应科取雷州，湖南制置张烈良及提刑刘应龙起兵以应崖山，广东之雷州郊属、琼州、全州、永州与潭县之民周隆、贺十二等咸应之，大者数万，小者亦数千人。裨将王道夫、凌震攻广州，翟国秀驰援。这时文天祥被囚于元军中，尚未被解入燕都，闻帝即位，上表自劾兵败江西之罪。宏范又命天祥为书招世杰，天祥曰："吾不能捍父母，乃教人叛父母乎？"固命之，天祥书《过零丁洋》诗与之，其末有云："人生自古谁无死，留取丹心照汗青。"世杰、秀夫御敌之心愈坚，又经几月之修缮添制及整备，小朝廷仿佛万事俱备矣。

元军汉军正副都元帅张宏范、李恒，于祥兴元年三月，分由水陆两路直趋广东，欲一举扑灭促居一隅之宋室。元主忽必烈是智勇兼备的人物，另派一纯粹蒙古籍参赞军事的幕僚十余人，兼程南下，协助戎机，务必斩草除根，完成混一宇内之志愿。

冬十月，副将阿里海牙在潭州获周隆、贺十二斩之，所部改编为地方团队。湖南制置使张烈良乌罗洞为元军所获，处死。蒙古大将阿里海牙略地海外，甚猛。琼州安抚赵与珞、冉安国、黄之杰等率兵拒于白沙口，以死自誓，日候援兵不至。由是琼南、宁、万安、吉阳诸州县及八番罗甸诸蛮皆附于元。冬十一月，蒙古汉军数路并进，张宏范以舟师沿海道进袭漳、潮、惠三州。李恒以步骑由梅岭袭广州。十二月，琼州民作乱，执赵与珞等降于元，冉安国、黄之杰死之。李恒兵至清远，王道夫迎战，大败。恒又击溃凌震，王凌弃广州遁；恒入广州，以待宏范。祥兴二年春正月，张宏范由潮阳港乘舟入海，至甲子门，获斥候将刘青、顾凯，知帝所在，乃挥兵直趋崖山。李恒又自广州率师来会，宏范令恒守崖山以北。二月癸未，宏范乃四分其军，自将一军，相去里许，令诸将曰：宋舟西仪崖山，潮必东，急攻之，闻吾乐作，乃战，违令者斩。初，有人建议世杰，元兵以舟师塞海口，我不能进退，盍往据之？胜者，国之福也，失败，犹可西走。世杰恐在海中，士卒离心，动则必散，乃曰："频年航海，何时已乎？今须与决胜负。"遂焚行朝草市，结大舶千余，作一字形阵，碇海中，舻外贯以大索，四周起楼棚如城寨，奉帝昺居其间。崖山以北，水浅，舟不能进。是时宏范军由崖山东转而南，入大洋，与世杰师相遇。乃出奇兵断宋军汲路，宋舟坚不动，宏范乃舟载茅茨，沃以膏脂，以火焚之。但世杰战舰皆涂泥，缚长木以拒火，舟不爇。宏范无如之何，遂有四面围攻崖山之举。时黑气出山西，李恒乘早潮退攻其北，世杰以淮兵作殊死战。至午，潮上，元军乐作，世杰以敌人懈，不能久持。宏范遂以舟攻其南，世杰南北受敌，官兵皆疲，不能复战。俄有一舟樯旗仆，诸舟之樯旗皆仆（古时海上搏斗示降意），世杰知大势已去，乃抽精兵入中军，诸军大溃。翟国秀、凌震等皆解甲降元。元军乘胜薄中军，会日暮风雨交加，昏雾四布，咫尺不辨。是时元援军源源而至，将整个崖山团团围住。世杰设计之以大索相贯之涂泥舳舻，多有自相倒旗或自动解索而离去，情势严重，败象毕呈。张世杰到现在始知退据崖山，四面环水，退路绝望，仰天叹曰：“崖山真是绝崖乎？胡天不佑宋？力已尽，帝幼臣孤，将有何面目见先帝先贤于地下？”言罢，泪簌簌下。

北宋于靖康二年（1127）被灭亡。南宋迁都临安，三次与金人屈膝乞和。最后遭到蒙古兵压境，几个孤臣孽子，奉两幼帝，辗转播迁至广东崖山覆亡（1279），也就是元朝至正十六年，中间凡九帝，历时一百五十一年。假如包括北宋一百六十七年在内，（960 年北宋建国始至 1127 年止）整个赵氏天下为三百一十八年。本篇系《说南宋》最后一篇，将两宋国祚数字，参合公元历数，分述于上。以便读者有所考据焉。下面就是南宋崖山覆亡的一幕。

祥兴二年三月朔日起，元军分由水陆两路，包围崖山。一天一天地朝着宋军筑有楼棚的舟师紧逼。按照今日军中术语，所谓紧缩包围圈是也。张世杰知情势危殆，遣小舟至帝所，欲奉帝至其舟中，旋谋遁去。陆秀夫恐来舟不得免，又虑为人所卖，或被俘虏，执不肯赴。秀夫因帝舟庞大，且与诸舟环结，度不得出走，乃先驱其妻子入海，谓帝曰：“国事至此，陛下当为国死，德祐皇帝（㬎）受辱已甚，凡属大宋臣民，无不含羞。今月胡虏压迫渐近，大势无望，陛下不可再受凌辱。”帝啼哭，秀夫泪如雨下。挽衣系腰，负帝下船楼，侍臣后宫环跪船舷，时天气昏暗，细雨蒙蒙，海浪冲击舟楫作呜咽声，远方传来一阵喊杀声，冲天炮火交织而击中环结之舟，秀夫只问了一声："我的妻子死了没？"即纵身与帝同溺波涛中。后宫侍从，睹此情景，从死者甚众。张世杰乃与苏刘义断维夺港，乘风雨中遁去。余舟尚有八百，尽为宏范所得，越七日，尸浮海上者十余万人。元卒有捞尸求金帛者，遇一尸，小而衣黄衣，负诏书之宝，卒以宝献宏范，亟令求之，已不见矣。遂以帝崩报，年九岁，杨太后当时抚膺大恸曰："我忍死间关至此者，正为赵氏一块肉耳。"遂赴海死。世杰将赴占城，土豪强之还广东，乃回舟栖南恩之海陵山，散溃稍集。议入广，台风大作，将士劝世杰登岸。世杰曰："无以为也。"登舵楼，焚香祝曰："我为国家，亦已至矣，一君亡，复立一君，今又亡，我未死者，庶几敌兵退，别立赵氏以存祀耳。今若此，岂天意耶？"是时风涛愈甚，对随从将士慰藉了几句，热泪满眶，返身堕海而死，南宋亡。

按：南宋偏安一百五十一年，中间贤相名将，不时辈出。有许多次有利机会，可以收京复国扫穴犁庭。然而当时朝廷不能效法越勾践卧薪尝胆，夏少康刻苦雪耻，一味因循苟安，粉饰太平，口歌中兴，自我陶醉。长江水不西流，时间溜走了。大好河山，终至拖到崖山覆亡为止。岂天意耶？实人谋不臧也。

作者参考有关南宋史乘、书钞、诸家笔记，及坊间稗史达数十种，均是以大宋正统立场，发挥忠义精神，扬清激浊，去芜存精。在《自立晚报》连载了五个多月，当然不免有粗制滥造、偷工减料之处，还祈读者与研究宋史者加以指正为幸。

附录一

从《说南宋》想起三个案子

读刘永宁兄回顾当年波涛汹涌的“《说南宋》事件”，想起事件之前与之后的三个案子，即1949年的“四六事件”、1960年的“《自由中国》事件”和1965年《说南宋》半年以后的《文星》杂志事件。

这三个案子有一个共同点，即都与“匪”有关，其罪名不是“为匪宣传”，就是“涉嫌叛乱”。但它们的结局却是从重到轻：“四六事件”有多名教师学生被枪毙或送至绿岛感训；“《自由中国》事件”雷震下狱十年，同案数人被判重刑；“《文星》杂志事件”则无人坐牢。

且说“四六事件”。1949年4月6日凌晨，军警进入台大及师范学院（今师大）宿舍，逮捕教师、学生十余人。第二天学生集体抗议、罢课，又被捕二十余人。这个案子的源头是几个台大、师院学生社团在校内及校外的活动，被当局怀疑背后有共产党分子策动反对政府。这其中以“黄河合唱团”及“麦浪歌咏队”最为活跃，除在校外演出外，还组织了许多民间活动，颇受欢迎。事件的导火线则为是年3月20日晚，一名台大学生和一名师院学生共乘一辆脚踏车，被警察拦下取缔，并以违反交通规则为由押解到警察局法办。两校部分学生听说警察抓人，群起动员包围警局，要求道歉，随之引发罢课及游行。当局震怒，下令清查主谋分子，抓捕教师和学生，被捕者的罪名是“为匪宣传”及“涉嫌叛乱”。11月，十余人被枪决，其余按罪行轻重或判刑下狱，或交付感训，或释放。其后，台大学生文艺团体乐群音乐社、自由画社被训导处勒令关闭。两社社员数人被送往绿岛感训。师院黄姓指导老师被枪决。笔者当时是自由画社之一员，两位熟识的乐群及画社的好同学突然被捕送往绿岛，惊悚万分，不敢打听发生了什么事。

再说“《自由中国》事件”。《自由中国》杂志宣扬西方自由主义，倡言民主人权。从1951年的社论《政府不可诱民入罪》到“恭祝总统七秩大庆专号”，力劝蒋公不要再做第三任“总统”，到鼓吹军队“国家化”，引起国民党宣传机关和军方直指它的言论是“毒素思想死灰复燃”、“为共匪统战铺路”、“搞思想走私”，并痛责所谓“军队国家化、取消军中党部、司法独立、保障人权”等主张形同叛国。1957年8月起，《自由中国》发表一系列《今日的问题》的社论。1958年又连续发表批评选举舞弊、主张成立反对党等言论。其不畏权势、直言无忌的作风，处处触犯当局的禁忌。最后一根稻草，是雷震积极组织反对党引起国民党的警惕与不安。1960 年 9 月，《自由中国》创办人雷震被捕，罪名是“知匪不报”、“涉嫌叛乱”，10 月 3 日警总军事法庭开庭，七小时后审结。10 月 7 日宣判罪名成立，随即判处雷震有期徒刑十年。出版了二百九十期的《自由中国》杂志正式停刊。

最后谈谈“《文星》杂志事件”。《文星》杂志创刊于 1957 年，刊物的宗旨标榜“文学的、艺术的、生活的”。几年后《文星》内部改组，作风改变，展现“批判的、改革的、自由的”风格。它刊出的文章充满了攻击性，经常指名道姓作出涉及人身攻击的批判。这不但种下了日后被迫停刊的祸根，也为学术界带来了浮躁谩骂、叫嚣对阵的恶风。1965 年 12 月 25 日，《文星》杂志第 99 期尚待排印之时，台北市警局的警员直接到印刷工厂没收了待印稿件。两天后，市长高玉树下达《文星》杂志停刊一年的行政命令。一年后《文星》停刊期满，负责人萧孟能依法申请复刊，不获批准。

1965 年发生的《说南宋》这件事，相较于上述三案，可说是个未遂案，或“未爆弹”。就“反共复国”大业的“国策”而言，偏安就是摧毁民心，就是失败主义，说这话的就是“共匪同路人”。这顶帽子何其大？一部“有问题”的作品竟能在报纸上连载五个月而无人检举，连载完毕后又出书，刊登广告销售一空也无人注意，直到蒋介石亲自点明这本书有问题，发了大脾气，相关主管人员才如梦初醒，纷纷“动起来”。国民党主管部门如有意奉承上意扩大案情，则比照处理《自由中国》的手法，封刊关人易如反掌。然而他们并没有这么做，或者从未想到要这么做，何以致之？原来，当时中央党部第四组正忙于盯住《文星》杂志。《文星》掀起“中西文化论战”之后，于1962年借“闽变案”集中火力攻击胡秋原，引起立院质询及诉讼。1964年4月因刊出“中华苏维埃共和国婚姻条例”的影印图片，被警总认为“有为匪宣传之处”，下令查禁。同年9月，彭明敏、谢聪敏、魏廷朝因涉嫌“非法颠覆政府”被捕，费正清投书《纽约时报》抗议台湾当局的逮捕事件。由于不久前《文星》曾以费正清为封面人物并为文介绍，《文星》遂被指为勾结美国姑息分子费正清集团，甚至被批为“出卖中国的主犯”。此后《文星》不断地发表讨论司法、恶法、人权、人身自由、冤狱、非法逮捕、非法拘禁等问题的文章。同年11月，又借林语堂之口说孙中山“乃三分中国人，七分洋鬼子”，再次遭到扣押。12月，《文星》第99期的社论《我们对“国法党限”的严正表示——以谢然之的作风为例》谴责谢然之……刊物未出版即被查禁一年。事实上《文星》的言论引起中四组注意，要比蒋公揭发《说南宋》早得多。《文星》被封，正是这年12月，亦即《说南宋》度过危机五个多月之后的事。中四组为“《说南宋》案”开脱，却对《文星》痛下杀手，应是不得不然。既然要办，当然《文星》首当其冲。即使《说南宋》真有问题，也势必先放下再说。他们不会笨到同时办两个“为匪宣传”的案件，而冲淡其正当性也。

相较于《自由中国》和《文星》杂志动态的、针对性的言论，《说南宋》是静态而理性的，既不针砭时政，也不抱怨现实。书中的文章不论是否具有影射性或借古讽今，基本上是就历史讲历史，以爱之深责之切的心情，发出“中兴难，偏安尤难”、“宴安鸩毒、因循偷安”的警语。此书的出发点毋宁是善意的，忧国忧民的，出自苦口婆心的肺腑之言。与同时期《文星》的激烈言论相比，这样的书是很难罗织成案的。依照前述三案结局从重到轻的趋势，即使《说南宋》果真成案，其结果也可能是没收书本了事，不会抓人的。

刘鄂公闯下大祸，幸而免于整肃之灾，固然由于他是民社党的国大代表，处理不慎可能引起当年与国民党共同制宪的友党不快，难免投鼠忌器。但党内诸大佬的冷静处理和睿智调和，以及相关部门主管人员的自我克制，终于化解了此事走向亲痛仇快的地步。更重要的，是蒋公具有勇于接受左右重臣建言的胸怀，脾气发过了，轻轻放下，消弭了这桩可能引发“大地震”的案子于无形。

陶恒生

2013 年 2 月于旧金山

附录二

由“查禁《说南宋》”案去看

20世纪60年代国民党中央的政治操作模式

第一章
前言

一、缘起

2003年我把先君毅成公所遗留下来的一本书，即吾友刘永宁兄之尊翁家麟先生的大著《说南宋》，送还给永宁兄。因为这本书的扉页上有家麟先生之亲笔签名，可以用作刘府保存之纪念品也。

永宁兄告诉我，此是海内孤本，因为在1965年此书出版不久，即被国府查禁，而且是蒋中正“总统”亲自下的命令，以致荡然无存，连刘府也不得保留完整的一本了。

不久前，刘兄吩咐我去查阅先君的遗稿——《中央工作记》中有关国民党查禁此书之记载。我找到了三次相关的会议记录，读了以后甚觉有趣，因为由此中可以看出许多玄机，乃草成此文。一方面分析何以在蒋中正雷霆一击之后，刘先生竟然可以免去牢狱之灾；二方面也籍此案之处理过程，用以研究那个时代国民党高层权力操作之模式也。

二、“一国三公”的威权时代

在20世纪60年代台湾是处于国民党一党执政时期，蒋中正总裁兼“总统”已是唯我独尊，无人足以挑战其威权的了。可是这并不表示他一人可以说了就算，往往连蒋先生也是力不从心，不能独自拍板就定案的。由本文所记述的他亲自下令去查禁一本书，最后却成了“书查禁，作者不抓，出版者另议”的雷声大、雨点小之虎头蛇尾，草草结案之状况，即可证明也。

一般人以为两蒋时代是国民党统治的“威权时期”，是一言堂。其实国民党并非铁板一块，其内部派系倾轧所引起的政策纷争，甚为严重，不过此多为水底之激流漩涡，外间不容易察觉而已。

1949年国府退守台湾之后，除了蒋中正的嫡系之外，其他国民党内的山头，例如川、滇、晋、湘、粤、桂、西北军、东北军等皆已星散。此即共产党替蒋先生作了一次大扫除，到了台湾的国民党，其内部只剩下蒋先生的嫡系还拥有政治实力的了。

可是在蒋的嫡系之中却是派系林立，举其大者为CC及团派，其他还有政学系、官邸派、夫人派等小型政团在焉。

就拿排名在前面的两个大派系来说，即团派与CC，双方之斗争远在大陆时期即为由来已久，来台后则犹为积不相容也。

来台后，团派的陈诚与蒋经国两位长期执政，因此在国民党中央及政府里，团派是拥有实权的主流派，而 CC 乃是非主流派。

可是在 1949 年以前，CC 的领导人二陈兄弟，即陈果夫与陈立夫两位先生，则一手掌控了国民党中央党部，即 CC 是党的主流派，团派则是非主流派。

也就是说在迁台前后，团派与 CC 在党中央的角色乃为互换的了。

即使团派内部也有次级团体，此即由副总裁陈诚先生所领导的陈系，以及由经国先生所领导的政团，在本文中姑且名之曰“太子帮”。

也就是说在 1949 年迁台后，到陈先生在 1965 年逝世之前，国民党是“一国三公”的局面。即 CC 与团派中的陈、蒋二系共享政治权利也。

即使在陈先生去世之后，陈系中人虽然大量转换门庭，改入“太子帮”，可是坚守立场，终其身不改其志的，不但有之，而且其中的袁守谦（企止）及郭骥（外川）两位，仍然分别长期担任国民党中常委。在 1975 年蒋中正先生去世前，国民党先后只有 15 位（1963 年 12 月前）或 19 位中常委，也就是说袁先生或郭先生仍长期是政坛的重量级人物。

三、“国会”中的朝小野大

因为在迁台后三个“国会”长期未曾改选，所以在 1946、1947 年里在大陆选出的第一届中央民意代表，此即立法委员、监察委员与国大代表们乃为长期在位，因之被人称之为“万年国会”。此中 CC 的成员多于团派者，遂出现了朝小野大的局面。

迁台初期，陈果夫先生在 1950 年便已去世，而当时陈立夫先生又已被蒋中正先生放逐，全家赴美，在二十多年后才回台长住。在此期间，CC 名义上的领导人是谷正纲先生，可是因为谷先生有下列三个因素，此即：

（一）其脾气刚强，人缘乃为不佳。

（二）他是出身于汪精卫所领导的“改组派”，不但与 CC 主流之政校师生校友无涉，而且也不是蒋中正之嫡系。

（三）谷先生是国大代表，而当时政治重心则在“立法院”。

所以 CC 在“立法院”中因为群龙无首，乃分裂而成几个次级团体，遂使主政的团派得加以操作而合纵连横于其间也。

团派内部有了陈蒋二系之内争，CC 中间隐然也有支派之分野，今举其大者，略述之也；此处我不沿用各政团之名称，只是依其成员之性质，将之大略分成三派，此即：

（一）朱家骅系，以浙江人为主。此因朱先生在抗战前夕曾任浙江省主席，而其派系成员之楼桐孙先生（“立法委员”）久任浙江省党部主任委员之故。此派在“立法院”中人数不多，是个小团体，却也有楼桐孙、罗霞天等人。

（二）张厉生所领导的“华北帮”（或称“河北帮”），其成因详见后文。此派为 CC 中最具有战斗力的次级团体，因其长期在华北与东北从事国民党之地下党务，乃与伪满、汪伪及日本人作长期斗争，所以其成员们不但内聚力强，而且熟悉特工与组织之技巧及业务，在两蒋时代，国民党中央有一部分实权长期操纵在此派手中。更有意思的是，在华北及东北，他们的对手是刘少奇先生所领导的华北局与东北局成员。在 1949 年时，共产党打败了国民党，可是后来张厉生所领导的国民党之“华北帮”成员，却在台湾大为得势。两相对照，人生之得失成败，真是一时难以预料的了。

这个派系在台湾的“立法院”里，著名的人物有齐世英、梁肃戎、吴延环、王任远等人。

（三）其他的 CC 人士，即在“国统区”中参政，又不是朱家骅系之成员者。此为人数最多的一个团体，但是其组织散漫，战斗力乃远不如在人数上较之为少的“华北帮”。其在“立法院”中的领导人则为张道藩与胡健中等人。

在蒋中正时代，CC 长期在国民党中常会里占有三席到四席，此即占了常会大约五分之一的席次。在“华北帮”成员中，张厉生在迁台之初曾先后出任中央秘书长及“行政院”副院长，随后出使日本。岔一句话，此为人地两不相宜之事。因为当时抗战结束不久，而张先生则在早自 30 年代便开始在华北与东北领导国民党人与日本人抗争者也。此即日本人与张先生彼此之间不但敌意甚为浓厚，而且旧恨之记忆犹在也。所以张先生之出使日本，乃是宾主均为不欢之局面的了。自张厉生之后，终蒋中正之世，蒋先生所主持的中常会里，CC 的中常委如张道藩、胡健中、余井塘、谷正纲等人都不是“华北帮”成员，而是南方人。可是在高级党工中则不乏“华北帮”中人，例如王任远。这个奇怪而有趣的政治现象，值得研究此段台湾政治史者注意也。

四、“《说南宋》案”之所以大事化小的原因

在查办《说南宋》时，由后文可知，国民党中央牵涉到的高层人士如下列：

（一）中央第四组主任谢然之，属于团派的陈系。

（二）中央第六组主任陈建中，属于团派的“太子帮”。

（三）中央政策会副秘书长阮毅成，属于CC中的非“华北帮”。

（四）中常委陶希圣，不属于CC及团派。先生虽然长期在官邸服务，可是在政府迁台后他并不是蒋中正先生的侍从人员，与蒋先生是介乎朋友及部属之间的关系。此在西方可以名之为“顾问”，在东方则是属于“宾客”性质，蒋先生与陶先生的关系实难定位也，我们此时勉强称之为“官邸派”罢。其实陶先生的政治地位崇高，是在世称的“官邸派”成员如秦孝仪、周宏涛、楚崧秋等曾先后出任中央党部副秘书长者之上。今以政府中职位去作个类比，那些先生如果是部长级，那么陶先生在党中央则是院长级的人物了。请注意，在蒋中正先生时代，那15位（或19位）中常委之间，并不是彼此的政坛地位皆为相当者，有些重量级者为院长级，但是也有许多只是部长级者也。到了1975年蒋老先

生去世之后，经国先生乃把中常会人数加倍，增加到三十多位，以便其在从中驾驭，因之许多中常委连部长的资望都够不上了，此为后话。

（仁按，陶先生是第一届“立法院”委员，因之不能出任政府中的公职，只能高居党中的职位。）

依照上列名单，由本文可知，当时在国民党中央帮助《说南宋》一书作者刘先生的人士，是涵盖了“一国三公”的三个政团中人。此时国民党中央只有六个一级单位的“组”，即由中一组到中六组，则每一个组的实权其大可知也。此时查办此案的两位组主任暗中去挺刘先生，此两人分属团派之陈系及“太子帮”，而团派又掌控了党中央。再加上主持文宣督导的陶中常委（“官邸派”），及负责调停民社党内争的中政会副秘书长，即先父毅成公（CC派）又同时暗中出力。这样子的一个组合，乃把蒋先生亲自出面要查办的一个大案子，给化解成了雷声大、雨点小的了。这也是为什么《说南宋》一书的作者刘先生，在蒋先生大发脾气，亲自出面检举以后，可以免去牢狱之灾的原因也。

这些政坛老手的国民党中央高层人士，在查办“《说南宋》案”中，为什么会甘冒触犯蒋先生的虎威，去帮忙一个民社党人的著书者呢？

固然每个人的原因不同，有些是出于私谊，由后文可知，即谢然之、陶希圣与先父都是刘先生的朋友或同乡。可是陈建中先生与刘家并无交情，至于在 1965 年 6 月 26 日中常委谈话会里出面替刘先生说话的张其昀中常委，据永宁兄说，他也与其尊翁素无往来。由后文的记载可知，张先生发言说：“封报馆，捕作者，乃军阀作风，绝不是办法。”此为这些反对抓写书人者之共同心声。

也就是说于公言之，这些国民党高层人士都是反对大兴文字狱的了。

请注意，此案发生于1965年6月底的台湾，此正好是大陆上“文革”将要展开之前夕。同为写作历史杂文同为触怒当道的著书者，人在北京的吴晗先生，与人在台北的刘鄂公先生，他们两位命运之天差地别，除了蒋先生与毛先生两人的个性与行事作风不同之外，我认为当时蒋与毛两人身边的政坛重臣们之群体价值观大为相异，也是有关系的。

试想当时国民党内如果有一个江青、康生、张春桥这种助纣为虐、逢君之恶，以整人为快乐之本的重要人物在，而且此人乘着蒋中正大发雷霆之后，跳出来煽风点火，大唱高调，那么刘先生的下场，恐怕比起吴晗先生之入狱而囚死牢中，也只会是五十步与百步之差的了。试看蒋先生在中常会中指名检举，痛骂刘先生可能为“有共党在幕后指使”之后，与会同志即在19名中常委中，以及众多中央党部高级干部里面，竟然没有一个人出面，应蒋先生的指控。以此与“文革”初起时的共产党高层内部中左派支持毛泽东先生的情形作两相比照，我们系可看出来在60至70年代，大陆与台湾的政局为什么会一衰一兴，治乱荣枯之所以大不相同的原因之所在也。

在本文中，我先抄录先君对“《说南宋》案”有关的三次会议记录，再予评析之也。

第二章
国民党高层有关“《说南宋》案”的三次会议记录

一、蒋中正在中常会里的雷霆一击

关于《说南宋》一书被查禁案，先父阮毅成之《中央工作记》中有三次会议记录之有关。其中第一次是在 1965 年 6 月 23 日星期三的国民党中央常务委员会（即中常会）。当天的会议中先是讨论了别的案件，之后蒋中正先生乃主动提起《说江南》一书之事宜，而且是和郭国基先生的案子一并提出来的。父亲的记载如下文：

六月廿三日星期三

上午十时，列席中央常会，总裁主席。

……

总裁厉声谓：

（一）上次郭国基竞选省议员，竟在其所填经历中，谓曾叛反两个国家（意谓日本与中华民国），而台北市选举事务所不予改正，亦竟照样印入选举公报。此事究竟由何人负责，应予彻查。而各级党部亦从未有人检举，如此麻木何能在选举上与人作战？

（二）我自己检举《自立晚报》所载《说南宋》《说南明》，第四组竟谓《说南宋》作者系国大代表民社党籍之刘家麟，即思了事。该文在该报连载五个多月，单行本出版，刊载广告谓一两天即初版售光。我不是重视此书，而系重视此书之背景，以南宋南明影射今日台湾，充满失败主义，若非有共党在幕后指使，腐蚀我人心，必不至此。第四组主管宣传，每日看报，竟未注意。如此何能做中央委员，何能做宣传主管。如不能尽责，则辞职可也（总裁以手击案）。

（三）“共匪”在大陆窃据，我常说并不是他们行，而是我们太不行。我到中央党部来，已对党对国无益。我平时所说，大家做了多少？你们身经中央委员，不知研究，无可贡献，开会时临时听听，随意说说，生活行动思想，还有哪一点革命意味？我做总裁固然并不行，但我总裁是要死的，我死了，党和你们又怎样？（总裁言至此，甚为悲伤，眼有泪光，声音凄楚）我向不愿说悲观丧气的话，但现在不能不说。

总裁言至此，默然许久，情绪始渐平定。续谓：现就事论事。关于下次选举的辅导，可设专案小组，作深入研究。又中山奖学金回国学生，竟不能用，是何原因？

谷凤翔谓当时发交中央设计考核会任用，因无缺，乃派为额外专门委员会，该生不满意，乃到东海大学任课，现已改至国防研究院任职。

谷凤翔谓今日议程已毕，总裁未即宣告散会。续谓：《说南宋》事必须彻底追究其思想背景如何？是否为“共匪”指使或利用？你们现在还知道要党，因为你们要在党内的地位与权力。党垮了，你们就没有了。这是你们今天尚能要党存在的原因，至于革命精神、战斗意识，你们早没有了！总裁言时，声色俱厉，此为年来所少见者。

十一时五十五分散会。

按，今日第四组主任谢然之未到会，由副主任许闻渊代为列席，许未发言。

二、中央党部中央工作会报有关“《说南宋》案”之讨论

蒋总裁既然已在中常会里严厉指责党中央未能适当处理“《说南宋》案”，中央党部秘书长谷凤翔先生乃在第二天例行召开的中央党部之“工作会报”里，先予讨论此事，与会者发言甚多，长达两小时之久，其间透露的政治讯息颇多也。父亲的记录如下：

六月二十四日星期四

下午三时，至木栅中央党部疏散办公处出席工作会报，谷秘书长凤翔主席。

主席先就昨日中央常会时总裁为《自立晚报》连载《说南宋》与《说南明》赫然震怒事，征询各人处理意见，并说明当初系总裁命其转知第四组彻查，但第四组主任谢然之之查后报告，系直接送由秦副秘书长孝仪呈报总裁，其内容如何，因未曾过目，不知其详。今日会报，谢然之称病未到，四组副主任许闻渊虽到会，亦谓未见原稿，不知内容。

到会者发言甚多，直至五时始毕，多认为总裁高年，不应使其生气，致碍健康，对《自立晚报》及李玉阶应彻底查究。上次曹德宣赞成两个中国谬论，亦系由该报刊布。陈建中并主张不使李参加反共建国联盟。

……

五时五十五分，散会。主席声明今日讨论《自立晚报》刊载《说南宋》与《说南明》事，对外须保密。

三、中常委谈话会有关“《说南宋》案”之讨论经过

在1965年6月23日的中常会，以及24日的中央工作会报中，承办“《说南宋》案”的第四组主任谢然之先生都告了病假，没有到场，而且代之的该组首席副主任许闻渊先生则为一问三不知，无从代为答复。

下面的第三次会议，即6月26日的中常会，谢先生乃销假出席，并且作了为时五十分钟的冗长报告，父亲的记录如下：

六月二十六日星期六

上午十时，列席中央常委谈话会，轮值陶希圣主席。

首由第四组主任谢然之报告有关《自立晚报》刊载《说南宋》《说南明》两文事，历时五十分钟，其要点为：

（一）现制，关于新闻报纸杂志刊物内容之检查与管理，系由“警备总部内政部”、“教育部新闻局”、台湾省新闻处等掌管，职权分散，

且有重复。四组只能代表党在幕后策动，无法站到前面，直接处理。

（二）《自立晚报》所载之《说南明》，经严重警告后，已不再续刊，并改刊《贞观之治》，表面上系以盛唐喻今日，但内容仍系自隋炀帝荒淫无度说起，现又已通知其停载。

（三）《说南宋》已出版单行本，经“内政部出版事业管理处”研究，无法依出版法取缔。现不得已仍由警总依戒严时期办法，予以没收。

（四）《自立晚报》除副刊所载文字外，其他文字亦始终抱定反党反政府态度。李玉阶本已不能支持，周委员至柔任台省府主席时，设法救济，由吴三连与许金德各投资三分之一，方能渡过难关，并以叶明勋同志代表许出任该报社长，而大权仍由李独揽，最近李又增资，吴许均照交，李则将其自己一份，划出三分之二增值后售于翁明昌，李不但未拿出分文，反而赚进数十万元。故对于《自立晚报》事，中央应下彻底决心，四组自可会同有关机关执行。四组只能执行中央决策，不便代中央决策也。

（五）自总裁于周三常会有所指责后，叶明勋同志也辞《自立晚报》社社长，并以辞呈副本送第四组。今日又接叶来信，但自今日起，不再到该报办公。

（六）除《自立晚报》外，友党所办之《民主潮》，齐世英所办之《时与潮》，本党同志刘某所办之《人间世》，以及香港进口之侨报侨刊，所载文字含有毒素思想者尚多，是否均应严格取缔，亦请中央决定。

主席谓，关于《自立晚报》事，由第四组协调有关机关办理。但第四组亦应就如何积极倡导写作风气与优良文艺作品，并有效取缔散布腐恶毒素与失败思想文字，提出具备办法，以便中央讨论。

旋由张其昀发言，甚长，且极为气愤，要点为：

（一）思想文艺，均需要斗争、封报馆、捕作者，乃军阀作风，绝不是办法。1961 年，本人提议拨一百万元，奖助同志中有关叙述开国史实之文艺作品，当蒙总裁首肯，结果是款虽照拨，却为第四组移作印刷《开国文献》之用，并未对党中文艺作者，有任何支助。（按《开国文献》之编印，系由陶希圣主持。）

张先生下面的发言，因与本案无关，今乃删去不录。

第三章
查禁“《说南宋》案”之幕后运作

一、谢然之与许闻渊精彩的双簧演出

按照中央党部秘书长谷凤翔先生的说法，查办“《说南宋》案”是由蒋先生“命其转知第四组彻查”。当时第四组主任为谢然之先生，其“查复报告后直接由秦副秘书长孝仪呈报总裁。其内容如何，因未曾过目，不知其详”。而且父亲记载：“今日会报，谢然之称病未到，四组副主任许闻渊虽到会，亦谓未见原稿，不知内容。”

此事甚为有趣。

1965 年中常会有中常委 19 人，下设中委会秘书处。

在中委会秘书长之下设有三位副秘书长，其中有一位例由担任过一级主管者（各组主任等）升任，是首席副秘书长，当时为郭骥（外川）先生，他是陈故副总裁之嫡系。陈先生是在 1965 年 5 月过世的，而“《说南宋》案”则发生在 6 月下旬，为时不久。

第四组主任谢然之先生也是属于陈系。谢先生年轻时参加了中国共产党，在共产党开始二万五千里长征时，他奉命留在江西苏区担任瞿秋白先生的秘书，瞿先生为国军俘获并且杀害以后，陈诚先生以谢先生年轻而有才华，乃枪下留人，并保送他去日本留学，自此以后数十年来他一直是陈诚先生的亲信。在陈诚先生去世之后，谢先生乃改入蒋经国先生之旗下，而郭外川先生则坚守立场，因之终郭先生一生，他在中央党部久任首席副秘书长而始终是坐二不能望一也。

谢先生则后来升任副秘书长，再出任驻萨尔瓦多国大使，这是后话。

中委会的三位副秘书长之中，除了前述内升的首席副秘书长之外，另外有一位是由蒋先生侍从室派员出任，专责官邸与中央党部之联络工作，当时是由秦孝仪先生担任。在管理学上，此为一个 STAFF，即幕僚工作，而不是 Line Management Function，即管理性质的经理工作。此人之实权虽然不大，但是党部上上下下对之都是十分礼貌，因为此人可以上达天听也。至于第三位副秘书长，当时例由台籍人士出任，是负责与非党籍的台湾本省人士往来，做"统战"工作。

在"《说南宋》案"之处理上，谢然之主任的奉命查办，既然是由蒋先生经由其上司谷秘书长交办，他的调查报告应该是经由谷先生去上报。可是谢先生居然绕过了谷秘书长，而是通过秦副秘书长去上报。

须知秦先生这个联络人，在职位上是属于中央党部的党工，是谷秘书长的副手。在功能上他是中央党部与官邸的联络人，因此党方的文件在交到他手中以前，应该是先走完党部内控的流程。怎么会有一份第四组的报告，连秘书长都不知其内容，就会经过秦先生之手而上呈给蒋总裁的呢？

更有趣的是谷先生在明了此中经过之后，在中央工作会报里讨论此案时，居然没有对谢然之越级报告、目无长官一事有所表态，而淡然处之，这就是中国人玩弄政治游戏之奥妙的了。我认为此是因为谷先生与蒋先生的关系并非深厚，他是察哈尔省人，在政治上得力于西北的大老于右任监察院长甚多，是出身于于先生所领导的监察院系统者，他既非团派，也非CC，对蒋先生的嫡系分子来说，属于局外人的客卿地位而已。

至于许闻渊先生这个第四组的首席副主任则更妙了，他在代表谢然之主任列席中常会，以及代表其出席中央工作会报时，均为一问三不知，应当是与谢先生在唱双簧，以配合谢先生之演出也。

试想，在“《说南宋》案”已经被列入6月23日的常会议程后，谢然之先生告病假，由许代之。此案既然是分工由第四组承办，代为列席常会之许先生岂可不作前置作业，先去调查本单位处理此案之经过呢？万一总裁当场考问时，许先生应当如何答复的呢？至于在第二天，即6月24日的中央工作会报，谢先生仍然告病假。既然在前一天的中常会里，总裁已经大发雷霆，则第四组之人员，包括许副主任在内，一定在常会散会后立刻向谢先生作报告与请示的。可是怎么会在第二天的中央工作会报里，许先生仍然是一问三不知呢？这应该是遵照谢先生的指示去做的。谢先生要等到在6月26日星期六的常会报里，在明知蒋总裁不会出席，而且轮值是由陶希圣中常委担任主席的有利状况下，谢先生销假出席，自己亲自出面去作出了一篇大文章，洋洋洒洒地作了长达五十分钟的报告的了。

二、陶希圣在此案中的重要角色

1965年中国民党的中常会例行每周召开两次，分别在星期三与星期六。

在星期三开会，为的是要配合“行政院”每星期四的院会，由党中央先行制定决策，以便“行政院”之从政党员同志去加以执行。在星期六开会，是因为台湾省主席及省议会议长照例出任中常委，他们平时在南投中兴新村上班，为了方便他们两位，以便在开会之后，他们可以留在台北过个周末，才在星期六上午召开中常会的了。

在 1965 年陈诚副总裁去世之前，尤其是在 1958 到 1963 年陈先生兼任“行政院长”之时，星期三的常会照例由他主持，蒋总裁例不出席。至于星期六的常会，则由蒋先生亲自主持。陈先生晚年多病，常常请假。而蒋先生在陈先生过世后的 1969 年出了一次大车祸，健康大受影响。在两位都不出席之情形下，本来就各自事务繁忙的中常委们也每每请假，因此有时常会在出席者不够法定人数时，乃流会而改开谈话会，依法就不能作出决议案来的。

1965 年 6 月 26 日的中常会，在陈先生已去世，而且蒋先生又通知中常会不予出席的情况下，中常委们纷纷缺席，凑不成法立人数，乃改开谈话会，顺序轮到陶希圣委员担任谈话会的主席。

《说南宋》一书的作者，即永宁兄的尊翁，是湖北籍的民社党国大代表刘家麟先生。陶希圣先生则是在台的湖北人中的大老，与刘先生是同乡。陈诚先生在抗战中曾主持湖北省政，谢然之先生在其麾下曾出任湖北之县长，与刘先生亦有旧。

在查办《说南宋》案时，谢先生是呵护刘先生，想网开一面的。因此他在奉命后所作的报告，是以刘先生为民社党国大代表之缘故去建议，“查扣书，不办作者，出版者另议”以结案，这引起了蒋中正先生之愤怒，乃在中常会中予以严责，此可见于前引先父《中央工作记》之 6 月 23 日的中常会之记录。蒋总裁既然已有严令，谢然之不能不做交代，他就选择在6月26日，蒋先生未出席的中常会里，而且由也是同情刘先生的陶中常委担任主席的时候，作出了一份洋洋洒洒的报告，这份报告是说给不在场的蒋中正听的。在这份报告中，谢先生概论当时之新闻界及言论界之状况，企图把《说南宋》一书当作不当言论通例之一，并非特别严重之情形也。

陶先生这个谈话会主席另有一个兼职，即国民党中央的“中央宣传督导会报”之负责人。因此谢先生在陶先生为主席的中常会里提了报告，过关，等于是在“中央宣传督导会报”里也立了案的了。

“中央宣传督导会报”本来只是个任务性的编组，英文称作Taskforce，是一个专案小组。这种单位在管理学上通常只是一个临时性的组织，是在正常的组织体系之外的一个小单位。不过在两蒋时代，这个小组却是权力甚大，它主控了台湾官民的言论方向与尺度，是一个跨单位的综合小组。

父亲从1954年出任《中央日报》社长之后，一直到1967年11月辞去“国安会”副秘书长，退出政坛为止，一直是这个小组的成员。

大家在研究国民党权力运作的时候，除了正规的组织体系之外，必须注意到这些表面上看去只是个规模甚小的体制外之小单位，其实它们有时却是甚为紧要的核心组织。今举例言之，例如：

（一）中央党部之“中央宣传督导会报”，长期由陶希圣先生主控。

（二）中央党部之海外工作统一指导委员会，长期由张炎元先生主控。

（三）中央党部之刘少康办公室，长期由王升上将主控。

（四）迁台初期，设在“总统府”资料室内的“行动委员会”，由蒋经国先生主控，负责统合各情治单位。

凡此等等，不一而足。

其实这种在常设组织系统的运作不敷实务需要，而去设立新的机构，最初本是规模不大的临时性之单位，久而久之乃成为常设性，有时甚至凌驾在原来的机构上之现象，在中国史上多为有之，例如：

（一）明太祖在废置宰相之后，独揽大政，可是到了晚年，已为力不从心，乃设置内阁学士制度。其中之成员初为四品之官职，地位不高。日后在明朝却衍变成了行政系统中的最高单位，而且出现了官居一品的大学士的了。

（二）清朝之康熙皇帝在用兵之际，每于宫中设立军机处，相当于打仗时的大本营，战争结束后即予解散。可是到了乾隆时因为战争年年有之，军机处乃成为常设单位，成为清朝的最高行政机构。古代宫廷与政府一向是分开来办公的，历朝历代皆为如此之。但是清朝的军机处的办公厅却是位于皇宫之内。因此在民国成立之后，军机处所保管的公文档案乃成为故宫博物院之收藏品，其实这些文件之保管并非一个博物馆应有的正常业务，此本来是应该交由国史馆（或清史馆）所保存的。前些年台湾的故宫博物院屡次展出清朝皇帝所批阅的奏章，这些奏章在文物价值上是够不上在那个级别的博物馆里展出的。它们之所以被当作故宫收藏品，只是由于清朝军机处的办公厅与档案库位于皇宫之内的一个特殊现象所造成的而已。

（三）就国府言之，前述迁台初期在“总统府”资料室下面设立的“行动委员会”，这个行政级别甚低的小组，即是今日“国家安全局”之前身。

第四章
在 CC 与团派之间的党政运作：国民党中政会之功用

一、小谈国民党成立中政会之原因

国民党的中央政策委员会（简称中政会）成立于 1960 年，至今已有五十多年。其间因为行政权与立法权之互动已有结构性的变化，从当年不能改选的“万年国会”，到今天的全部民选。由三个“国会”（即立、监、国大）到了今天仍为民选的只剩下一个“立法院”。因此今天的中政会的功能与 60 年代相比，已大为减少。而中政会在国民党中央的政治地位也就大幅降低的了。在成立初时，此会与中委会几乎位阶相同，到今天已成为中委会下的组委会下面的一个二级单位的了。

当初在党政运作方面，国民党中央对三个“国会”有三个难题，此即：

（一）团派与 CC 的斗争：此即党政权在团派手上，而在三个“国会”中 CC 是最大派系，乃成为朝小野大的局面。

（二）由参与者的资历去看，“国会”不能改选，而党政方面每有新陈代谢之人事更替，久之必然会产生掌权之后进者难以应对其前辈之第一届中央民意代表们了。

（三）在三个“国会”中有了“立法院”与国民大会之争风吃醋的现象。此因“立法院”为常设机关，而国大会则为每六年才召开一次。国大只有选举正副“总统”之职权，在其休会时，国大代表们并无薪资可以领取。这些数以千计的国大们为了生活所需，也为了权力欲望，乃集体向党政方面多所须索。他们的借口是要行使“宪法”所付与国大会的创制与复决权。在孙中山先生的五权理论中，只有一个政权（由人民选出以代表民意者），即是国民大会。至于其他五权，即行政、立法、监察、司法与考试，则都是治权（即由政府任命者）。也就是说立法院是代表政府去制定法律的，有些像日本法务省的法制局，是由政府任命的专家学者等人去组成的。因之由立法院制定的法律才须要由人民选出的国大会去复决，同时国大会也能代表民意去自行创制（即自订法律）。

在 1947 年于南京制宪时，负责草创中华民国宪法之张君劢先生是民社党的党魁，他为了节制蒋中正先生个人担任总统后之权力，以及防止国民党一党专政，乃把五权中的两个权，即立法与监察由治权改为政权，此即缩小了政府的治权，而扩大了民选之政权，因此这部五权宪法与孙先生的理论是并非尽相符合的。在立法与国大都是民选者的情况之下，国大会不应该再有行使创制与复决权之需要，否则在法理上就成为国大之民意压倒了立法之民意的现象，这是说不通的了。其实迁台后“国大会”要求依照“宪法”去行使创制复决权的政治目的，是要把六年召开一次的“国大会”变成像“立法院”一样的常设性之问政机关，是在替“国大代表”们争取薪资及干政之权利。

以上是就法理言之，此外在政治层面上，“国大代表”们对“立法委员”们从群体的观点上，另有一股不服之心，这得要从当时在大陆的政治状况去作分析。此即在1947年选举立委国大时，国府尤在大陆执政。在各地掌有党政军实权者，不可能每年要花九个月的时间去长住南京开会，而且立法委员又不得兼任公职，他们也不愿放弃其军政方面之职务，因此他们乃去参选国大代表。至于国大六年才开一次会，平时又没有薪资等因素，在这些雄踞一方的实权人士心目中，根本无关紧要。可是在1949年大陆失守之后，迁到台湾的“国大代表”们多已失去当年的党政军职务，而且生活上也颇有每况愈下者。他们又群居在一起，眼看当年他们弃之不就的“立法委员”，不论在待遇与权力等方面都远高于自己的国大身份，怎么会心服口服的呢。

因此“国大会”之争取行使创制与复决权，其中除了在“宪法”上找到借口之外，代表们在心理上也有出一口怨气，与“立法院”

争风吃醋的因素在焉。

以上是国民党在1960年之所以要成立中央政策委员会的原因。即此新机构乃是要替中央党部及“行政院”去协调其与三个“国会”中党籍从政同志之关系。

中央政策会之主席由蒋总裁自兼，当然不宜位于中委会或中常会之下，况且全体中常委也例兼中政会委员，其他委员则包括了五院及“总统府”之重要从政党员同志，与中央党部正副秘书长及两个组之主任。因之中政会成立以后，中央党部里就有了表面上互为平行的两个委员会（中委会及中政会）与两个秘书长。

当时蒋中正先生为了要解决这两个委员会及两个秘书长相互之间的位阶问题，就让中委会秘书长唐纵（乃建）先生去兼任中政会的第一任秘书长。可是此在实际操作方面还是有问题，因为：

（一）唐先生的本职是中委会秘书长，此即俗称的中央党部秘书长，他本身的业务已经是忙不过来的了。

（二）唐先生出身黄埔六期，是团派，可是中政会所要沟通的对象则多为“国会”里的CC分子。

所以在1961年春天，唐先生就找了先父阮毅成先生去做他的副手，即中政会的副秘书长。

在1954到1956之间，父亲曾任《中央日报》社长，下台后赋闲了两年，才先后获派出任台湾省农工企业公司的总经理与董事长，至此可以说是已退出了政界达五年之久，1961年父亲为56岁。

父亲是CC成员，并非中央民意代表，可是母亲钱英女士则为“立法委员”。

从1961年到今天，五十多年里的国民党中政会的高层人士，即曾经出任正副秘书长或正副执行长的许多人之中，父亲可能是唯一的一个本人并非具有中央民意代表身份者。

在父亲就任之时，蒋先生同时发表了谷凤翔先生（国大代表）及王任远先生（“立法委员”）出任中政会的正副秘书长。不过以父亲的《中央工作记》之记载看，他是由原任中政会秘书长的唐先生主动去征询他的，而不是由新任中政会秘书长的谷凤翔先生去找他的。

父亲的《中央工作记》正在《传记文学》连载，由其中的文字去看，读者当可察觉父亲与唐、谷两位之间关系是有亲疏之别的了。

也就是说，在唐先生短期兼任中政会秘书长之后，于1961年开始，中政会有了专责的正副秘书长。

父亲与王先生长期担任了副秘书长，父亲是从1961年3月到1967年3月，他转任新成立的“总统府国家安全会议”副秘书长为止。其间中政会秘书长为第二任谷凤翔，及第三任的郭澄（镜秋），到了张宝树先生出任第四任时，父亲就离开中央党部的工作。王先生则留任中政会副秘书长，后来升成第五任的中政会秘书长。

二、蒋中正两次巧计阻挡郭骥接掌党中央秘书长之经过

在唐纵与谷凤翔两任中委会秘书长任上，中委会的首席副秘书长一直是由郭骥（外川）先生担任，他是陈诚先生的嫡系。蒋中正先生不愿意让郭先生扶正，乃在唐去谷继及谷去张继这两次中央党部改组时，由谷凤翔及张宝树先后分别自中政会秘书长去调任中委会秘书长，这就使得中政会的政治地位提高了。更且在谷凤翔仍然担任中政会秘书长的时候，蒋先生破例让他兼任了中常委，这是打破了基于孙中山先生所建立的权能分治之理论，中央党部的长期内规——即党工不得出任中常委之传统。我认为这是蒋先生为了阻挡郭骥内升，故意在替谷凤翔先生养望，作为后来由谷先生继任唐纵的中委会秘书长之预步。

以上是讨论蒋先生当时如何运用中政会秘书长这个位子去操作中委会秘书长职位的传承，即唐去谷继及谷去张继，前后两次都挡住了陈系的郭骥先生，使之久任中委会首席副秘书长而不得扶正也。

三、中政会副秘书长人选之探讨

在谈过 60 年代历任中政会秘书长级别的人选之后，让我们来研究一下其副秘书长人选。

一如前述，在 60 年代中政会秘书长前后有四人，即唐纵（兼任）、谷凤翔、郭澄与张宝树，四位都非 CC 中人。可是从 1961 年起有了专任的副秘书长之后，久于其任的两位副秘书长，即王

任远先生与先君都是CC中人，而且分属CC的两大派别，即王先生是河北人，属于张厉生所领导的“河北帮”或“华北帮”，而先君则是浙江人，不属于“河北帮”。此示蒋先生在用人之时，是考虑到派系与地域之平衡者也。

中政会之成立是为了协调党政关系，当时之“行政院长”陈诚及中央党部秘书长唐纵两位先生都是团派，因此“国会”中团派成员与党政方面之协调工作，根本不须要中政会去代劳，自可畅通无阻。所以蒋先生要任命一南一北的两位CC成员去担任中政会之副秘书长，以便工作之推行。可是也因之他不会任命一位CC分子去做中政会秘书长，以便分而治之，利于驾驭也。

至于王任远先生在他晚年自述回忆中，声称他本人是团派出身，绝口不提他与CC“华北帮”之关系，容我在下节评析之也。

四、王任远先生是CC，还是团派?

在两蒋时代，迁到台湾的国民党，内部本来便有CC与团派两个大政团，另有其他小团体如政学系、夫人派、官邸派，等等。此在迁台之前，这些派系在大陆执政时便已存在，而且CC与团派的政治斗争一直从大陆延伸到台湾。

中国人的派系属性本来便不是铁板一块，朝秦暮楚乃为事属寻常。

就拿黑社会来说，日本人参加了一个帮派之后，绝不可以去参加另一个帮派，如果有人去做了，就是犯了欺师灭祖之死罪。

可是多年来两岸三地的中国人混黑道，一个人同时参加几个不同的组织却是平常之事。

拿两蒋时代的国民党来说，CC 在台湾仍旧有一席之地，是因为三个“国会”不能改选。而在 1946、1947 年在大陆举办选举之时，当时国民党之党权是在 CC 首领的二陈兄弟（果夫及立夫先生）手中，因此才造成了 CC 在三个国会中占有一片天的局面。

迁台之后，陈果夫先生不久即去世，而陈立夫先生又被蒋先生放逐赴美，CC 在群龙无首的局面下，在“国会”中乃分裂成几个次级团体。因之由团派主政的党中央乃得予以各个击破，在其间操作党政关系也。

在台湾的两蒋时代的各任“行政院长”之政治背景如下：

（一）阎锡山（晋系）。

（二）陈诚（团派），三次组阁。

（三）俞鸿钧（孔祥熙派，既非团派，也不是 CC，是财政方面的技术官员）。

（四）严家淦（政学系）两次组阁。

（五）蒋经国（团派）两次组阁。

（六）孙运璿（资源委员会出身，渊源上是出于宋子文派，可是当时孙先生资浅，因之他只能说是技术官员出身）。

（七）俞国华（虽然也是财政技术官员，可是另有一特殊身份，即他是蒋家的亲戚，奉化溪口镇的小同乡，以及蒋中正官邸侍从室出身）。

由以上列可知，在台湾CC从来没有人做过“行政院长”。可是“副院长”前后则有朱家骅、张厉生、余井塘三位。此即蒋先生为了“行政院”与“立法院”之协调工作，会任命CC分子去做“副院长”，但不会让之做“行政院长”。

至于CC中人除了在“行政院”之外，做过其他四院之正副“院长”或“国大”之主管者，就我记忆所知的，有：

（一）张道藩（“立法院长”）。

（二）梁肃戎（“立法院长”）。

（三）程天放（“考试院副院长”）。

（四）谷正纲（“国大秘书长”）。

（五）方治（“国大”之负责人）。

这个名单可能有遗漏，尚请读者指正。

现在回到中政会的讨论方面。在1960年与父亲同时出任副秘书长的王任远先生，在蒋经国掌握党政权之后，曾出任第五任的中政会秘书长，又再担任了“司法行政部长”兼中常委，此当是王先生已改投蒋经国先生旗下的了。

王先生晚年发表的口述回忆录，自称他是三青团派，绝口不提他与CC的关系，今以此为范例来分析两蒋时代CC与团派之间各参与者的属性认定之问题。

我认为这是王先生在“西瓜靠大边”，归属于团派的蒋经国先生旗下后的自我表态。

在中国共产党党史中，于1949年前，有了“红区”与“白区”

的划分，即国民党统治的地区（“国统区”或称“白区”），与共产党统治的地区（“解放区”或称“红区”）。

在 1936 年 6 月的“何梅协定”之后，国民党各级党部撤出河北省，国民党中央组织部乃派遣河北籍的张厉生先生以河北省政府委员兼教育厅长之身份，去建立河北省及东北地区的地下党部。他所领导的干部们，在迁台后乃形成 CC 中的“华北帮”（亦称“河北帮”）。也就是说在国民党史中，也有了类似与共产党的“红区”与“白区”之地区分划也。

王任远先生自述中说他之入党介绍人是张厉生先生，监誓人为陈果夫先生，由此可见他是“华北派”之一分子。然而他为什么可以自称是三青团出身的呢？那是因为他曾担任过三青团天津市团部的干部。

像王先生这样的 CC 中人一度曾经去出任三青团职务，甚为普遍，是有当时的特殊原因的。就拿先君来说，在 1938 年秋天他自武汉回到浙江去出任民政厅长时，也曾担任了三青团浙江省团部的五个指导委员之一。当时的主任委员是浙江省保安处长宣铁吾中将，以及另一位委员倪文亚先生本来都是团派。另外两人，即先君与国民党浙江省党部主任委员楼桐孙先生则都是 CC 中人。那么 CC 分子怎么会入团成了高干的呢？

那是在 1938 年 4 月蒋先生初任国民党总裁之后，他下令党内各派系皆予解散，全体加入三青团，以谋造成党的大团结。CC 乃在那年 4 月 29 日于汉口国民党市党部召开大会，由陈果夫及陈立夫两位兄弟亲自主持，以传达此事，并宣布解散。父亲也参加了这个会议，今将其在《中央工作前记》中所记载的开会经过抄录如下：

一九三八年四月二十九日

本日，总裁下令解散党内小组织，嗣后不得再有派系。

先是于四月三日，得徐恩曾、张厉生二人通知，于当日下午八时到汉口市党部谈话。时正值临时全国代表大会闭会不久，各省市代表多数在汉。是晚到者，将近二百人。因组织向系秘密，彼此不知谁究竟在内与否。是晚一见，即可了然。

徐恩曾先分别将到会诸人互为介绍，次由叶溯中、张冲、周伯敏前后报告共产党活动情形。陈果夫与立夫二氏因临时奉总裁召见，至十时始过江赶到。

开会时，首由果夫先生致词，谓：本党现已有总裁，一切应归统一。以前小组织应行解放，次由立夫先生演说，长达一小时，大意谓我们拥护蒋先生的主张，已完全达到。在党已为总裁，在国已为公认的领袖，足证我们最初的目光系属正确，亦属远大。国难而后，领袖遣两支生力军向敌人包抄，不期彼此均奉有任务，但两不接洽，反致误会。自信过去的摩擦均系为公，从未作个人之谋。

果夫先生再起立宣读上总裁书，声明自请解散。罗霞天当起询黄埔方面如何？果夫先生谓总裁自有明断。

按，我系于今年三月二十八日晚八时，在南京秣陵路洪兰友宅宣誓加入青白团，介绍人为吴挹峰，监誓人为陈果夫。同时宣誓者为赵兰坪、寿勉成、王世颖、陈伴明，不久萨孟武等亦在洪宅宣誓参加。盖为中央政治学校同时任教之教授。

此处可有三点讨论：

（一）父亲并没有称呼他所参加的小组织为CC，却称之为“青白团”，可能CC只是此团体的俗称。例如世称的蓝衣社，其正式名称为“三民主义力行社”。

（二）此处有笔误，父亲参加青白团应该不是在1938年3月28日，此时南京已沦入日本军之手，应当是笔误。

（三）罗霞天先生询问陈果夫先生所说的“黄埔方面如何？”与陈立夫先生说的两支生力军，即CC与黄埔，此即在双方合作而成立的大团结之组织，即三青团之前，CC与黄埔乃是蒋先生嫡系的两支主力军。

此即在1938年4月29日以后，CC曾一度自动解散，其成员遵照蒋总裁之命令，以个人身份去加入新成立的三青团，并且各自根据其政治地位担任三青团之各级职务。因之先君才会在浙江去担任省团部之指导委员，而王任远先生也会在天津去出任三青团干部。请注意，在1938年，除了各国租界以外的天津市已是沦陷区，而浙江仍有大部分犹为“国统区”。不过这种国民党内的大联合只是昙花一现，蒋中正先生所期望的CC与黄埔之合作并未成功。CC分子在退出了三青团之后，又恢复了小组织，而且他们与黄埔系所控制的团派之斗争，从大陆一直斗到台湾。至于蒋经国先生以后起之秀去领导团派，则已是后话的了。

那么在1961年3月,王任远先生出任中政会副秘书长的时候，他是团派还是CC成员呢？我认为在蒋中正先生心目中，他仍是CC。因为中政会的功能既然是要去协调行政与立法权之间的党政关系，而“立法院”中CC的领导人物中不乏出身于张厉生所领导的“华北帮”者，举其大者如齐世英、胡延环、梁肃戎等委员们皆是个中人也。王先生本人既为“立法委员”，又是“华北帮”成员，那么他之出线，应是CC所认可者也，不过那是1961年发生的事情。

可是时过境迁，到了70年代蒋经国先生当权之后，王先生改投其门下。而蒋经国先生对CC是为深恶痛绝，王先生乃撇清他与CC的关系而自称也是团派出身的人。蒋经国与CC的恩怨结种于在南京政校的一场学潮，此即在1946年蒋中正先生以政治学校校长之身份，已公开任命经国先生为政校教育长，却被CC运作学生们大闹学潮，给公开反对掉了，此当是经国先生的一大心结也。

五、团派与CC在台湾的此长彼消之原因

一个政团或派系能够长期存活与成长，除了本身必须具有领导人才、干部、组织及成员之外，还须要有下列三个条件，此即：

（一）拥有充足的经费来源，例如掌控了金融单位。

（二）培养后继人才的训练或教育机构。

（三）足够的政治地盘以安插其派系成员。

就拿CC及三青团来说，在1949年以前，国民党主政大陆时期，双方在这三方面的重要单位，今举例如下表：

派系名称	所掌控的金融机构	教育单位	政治地盘
CC	合作金库	政治学校（今之政大）	各级党部及县级行政单位
团派	农民银行	三军官校及各种训练单位	军政机关

不过到了1949年迁台以后，因为党政权长期掌控在团派之手，即先是陈诚先生，后为经国先生两人长期执政，而且都是属于团派。至于CC之能在党政方面拥有一席之地，是由于在三个不能改选的“万年国会”里仍是最大的派系。

可是不能改选的“国会”只能保障已经是“立法委员”、“监察委员”或“国大代表”的CC成员之政治地位，却无法使CC进而吸引年轻人去参加其派系。更且因为在台复校以后的政治大学不再是一个由CC掌控的人才培养机构，只是一个与其他大学一样的学术单位，那么长此以往，在后继无人的状况下CC之式微也就是为必然的事情了。

即使团派在1949年迁台以后，到1988年经国先生去世之时，在此四十年内也有了结构性的变化，此即：

（一）自 1949 到 1963 年，即陈诚先生犹为掌拥实权之时，团派内有陈诚派与蒋经国派两个政团。

（二）在 1965 年陈先生去世后，陈派中人乃大多逐渐改投经国先生门下。而经国生也兼容并蓄，大量吸收及起用陈先生在世时所重用的文武百官，这是令人值得称赞之事。

据我所知，在部院级政治人物之中，坚守陈派之岗位而终其身拒绝改换门庭者只有三位，今列名于下。不过此只是我记忆所及，如有遗漏之处，还请读者赐教，此即：

（甲）袁守谦（企止）先生。

（乙）郭骥（外川）先生。

（丙）陈雪屏先生。

其实在陈诚先生过世之后，经国先生又为长期执政，那么陈派中人改投经国先生门下以为国用，我认为是无可厚非之事也。

关羽（云长、关公）世称武圣，其忠义千秋实为世人所钦佩，可是关公尚且还有降曹之史事，我认为只要不是投降异族去做汉奸，即使国共之间改换阵营都并非可以一律名之以奸逆，更何况是同为国民党，又同为团派的陈、蒋之间的呢?

（三）在经国先生晚年，即 80 年代，此距迁台已长达三十多年，代换时移，老成凋谢。此时 CC 固然已经老化，团派亦然。所以在此时代，经国先生所提拔的重臣，如王升（化行）、李焕（锡俊）等人，他们所参加的政团已经不能再沿用老一代的“团派”之名。即使要名之为“团派”，也已不是 1949 年以前在大陆时代的“三青团”，而是在台湾成立的“青年反共救国团”的了，一笑。

以上是就同为团派之间的陈系与“太子帮”论之，至于 CC 与团派之间，在蒋中正先生主政期间，彼此改换门庭者，在重量级政治人物中，在我记忆中，还举不出一个例子来。

到了经国先生主政时，CC 已为老化，后继无人，团派已经取胜。那么像王任远先生这位部长级的大老之改入经国先生旗下，也是可以了解之事，不过这样的例子并不多就是了。也就是说那一代的政坛人士，多少还是读过古书的儒生，不像今日的政坛人士之朝秦暮楚，在蓝绿双方，各派系之间之游走自如也。

在蒋中正先生心目中，团派与 CC 都是他的部下，因为 CC 在“国会”中力量最大，三个“国会”又不能改选，所以为了分而治之，他把党政权交给了团派以为制衡。所以他是位居于二者之上，去操纵双方的主导者，并未参加二者中的一方。可是蒋经国先生本人是团派的一员，又加上 1946 年在南京被政校师生拒之门外的往事，CC 乃成为他的政敌。

此所以在蒋中止主政时期，CC 及团派分子并不会改换门庭去参加对方的原因，是因为此乃无利可图之事。蒋先生之用或不用一个人，或怎么去用这个人，在他老先生心中已早有定见。蒋老先生对这些政坛重量级人士之生平及派系属性早就一清二楚。团派也好，CC 也好，都是他的嫡系，此中人又怎么能用改变门户去唬弄他老先生的呢？因此在蒋老先生在世时，CC 与团派中人甚少改变门户者。至于团派内部的陈系人士，因为陈诚先生在

1965 年去世，乃大量改入经国先生门下，则为普遍现象的了。

到了经国先生出掌大权之后，因为他本人是团派成员，与蒋老先生之超然于 CC 及团派之上，是为不同。更加上 1946 年政校学潮之心结，那么一个人是 CC 还是团派出身，在他心目中就有不同的评估了。因此王任远先生此时乃韪言自己是 CC 分子，而宣称本亦是团派出身，我认为或不可取，却是情有可原。

只是王先生高寿，在他发表回忆时，经国先生早已过世，而且第一届中央民意代表亦已退职。此已是白头宫娥言天宝旧事，CC 也好，团派也好，都已烟消云散。此时王先生却依然自称团派，而绝口不提自己与 CC“华北帮”之关系，那就是令人不敢苟同的了。

其实政坛中人很少提起自己的派系属性，这些小组织本来都是秘密的。王先生如果绝口不提自己参加了哪一个派系，倒也是人情之常。只是他既然提了，又不肯说出实情，就是令人觉得奇怪之事的了。

第五章
查禁“《说南宋》案”之峰迴路转与尾声

一、陈建中先生参与调查“《说南宋》案”之重大影响

现在让我们回到查禁“《说南宋》案”，此本是属于第四组（今之文委会）的业务范围，所以谷凤翔秘书长才在奉蒋先生之命令

后，交由第四组主任谢然之先生去办理。

在谢先生以该书作者为民社党籍“国大代表”之身份，上报告给蒋先生，企图大事化小之后，引起蒋先生在1965年6月23日的中常会中之震怒，已可见本文所引之会议记录，在其间蒋先生说了重话，此即：

（一）“以南宋、南明影射今日台湾，充满失败主义，若非有共党在幕后指使，腐蚀我人心，必不至此。”

（二）“第四组主管宣传，每日看报，竟未注意，为此何能做中央委员，何能做宣传主管，如不能尽责，则辞职可也。”（说话时手击案）

根据刘永宁兄转告，谢然之先生与他的尊翁有旧，是想帮助他父亲的，我判断谢先生乃乘势把中六组给拖了进来，以分担他自己的责任，因为：

（一）根据在6月26日中常委谈话会中由谢先生提出来的报告，第四组不是执行单位，不能自行去查扣书籍。

（二）蒋先生既然明言作者背后可能有共产党在幕后主使，此已是中六组之职权范围的了（按：中六组即日后之“陆工会”）。

因之查禁“《说南宋》案”在国民党高层经办人之另一主角，即中六组主任陈建中先生乃登台出场的了。

对于蒋先生来说，中六组之参与查办此案当为其所乐见之事，因为谢然之先生是新闻界出身，与文艺工作者的来往甚多，而且在蒋先生心目中，已有办事不力，想蒙骗过关之嫌疑，而陈先生则是中统的高层特工，没有这些顾虑。

其次，当时谢属于陈诚系，而陈建中则是蒋经国系，陈先生与经国先生是莫斯科中山大学的同学，少年时即已缔交也。此即谢陈二位不会联手去欺蒙蒋先生的了。

不料这给存心要帮助刘先生脱困者一个非常有利的机会，因为刘先生是民社党籍的“国大代表”，而中六组是经管与民社党往来者也。此因国民党当时利用了发放“反共抗俄宣传费”作为手段，去操控民、青两党的各个派系，而这笔经费就是由中六组经管的，由其副主任李白虹先生负责。而且刘先生是张君劢先生的入门弟子，因此在民社党是属于蒋匀田先生所领导的系统，此正是与陈建中先生合作与往来甚多的一派也。

父亲当时与王云五先生及于斌总主教共同出面去调停民、青两党之内斗，在国民党内则是受了陈建中先生的请托。调停友党本非其中政会本身之业务，按中政会只掌管从政党员间之协调工作，与友党人士无干也。

也就是说，从表面上去看，中六组加入调查“《说南宋》案”，是扩大了案情，转向到有“共匪”在幕后指使之可能。但是在实际上却因为作者刘先生是民社党人，却使平时与民社党人多有往来之陈建中主任及李白虹主任反而陷入人情包围之中了，我判断蒋中正先生并未曾考虑到这一点。

此时父亲就可以出力去帮刘伯父的忙了。于公，调停民社党事本是他的任务。于私，他和陈建中先生是能够说得上话的至交好友。

至于中四组谢然之先生，刘家本来就与之有旧，可是陈建中先生，刘家并未与之有直接往来也。不过刘先生的民社党同志们应当颇多与陈、李二位所掌管的国民党中六组多所往来者也。

据永宁兄赐告，其尊翁说先父毅成公是通过与刘先生同为湖北籍的王一鸣“国大代表”传话，请刘先生稍安勿躁，静待此案之发展为宜。那么我可以说，父亲一定曾关照过陈建中先生，请他在处理此案时要手下留情的了。

永宁兄说后来党方曾酌予补偿被查扣书籍之成本费用，我判断此当是由中六组在其所掌控的运用民社党之资金里去拨付的。因为中四组主管文宣，以后还会有查办出版品之案件发生，不宜由之出面赔钱而造成先例也。

二、吴相湘教授被国民党开除党籍之经过

由蒋中正亲自下令去查封一本书，确是小题大作，令人惊异。不过据我所知，此并非首创之事，至少已有另外一次先例，今简述于下。

在李敖兄初露头角之时，坊间并不知此后起之秀的惊人才学，一时颇有人以为他背后必有前辈高人之指点，当时台大历史系教授吴相湘先生就是被有些人认定是嫌疑者的。恰巧吴教授替文星书局主编了一套历史丛书，其资料来源主要是取自美国哥伦比亚大学中文图书馆之藏书，多为在大陆早期所印行之绝版书。其中有一本书，吾今已忘其书名，不过作者署名为武林樵子，成书于

北洋政府主政时代。此书指称南方广州政府之国民党要人们，例如廖仲凯与蒋中正等人，都是“赤匪”。这种书籍本来不值一读，而文星书局之主事者及吴教授一时也没有仔细校读，就将此书收入这套丛书中，乃为“立法委员”胡秋原先生发现。

胡秋原先生当时正与李敖兄大打笔墨官司，乃在“立法院”提出质询，此事因之而被蒋先生所查知，他遂要求党中央主事者处分此事。

当时吴相湘先生兼任党营的正中书局之编译所长，待遇丰厚，并有专用的公务车及司机供其使用，这在那时的教育界是个令人羡慕的职位。

中央党部考纪会主委时为党国元老马超俊先生，考纪会提出来的处分方案为吴教授记大过一次。当中常会在讨论此案时，只见主席台上的蒋中正总裁勃然大怒，起立发言，把考纪会的报告用力掷在地上，厉声说道：

“我蒋中正以党员身份，检举吴相湘侮辱革命先烈。”

于是考纪会只得重新拟案，改为吴教授以开除国民党籍之处分，而吴教授亦因之失去了正中书局编译所长之兼职的了。

那本出问题的书当然也就被查禁的了。

三、查禁《说南宋》之所以雷声大雨声小

将来刘永宁兄及其家人如果把《说南宋》一书再予出版后，读者们当可以用今日的眼光去评论此书之内容。本文之重点不在

讨论这本书的内容如何，我只是用此案为例子去解析 1965 年蒋中正主政时代国民党高层运作之模式。由刘永宁兄所写之专文，以及本文，大家当可以看出当时国民党的运作方法是属于江浙人之习性，细腻而且凡事皆留下退步，不会赶尽杀绝与当场翻脸而恶言相向也。

中国人相互之间的关系是具有多种因素的，各相关者同宗、同学、同乡、同事等等之关系，都可能影响到一件事之发展，或一个人的命运。例如在《说南宋》这个查禁案里，作者刘鄂公先生的民社党籍，竟然成为其护身符与救命仙丹，真是一件令人想不到之事也。

又如刘家与谢然之先生，以及先父与陈建中先生，都是各有深交在焉，而这两位又恰巧是党方查办此事之负责人。而且身负文宣把关的“中央宣传督导会报”召集人陶希圣中常委，他又是刘伯父的湖北同乡。在他暗中帮助下，让谢然之的报告及说明在 6 月 26 日的中常委谈话会里过了关，立了案之后，除非蒋中正先生旧事重提，别的中常委或党中高干也就不会出面去非议谢然之与陈建中两位掌握大权的主任处理此案之经过的了。

不过只看本文所抄录的两次中常会及中央工作会报这三次的记录者，除非知道这些与会者各人与《说南宋》一书的作者刘先生之间的关系，大家是无从知道为什么在蒋中正先生亲自出面作出雷霆一声之后，刘先生竟然可以幸而免除牢狱之灾，安然度过难关的了。这真是外行人看热闹，内行人看门道。其实在东方人的社会中间，人际关系的运用，是像鸭子划水一样，只能在水面下才能观察到其动作的了，此又何仅是查禁《说南宋》这本书的一个案例，才是如此的呢？

不过我在此要指出来的，是蒋先生身边的重臣们，如本文中提到过的张其昀、陶希圣、谢然之、陈建中与先君等人，以及刘兄专文中提到的张群与黄伯度二位，都是反对大兴文字狱的。他们多少都是读过“圣贤书”的，行事有个分寸，知道不可以“逢君之恶”去“封报馆、抓作者”的。行笔至此，实为刘先生幸也。

阮大仁

2013 年元旦于北美